Spanish for Communication

Fourth Edition

Ana C. Jarvis

Chandler-Gilbert Community College

Raquel Lebredo

California Baptist College

D. C. Heath and Company
Lexington, Massachusetts   Toronto

Address editorial correspondence to:

D. C. Heath and Company
125 Spring Street
Lexington, MA 02173

Cover: We Know They Made Pottery and Lived in Elaborately
Decorated Rooms, 48″ × 55″, watercolor, © 1988,
by Lisa Houck.

Published simultaneously in Canada

Printed in the United States of America

International Standard Book Number: 0–669–24292–6

Spanish for Communication, Fourth Edition, is a communication manual designed to serve students who seek to improve their basic conversational skills in Spanish. Conceived and developed for use in intensive, regular two-semester or three-quarter courses, it presents everyday situations that students may encounter when traveling or living in Spanish-speaking countries and when dealing with Spanish-speaking people in the United States.

As a key component of the **Basic Spanish Grammar, Fourth Edition,** program, *Spanish for Communication* introduces essential vocabulary and provides students with opportunities to apply, in a wide variety of practical contexts, the grammatical structures presented in the corresponding lessons of the *Basic Spanish Grammar,* Fourth Edition, core text.

Features of the new edition

Spanish for Communication has been substantially revised to augment thematic, lexical, and grammatical ties to the *Basic Spanish Grammar* core text. Like *Basic Spanish Grammar, Spanish for Communication* has twenty main lessons. New features in this edition are as follows:

- In response to reviewers' requests, twenty percent of the lessons have new or revised themes, such as academic affairs (*Lección 19*) and diet and exercise (*Lección 20*). Themes retained from the previous edition include dining out; family celebrations; household chores; travel by plane, train, and auto; hotels, *pensiones,* and other lodging; shopping; outdoor activities; and medical care.
- A new preliminary lesson has been added to acquaint students with basic greetings and personal data, such as one's address and telephone number.
- Updated dialogues correspond closely to the vocabulary and grammatical structures presented in *Basic Spanish Grammar* and take place in a wide variety of locales throughout the Spanish-speaking world.
- A revised grammatical sequence provides earlier practice of the familiar (*tú*) command, which is now introduced in *Lección 11* of *Basic Spanish Grammar.*
- New *Notas culturales* provide useful information about Hispanic culture and relate to the locales and events featured in the dialogues.
- The revised situational activities that culminate each lesson— *Situaciones; Y ahora, ¿qué?;* and *Una actividad especial*—offer a full range of opportunities to use language in practical contexts. Instructions are easy to follow.
- A new realia-based activity, *¿Qué dice aquí?,* now accompanies each lesson. Utilizing a variety of formats (advertisements, menus, forms, etc.), the realia always relates to the theme of the lesson in which it appears.
- The expanded *Repaso,* or review section (occurring after every five lessons), now features listening comprehension and reading practice in addition to vocabulary practice. All *Repasos* have been revised to reflect changes in the thematic, lexical, and grammatical content of the lessons.

- All *Spanish for Communication* lesson and section titles are now in Spanish.
- Appendixes have been expanded and revised to include a tapescript for "Introduction to Spanish Sounds" (on cassette), so that students can more readily study Spanish pronunciation.
- The audiocassette program for *Spanish for Communication* has been revised in accordance with changes made in the lessons.
- The tapescript for *Spanish for Communication* is available in a booklet that also contains the tapescript for *Basic Spanish Grammar*.

Organization of the lessons

- A Spanish dialogue introduces and employs key vocabulary and grammatical structures in the context of the lesson theme.
- An English translation of the dialogue follows the Spanish version so that students can quickly check their understanding of specific words and phrases.
- *Vocabulario* lists any new vocabulary presented in the dialogue and categorizes it according to its syntactic function (part of speech). Cognates are presented in a special section so that students can easily identify and use these terms. The *Vocabulario* summarizes all active vocabulary for the lesson.
- *Notas culturales* highlight important aspects of Hispanic culture, from practical information about everyday life to useful facts about history, geography, and civilization.
- *¿Cuál es la respuesta?* helps students practice the new vocabulary by matching questions with appropriate rejoinders.
- *¡Vamos a conversar!* checks students' comprehension of the dialogue and provides personalized opportunities to use the vocabulary and grammatical structures from the dialogue.
- *¿Qué falta aquí?*, a dialogue completion activity, encourages students to apply their imaginations and the vocabulary and grammar they have learned.
- *¿Qué pasa aquí?* asks students to describe four to six illustrations depicting situations related to the theme of the lesson.
- *Situaciones* explores conversational possibilities for a variety of specific situations related to the theme of the lesson. For example, *Lección 6 (En una agencia de viajes en México)* proposes a situation in which one needs to reserve a window seat on a plane.
- *Y ahora, ¿qué?* provides open-ended opportunities for pairs of students to role-play situations similar to those in the dialogue. For variety, students should change partners now and then.
- *¿Qué dice aquí?*, a new, realia-based activity, guides students through authentic documents such as advertisements, menus, and academic and medical forms. A series of questions helps students understand the essential content of these documents and react to them in a personal way. *¿Qué dice aquí?* activities are related thematically to the lesson in which they appear.
- *Una actividad especial* transforms the classroom into a real-world setting, such as a restaurant, a service station, or an airport. Beginning in *Lección 2*, the entire class participates in open-ended roleplays that re-create and expand situations introduced in the dialogue and in the preceding situational activities, *Situaciones* and *Y ahora, ¿qué?*
- *¡Vamos a leer!*, a supplementary reading activity, begins after *Lección 6* and appears after every three lessons. Readings include a horoscope, classified ads, and sports results from a newspaper.

Organization of the **Repasos**

A *Repaso*, or review section, is provided after every five lessons and is designed for use with the *Spanish for Communication*, Fourth Edition, audiocassette program.

- *Práctica de vocabulario* exercises check students' knowledge and use of essential vocabulary in a variety of formats: matching, sentence completion, and puzzles.
- A new *Práctica oral* section includes guided questions, which students also hear and respond to in the accompanying audiocassette program. These questions review key vocabulary and grammatical structures from the dialogues.
- A new reading comprehension section, *Para leer... y entender*, ties together the themes of the preceding five lessons. Students read a passage that appears in the manual and which can be heard on the accompanying audiocassette. Follow-up questions check students' understanding.

Appendixes

- Appendix A, "Introduction to Spanish Sounds," is the tapescript for the opening pronunciation section on the accompanying audiocassette program. It briefly explains each Spanish vowel and consonant sound and the concept of linking. Examples and practice are also provided.
- Appendix B, "Spanish Pronunciation," offers a more detailed exploration of Spanish sounds, outlining the basic rules and principles governing pronunciation with helpful suggestions for improving pronunciation.
- Appendix C, "Answer Key to the *Crucigramas*," allows students to check their work on the crossword puzzles in the *Repaso* sections.
- The comprehensive Spanish-English/English-Spanish Vocabulary includes all items from the *Vocabulario* sections, along with glossed or footnoted terms and other passive vocabulary.

Audiocassette program

Spanish for Communication, Fourth Edition, is accompanied by a complete audiocassette program containing the "Introduction to Spanish Sounds," every dialogue, and all the active vocabulary for the preliminary lesson and the twenty main lessons. A new review cassette provides the aural input for the *Práctica oral* and *Para leer... y entender* segments of the *Repasos*.

The complete tapescript for *Spanish for Communication* is available in a separate booklet that also contains the tapescript for *Basic Spanish Grammar*.

A Final Word

The many students who have used *Spanish for Communication* in previous editions have enjoyed learning and practicing a new language in realistic contexts. We hope that the Fourth Edition will prepare today's students to better communicate with the Spanish-speaking people whom they encounter in the course of their activities.

We would like to hear your comments on and reactions to *Spanish for Communication* and to the *Basic Spanish Grammar* program in general. Reports of your experiences using this program would be of great interest and value to us. Please write to us care of D. C. Heath and Company,

Modern Languages, College Division, 125 Spring Street, Lexington, Massachusetts 02173.

Acknowledgments

We wish to thank our colleagues who have used previous editions of *Spanish for Communication* for their many constructive comments and suggestions. We especially appreciate the valuable input of the following reviewers of *Spanish for Communication,* Third Edition:

Fidel De León, *El Paso Community College*
Donald B. Gibbs, *Creighton University*
Cynthia Hammond, *Pima Community College*
Jacquelyn Hetherington, *Pima Community College*
Carmen Velásquez, *Santa Fe Community College*
John Zahner, *Montclair State College*

We also thank Ruth Eisele, who prepared the comprehensive end vocabulary.

Finally, we wish to express our gratitude to the editorial and production staff of D. C. Heath and Company. José Blanco, Nicole Cormen, Katherine McCann, Gina Russo, and Denise St. Jean provided us with assistance and encouragement during the preparation of the manuscript.

Ana C. Jarvis

Raquel Lebredo

Contents

Preliminar

—Buenos días, señor Torres.
¿Cómo está usted?
—Bien, gracias. ¿Y usted?
—No muy bien...
—Lo siento.
—Bueno, hasta mañana.
—Hasta mañana, profesora.

—¿Qué fecha es hoy, Mario?
—El cinco de octubre. ¡Oye! ¿Cuál
es tu número de teléfono?
—792-3865.
—¿Y tu dirección?
—Avenida Paz, número 179.
—Gracias. Hasta luego, Eva.
—Chau, Mario.

—¿Nombre y apellido?
—Carlos Miranda.
—¿Estado civil?
—Soltero.
—¿Edad?
—Diecinueve años.
—¿Nacionalidad?
—Mexicano.
—¿Lugar de nacimiento?
—Guadalajara.
—¿Ocupación?
—Mecánico.

—Dra. Vargas, la señorita Peña.
—Mucho gusto, señorita.
—El gusto es mío, doctora.
—Tome asiento, por favor.
—Gracias.

❖ ❖ ❖

Good morning, Mr. Torres. How are you?
Fine, thank you. And you?
Not very well . . .
I'm sorry.
Well, see you tomorrow.
See you tomorrow, professor.

What's the date today, Mario?
October fifth. Listen! What is your phone number?
792-3865.
And your address?
(Number) 179, Paz Avenue.
Thanks. See you later, Eva.
Bye, Mario.

Name and surname?
Carlos Miranda.
Marital status?
Single.
Age?
Nineteen.
Nationality?
Mexican.
Place of birth?
Guadalajara.
Occupation?
Mechanic.

Dr. Vargas, Miss Peña.
How do you do, miss? (A pleasure.)
The pleasure is mine, doctor.
Have a seat, please.
Thank you.

🔲 Vocabulario (Vocabulary)

COGNADOS (Cognates)

doctor(a)   doctor
mecánico(a)   mechanic
mexicano(a)   Mexican
nacionalidad   nationality
ocupación   occupation
profesor(a)   professor

---

año   year
apellido   surname, last name
avenida   avenue
bien   fine, well
Buenos días.[1]   Good morning.
¿Cómo está usted?   How are you?
¿Cuál es tu número de teléfono?   What's your phone number?
Chau.   Bye.
dirección, domicilio   address
edad   age
estado civil   marital status
Gracias.   Thank you.
El gusto es mío.   The pleasure is mine.
Hasta luego.   See you later.
Hasta mañana.   See you tomorrow.
hoy   today
Lo siento.   I'm sorry.
lugar de nacimiento   place of birth

Mucho gusto.   How do you do?
muy   very
no   no, not
nombre   name
número   number
octubre   October
ocupación   occupation
¡Oye!   Listen!
por favor   please
¿Qué fecha es hoy?   What's the date today?
señor[2]   Mr., sir, gentleman
señorita   Miss, young lady
soltero(a)   single
Tome asiento.   Have a seat.
tu[3]   your (familiar form, singular)
usted   you (formal, singular)
y   and

---

[1]**Buenas tardes.**   Good afternoon.   **Buenas noches.**   Good evening.
[2]**señora**   Mrs., madam, lady.
[3]The formal form is **su.**

Nota cultural (Cultural note)

In Spanish-speaking countries, the date is expressed by indicating first the day and then the month. Therefore, 2–5–90 is equivalent to May 2, 1990, rather than February 5, 1990.

¡Vamos a conversar! (Let's talk!)

Give appropriate responses to the following questions.

1. Buenos días (Buenas tardes, Buenas noches), señor (señora, señorita)...

   _____

2. ¿Cómo está usted?

   _____

3. Hasta mañana. (Hasta luego. Chau.)

   _____

4. ¿Qué fecha es hoy?

   _____

5. ¿Cuál es su número de teléfono?

   _____

6. ¿Cuál es su dirección?

   _____

7. ¿Nombre y apellido?

   _____

8. ¿Edad?

   _____

9. ¿Nacionalidad?

   _____

10. ¿Lugar de nacimiento?

   _____

Situaciones (Situations)

What would you say in the following situations? What might the other person say?

1. You see your Spanish professor in the morning. Greet him/her and ask how he/she is.

2. You want to ask someone's address and phone number.

3. You want to know someone's full name, marital status, age, nationality, and place of birth.

4. You are introduced to someone.

5. Someone says *"Mucho gusto"* to you.

1

📼 *El primer día de clases*

Dos estudiantes conversan en la clase.

LUPE	—Hola, Roberto. ¿Qué tal?
ROBERTO	—Muy bien. ¿Qué hay de nuevo?
LUPE	—Nada. ¿Qué clases tomas este semestre?
ROBERTO	—Tomo administración de empresas, ciencias económicas y contabilidad.
LUPE	—¿No tomas matemáticas?
ROBERTO	—Este semestre no.

Dos chicas conversan en la cafetería.

CARMEN	—¿Qué deseas comer?[1]
TERESA	—Pollo, sopa y ensalada. ¿Y tú?
CARMEN	—Un sándwich de jamón y queso... y fruta.
TERESA	—¿Deseas tomar café, té o un refresco?
CARMEN	—Una taza de café con crema y azúcar.
TERESA	—Yo pago la cuenta. (*A la cajera*) ¿Cuánto es?
CAJERA	—Ocho dólares, cincuenta centavos.

En la residencia universitaria.

RODOLFO	—¿Tú trabajas[2] mañana?
MARIO	—Sí, trabajo en el laboratorio de lenguas.
RODOLFO	—¿No trabajas en la biblioteca?
MARIO	—Sí, pero sólo los martes y jueves.
RODOLFO	—¿Cuándo estudiamos inglés?
MARIO	—Esta noche, porque yo necesito practicar mucho.

❖ ❖ ❖

The first day of classes

Two students talk in the classroom.

LUPE:	Hi, Roberto. How's it going?
ROBERTO:	Just fine. What's new?
LUPE:	Nothing (much). What classes are you taking this semester?
ROBERTO:	I'm taking business administration, economics, and accounting.
LUPE:	Aren't you taking mathematics?
ROBERTO:	Not this semester.

---

[1] In Spanish, as in English, when two verbs are used together the second one is in the infinitive.
[2] The present indicative is used here to express near future.

Two girls talk in the cafeteria.

CARMEN:	What do you want to eat?
TERESA:	Chicken, soup and salad. And you?
CARMEN:	A ham and cheese sandwich . . . and fruit.
TERESA:	Do you want to drink coffee, tea, or (a) soda?
CARMEN:	A cup of coffee with cream and sugar.
TERESA:	My treat (I'm paying the bill). (*To the cashier*) How much is it?
CASHIER:	Eight dollars, fifty cents.

In the dormitory.

RODOLFO:	Are you working tomorrow?
MARIO:	Yes, I'm working in the language lab.
RODOLFO:	Don't you work in the library?
MARIO:	Yes, but only on Tuesdays and Thursdays.
RODOLFO:	When are we studying English?
MARIO:	Tonight, because I need to practice a lot.

▣ Vocabulario

COGNADOS

la **cafetería** cafeteria	la **fruta** fruit
la **clase** classroom, class	las **matemáticas** mathematics
la **crema** cream	el **sandwich** sandwich
el **dólar** dollar	el **semestre** semester
el (la) **estudiante** student	la **sopa** soup

NOMBRES (Nouns)

la **administración de empresas** business administration

el **azúcar** sugar

la **biblioteca** library

el **café** coffee

el (la) **cajero(a)** cashier

el **centavo** cent, penny

las **ciencias económicas** economics

la **contabilidad** accounting

la **cuenta** bill

el (la) **chico(a)**, el (la) **muchacho(a)** boy, young man (girl, young woman)

la **ensalada** salad

el **inglés** English (language)

el **jamón** ham

el **laboratorio de lenguas** language lab

la **noche** night, evening

el **pollo** chicken

el **queso** cheese

el **refresco** soda, soft drink

la **residencia universitaria** dormitory

el **sándwich de jamón y queso** ham and cheese sandwich

la **taza** cup

el **té** tea

tú you (familiar)

yo I

VERBOS (Verbs)

comer[1] to eat

conversar to talk, to converse

desear to want, to wish

estudiar to study

necesitar to need

pagar to pay

practicar to practice

tomar to take, to drink

trabajar to work

ADJETIVO (Adjective)

varios(as) several

---

[1]The verb **comer** is conjugated in Lesson 2 of *Basic Spanish Grammar*, Fourth Edition.

OTRAS PALABRAS Y EXPRESIONES
(Other words and expressions)

con with
¿Cuándo? When?
¿Cuánto(a)? How much?
¿Cuánto es? How much is it?
en in, at
esta noche tonight
este semestre this semester
Hola. Hello., Hi.
mañana tomorrow

mucho much, a lot
nada nothing
o or
pero but
porque because
el primer día de clases the first day of classes
¿Qué? What?
¿Qué hay de nuevo? What's new?
¿Qué tal? How's it going?
sí yes
sólo, solamente only

Notas culturales

1. In most Spanish-speaking countries, students take all general requirements at the high school level. University students take only those subjects that relate to their own careers.
2. With a few exceptions, Spanish-speaking countries do not provide dormitories for college students. Most students live either with their families or in private boarding houses which cater specially to the student population.

¿Cuál es la respuesta? (What is the answer?)

Match each question in column A with the best answer in column B.

A	B
1. ¿Qué tal? ¿Qué hay de nuevo?	____ a. No, sólo los sábados.
2. ¿Qué deseas comer?	____ b. Veinte dólares y cuarenta centavos.
3. ¿Cuánto es?	____ c. No, de queso.
4. ¿Qué clases tomas este semestre?	____ ch. En la biblioteca.
5. ¿Cuándo estudiamos? ¿Hoy?	____ d. No, nosotros.
6. ¿Tú trabajas en la biblioteca?	____ e. Sí, mucho.
7. ¿Trabajas los lunes y jueves?	____ f. Pollo, sopa y ensalada.
8. ¿Necesitas practicar?	____ g. Contabilidad y administración de negocios.
9. ¿Deseas un sándwich de jamón?	____ h. No, en el laboratorio de lenguas.
10. ¿Ellos pagan la cuenta?	____ i. No, mañana.
11. ¿Qué necesitas para el café?	____ j. Nada.
12. ¿Dónde (*Where*) estudian Uds.?	____ k. Crema y azúcar.

¡Vamos a conversar!

A. Answer the following questions about the dialogue, using complete sentences.

1. ¿Qué clases toma Roberto este semestre?

   _____

2. ¿Toma matemáticas?

   _____

3. ¿Qué desea comer Teresa?

   _____

4. ¿Qué desea Carmen?

   _____

5. ¿Qué toma Carmen?

   _____

6. ¿Paga Teresa o paga Carmen?

   _____

7. ¿Cuánto es?

   _____

8. ¿Dónde trabaja Mario mañana?

   _____

9. ¿Qué días trabaja Mario en la biblioteca?

   _____

10. ¿Qué estudian Mario y Rodolfo esta noche?

    _____

B. Now answer the following questions about yourself.

1. ¿Qué hay de nuevo?

   _____

2. ¿Toma Ud. matemáticas este semestre?

   _____

3. ¿Trabaja Ud. mañana?

   _____

4. ¿Qué días trabaja Ud.?

   _____

5. ¿Necesita Ud. practicar el español? (*Spanish*)

   _____

6. ¿Qué desea comer?

   _____

7. ¿Desea Ud. tomar té, café o un refresco?

   _____

8. ¿Toma Ud. el café con crema y azúcar?

   _____

¿Qué falta aquí? (What is missing here?)

We can hear what Roberto is saying, but we can't hear Susana. Provide her side of the conversation.

SUSANA —_____

ALBERTO —Tomo contabilidad, administración de empresas y
matemáticas.

SUSANA —_____

ALBERTO —No, no trabajo en la biblioteca; trabajo en el laboratorio de
lenguas.

SUSANA —_____

ALBERTO —No, mañana no trabajo. Sólo trabajo los martes y los jueves.

SUSANA —_____

ALBERTO —No, gracias. Yo no tomo café.

SUSANA —_____

ALBERTO —No, esta noche no trabajo.

¿Qué pasa aquí? (What is happening here?)

What is going on in the picture on page 12?

1. ¿Qué día es hoy?

   _____

2. ¿Con quién habla la cajera?

   _____

3. ¿Cuánto paga Luis?

_____

4. ¿Qué clase toma Eva?

_____

5. ¿Qué toma el profesor?

_____

6. ¿Juan trabaja en el laboratorio de lenguas?

_____

7. ¿Qué día no trabaja Juan?

_____

8. ¿Cuánto necesita Ana?

_____

9. ¿Qué desea comer José?

_____

10. ¿Elba desea comer pollo?

_____

11. ¿Qué desea comer Elba?

_____

12. ¿Qué toma Elba?

_____

Situaciones

What would you say in the following situations? What might the other person say?

1. You want to greet a friend and ask him/her what's new.

2. Tell someone what you want to eat. You are very hungry.

3. Ask someone what he/she wants to drink. Offer some choices.

4. State that you're paying the bill and ask how much it is.

5. Tell someone on what days you work.

Y ahora, ¿qué? (And now, what?)

Act out the following situation with a classmate.

At the cafeteria, two students discuss what they want to eat and drink, what classes they are taking, and when they work.

¿Qué dice aquí? (What does it say here?)

Look at the class schedule and answer the questions that follow.

Horario de clases	
	Sara Vargas
Lunes:	Biología, Física e Historia
Martes:	Geología y Sociología
Miércoles:	Biología, Física e Historia
Jueves:	Geología y Sociología
Viernes:	Biología, Física e Historia
Sábado:	Danza aeróbica

Horario de clases	
	Rafael Viñas
Lunes:	Literatura, Geografía y Psicología
Martes:	Química y Francés
Miércoles:	Literatura, Geografía y Psicología
Jueves:	Química y Francés
Viernes:	Literatura, Geografía y Psicología
Sábado:	Tenis

1. ¿Qué clases toma Sara los lunes, miércoles y viernes?

   _____

2. ¿Qué días toma geología y sociología?

   _____

3. ¿Qué clase toma los sábados?

   _____

4. ¿Toma Rafael una clase de lengua? ¿Qué lengua?

   _____

5. ¿Qué clases toma Rafael los lunes, miércoles y viernes?

   _____

6. ¿Qué días toma química?

   _____

7. ¿Toma Rafael una clase de educación física? ¿Cuál?

   _____

2

En la oficina de turismo

Unos turistas llegan a Madrid y solicitan información. En este momento están en la oficina de turismo, en el aeropuerto de Barajas.

Con una señora mexicana:

EMPLEADO	—¿En qué puedo servirle, señora?
SEÑORA	—¿Dónde queda el Hotel Recoletos?
EMPLEADO	—En la Avenida Recoletos. Debe tomar el ómnibus número cuatro.
SEÑORA	—Gracias.

La señora espera el ómnibus en la esquina.

Con un señor argentino:

SEÑOR	—¿Dónde venden mapas de Madrid, señor?
EMPLEADO	—En los puestos de revistas.
SEÑOR	—¿Venden también guías para turistas?
EMPLEADO	—Aquí tiene una y también una lista de lugares de interés.
SEÑOR	—¿Cuánto es?
EMPLEADO	—Son gratis. ¿Algo más?
SEÑOR	—No, muchas gracias.

El señor decide ir a un restaurante para comer y beber algo.

Con dos muchachos chilenos:

JORGE	—¿Dónde venden tarjetas postales y estampillas?
EMPLEADO	—En el primer piso a la derecha, en la oficina de correos.
RAÚL	—Necesito cambiar dinero. ¿Dónde queda la oficina de cambios?
EMPLEADO	—A la izquierda.
JORGE	—¿El centro queda cerca de aquí?
EMPLEADO	—No, queda lejos. Debe tomar un ómnibus o un taxi.

Jorge sube al primer piso para comprar las tarjetas postales. Raúl cambia pesos chilenos[1] por pesetas[2] y después espera a Jorge en la puerta.

❖ ❖ ❖

---

[1]Chilean currency.
[2]Spanish currency.

At the tourist office

Some tourists arrive in Madrid and request information. At this moment, they are in the tourist office at the Barajas Airport.
With a Mexican lady:

CLERK: What can I do for you, ma'am?
LADY: Where is the Recoletos Hotel located?
CLERK: On Recoletos Avenue. You must take bus number four.
LADY: Thank you.

The lady waits for the bus at the corner.
With an Argentinian gentleman:

GENTLEMAN: Sir, where are maps of Madrid sold?
CLERK: At the magazine stands.
GENTLEMAN: Do they also sell tourist guides?
CLERK: Here's one, and also a list of places of interest.
GENTLEMAN: How much is it?
CLERK: They are free. Anything else?
GENTLEMAN: No, thank you very much.

The gentleman decides to go to a restaurant to have something to eat and drink.
With two Chilean young men:

JORGE: Where are postcards and stamps sold?
CLERK: On the first floor, to the right, at the post office.
RAÚL: I need to exchange money. Where is the money exchange office?
CLERK: To the left.
JORGE: Is the downtown area near here?
CLERK: No, it's (located) far away. You must take a bus or a taxi.

Jorge goes up to the first floor to buy the postcards. Raúl exchanges Chilean pesos for pesetas and afterwards waits for Jorge at the door.

📼 Vocabulario

COGNADOS

el **hotel** hotel	la **oficina** office
la **información** information	el **restaurante** restaurant
la **lista** list	el **taxi** taxi
el **mapa** map	el (la) **turista**[1] tourist
el **momento** moment	

---

[1]Nouns ending in -ista change only the article to indicate gender: **el turista** (*m.*), **la turista** (*f.*).

NOMBRES

el **aeropuerto** airport
el **centro** downtown (area), center city
el **dinero** money
el (la) **empleado(a)** clerk
la **esquina** corner
la **estampilla**, el **sello**, el **timbre** (*Mex.*) stamp
la **guía para turistas** tourist guide
el **lugar** place
los **lugares de interés** places of interest
la **oficina de cambios** money exchange office
  —**correos** post office
  —**turismo** tourist office
el **ómnibus, autobús** bus
el **piso** floor, story
el **primer piso** first floor
la **puerta** door
el **puesto de revistas**, el **kiosco** (**quiosco**) magazine stand
la **revista** magazine
la **tarjeta** card
  —**postal** postcard

VERBOS

beber to drink
cambiar to change, to exchange
comprar to buy
deber must, should
decidir to decide
esperar to wait (for)
están they are
ir[1] to go
llegar to arrive, to get
quedar to be located
solicitar to request
subir to go up, to climb, to get on or in, to board (a car, plane, etc.)
tomar to take (a bus, train, etc.)
vender to sell

ADJETIVOS

argentino(a) Argentinian
chileno(a) Chilean
gratis free
primer(o)(a) first
unos(as) some, several

OTRAS PALABRAS Y EXPRESIONES

a to
al to the
algo something
¿Algo más? Anything else?
a la derecha to the right
a la izquierda to the left
aquí here
Aquí tiene una. Here is one.
beber algo to have something to drink
cerca (de) near
comer algo to have something to eat
de of
después afterwards, later
¿Dónde? Where?
en on
en este momento at this moment
¿En qué puedo servirle? What can I do for you? May I help you?
lejos (de) far (away)
Muchas gracias. Thank you very much.
para in order to, to
por for
Son gratis. They are free.
también too, also

---

[1]The verb **ir** is conjugated in Lesson 3 of *Basic Spanish Grammar*, Fourth Edition.

Notas culturales

1. In Spanish-speaking countries, *primer piso* is the equivalent of the second floor in the U.S. The equivalent of the first floor in the U.S. is called *planta baja* in Spanish.
2. Madrid, the capital of Spain and a sprawling modern metropolis, has a population of about 6,000,000 inhabitants. It is one of the most visited cities in the world, renowned for its magnificent monuments, museums, parks, and other places of interest.
3. **CURRENCIES OF SPANISH-SPEAKING COUNTRIES:**

COUNTRY	CURRENCY	COUNTRY	CURRENCY
Argentina	austral	Honduras	lempira
Bolivia	boliviano	México	peso
Colombia	peso	Nicaragua	córdoba
Costa Rica	colón	Panamá	balboa
Cuba	peso	Paraguay	guaraní
Chile	peso	Perú	inti
Ecuador	sucre	Rep. Dominicana	peso
El Salvador	colón	Uruguay	peso
España	peseta	Venezuela	bolívar
Guatemala	quetzal		

¿Cuál es la respuesta?

Match each question in column A with the best answer in column B.

A

1. ¿Venden mapas aquí?
2. ¿La oficina de turismo está a la derecha?
3. ¿Algo más?
4. ¿En qué puedo servirle?
5. ¿Espero el ómnibus aquí?
6. ¿El centro queda cerca?
7. ¿Qué ómnibus debo tomar?
8. ¿Desea comprar tarjetas postales?
9. ¿Dónde está la oficina de turismo?
10. ¿Desea pesos chilenos?
11. ¿Desea comer algo?

B

____ a. No, en la esquina.
____ b. Unas revistas.
____ c. El número 4.
____ ch. No, pesetas.
____ d. No, deseo beber algo.
____ e. No, en el puesto de revistas.
____ f. No, deseo estampillas.
____ g. En la oficina de cambios.
____ h. En el restaurante.
____ i. No, a la izquierda.
____ j. En el aeropuerto.

12. ¿Qué desea comprar?   ——— k. No, mañana.

13. ¿Dónde cambian dinero?   ——— l. No, lejos.

14. ¿Dónde comemos?   ——— ll. Necesito una lista de lugares de interés.

15. ¿Los muchachos llegan hoy?   ——— m. No, muchas gracias.

¡Vamos a conversar!

A. We want to know what is happening at the Barajas Airport. Please tell us.

1. ¿Qué solicitan los turistas?

_____

2. ¿Dónde están los turistas en este momento?

_____

3. ¿Dónde queda el Hotel Recoletos?

_____

4. ¿Qué ómnibus debe tomar la señora mexicana?

_____

5. ¿Dónde espera la señora el ómnibus?

_____

6. ¿Dónde venden mapas de Madrid?

_____

7. ¿Son gratis las guías para turistas?

_____

8. ¿Qué decide el señor argentino?

_____

9. ¿Dónde venden tarjetas postales?

_____

10. ¿Qué necesita Raúl?

_____

11. ¿Dónde queda la oficina de cambios?

_____

12. ¿El centro queda cerca o lejos de la oficina de cambios?

_____

13. ¿Qué compra Jorge?

_____

14. ¿Qué cambia Raúl?

_____

15. ¿Dónde espera Raúl a Jorge?

_____

B. **Divide into groups of two and ask each other the following questions, using the *tú* form.**

Pregúntele a su compañero(a) de clase...

1. ...dónde queda la universidad.

2. ...dónde venden revistas.

3. ...si necesita una guía para turistas.

4. ...si las clases son gratis.

5. ...si desea comer algo.

6. ...si come en el restaurante o en la cafetería.

7. ...si necesita estampillas.

8. ...si el centro queda cerca o lejos de la universidad.

¿Qué falta aquí?

We can hear what the clerk is saying, but we can't hear Elba. Give her side of the conversation.

EMPLEADO   —¿En qué puedo servirle?

ELBA   —_____

EMPLEADO   —El hotel Azteca queda en la Avenida Maderos.

ELBA   —_____

EMPLEADO   —No, no queda cerca. Queda lejos de aquí.

ELBA   —_____

EMPLEADO   —Sí, debe tomar el ómnibus número 5.

ELBA   —_____

EMPLEADO —Venden mapas de la ciudad de México en los puestos de revistas.

ELBA —_____

EMPLEADO —La oficina de cambios queda en el primer piso, a la izquierda.

¿Qué pasa aquí?

What is going on in the picture on page 22?

A. 1. ¿Dónde están los turistas?

_____

2. ¿Quién trabaja en la oficina de información?

_____

3. ¿Qué solicita Esteban?

_____

4. ¿Necesita cambiar dinero Esteban?

_____

5. ¿Dónde queda la oficina de cambios?

_____

6. ¿Necesita Esteban algo más?

_____

7. ¿Con quién habla Josefina?

_____

8. ¿Qué desea Josefina?

_____

9. ¿Desea Josefina un mapa de Lima?

_____

10. ¿Norberto decide ir a un restaurante o a la oficina de correos?

_____

11. ¿Qué ómnibus debe tomar Liliana?

_____

A.

OFICINA DE TURISMO

B.

OFICINA DE CORREOS

B. 1. ¿Dónde están Héctor y María?

_____

2. ¿Qué necesita comprar María?

_____

3. ¿Cuánto debe pagar María por las cinco tarjetas?

_____

4. ¿Qué necesita comprar Héctor?

_____

5. ¿Con quién habla Héctor?

_____

Situaciones

What would you say in the following situations? What might the other person say?

1. You need to ask whether the information office is (located) to the left or to the right.

2. You need to ask whether the hotel is (located) near or far from here and whether you need to take a bus.

3. Find out where they sell postcards and stamps.

4. Tell someone that you need a list of places of interest, maps of the city and also a tourist guide.

5. Tell someone that the money exchange office is located downtown.

Y ahora, ¿qué?

Act out the following situation with a classmate.

A clerk (at the information office) assists a tourist who needs to find out the location of the Hilton Hotel, the money exchange office, the tourist office and the post office. He/she also asks where they sell tourist maps, magazines, etc.

¿Que dice aquí?

One of your friends is planning to visit Spain and is asking you some questions. Answer him or her using the information in the ad on page 24.

1. ¿Cuál es la aerolínea nacional de España?

_____

¡Visite España!

Viaje con Iberia, la aerolínea española

- *Madrid tiene muchos lugares de interés para el turista: monumentos, museos, plazas y parques y magníficos restaurantes, teatros y cines.*
- *Por avión, por tren, en autobús o en coche puede visitar otras ciudades españolas: en el sur, Sevilla, Córdoba y Granada, donde vemos la influencia de la cultura árabe. En el norte, Santander, San Sebastián y Galicia. Otros lugares importantes que debe visitar son Barcelona, Toledo y Salamanca.*
- *Puede cambiar sus dólares por pesetas en el aeropuerto de Barajas en Madrid.*
- *Para ir del aeropuerto al centro puede tomar un autobús o un taxi. En España los taxis son muy baratos.*

2. ¿Qué lugares de interés puedo visitar en la capital de España?

_____

3. ¿En qué ciudades españolas se ve la influencia árabe? ¿Cómo puedo viajar (to travel) a ellas?

_____

4. ¿En qué parte de España están Galicia y San Sebastián?

_____

5. ¿Qué otras ciudades importantes debo visitar en mi viaje (trip) a España?

_____

6. ¿Cómo puedo ir del aeropuerto al centro?

_____

7. Si en el aeropuerto tomo un taxi para ir al centro, ¿debo pagar mucho o son los taxis baratos (*inexpensive*)?

   _____

8. ¿Cuál es la moneda (*money*) nacional de España?

   _____

9. ¿Dónde puedo cambiar mis dólares por dinero español?

   _____

Una actividad especial (A special activity)

Set up four offices in the classroom: *2 oficinas de turismo y 2 oficinas de correos.* Students should take turns working in each office. The rest of the students, acting as tourists, should do the following:

1. Ask for directions.

2. Buy stamps and postcards, and mail letters to various countries and states.

3

📼 *¡Feliz cumpleaños!*

Yolanda va a una fiesta de cumpleaños en la casa de su amiga Carmen. Allí conversa con Miguel, un joven chileno. Miguel es alto, delgado, moreno y muy guapo. Yolanda no es baja; es de estatura mediana, rubia y muy bonita.

MIGUEL   —Ud. es de Montevideo, ¿no? Yo soy de Chile.

YOLANDA   —¿De qué parte de Chile? ¿De Santiago?

MIGUEL   —Sí. ¿Ud. asiste a la universidad aquí?

YOLANDA   —Sí. Carmen y yo somos compañeras de clase. Nuestro profesor de literatura española es de Chile también.

MIGUEL   —Sí, el doctor Urbieta... . Es mi padre.

YOLANDA   —¿Ud. es el hijo de mi profesor? ¡Qué casualidad! ¿Está él aquí?

MIGUEL   —No, está en casa. Esta noche él y mamá dan una fiesta de Navidad para unos amigos de la universidad.

YOLANDA   —¿Y Ud. está aquí... ?

MIGUEL   —Bueno... son amigos de ellos. Yo voy más tarde. ¿Vamos a la sala?

YOLANDA   —Bueno. ¿Dónde está Carmen? ¿En la cocina?

MIGUEL   —No, está en el comedor. ¿Desea tomar algo? ¿Cerveza... , vino... , un coctel... , champaña... ?

YOLANDA   —Una limonada o un refresco, por favor...

MIGUEL   —¿Un cigarrillo?

YOLANDA   —No, gracias. No fumo.

MIGUEL   —Entonces, yo tampoco. ¿Bailamos?

YOLANDA   —Con mucho gusto.

Miguel invita a Yolanda a la fiesta de sus padres. La muchacha está un poco cansada, pero acepta la invitación.

MIGUEL   —Buenas nochas a todos. (*A Carmen*) ¡Una fiesta magnífica, Carmen! ¡Feliz cumpleaños! ¡Adiós! (*A Yolanda*) ¿Vamos... ?

❖ ❖ ❖

Happy birthday!

Yolanda goes to a birthday party at the home of her friend Carmen. There she talks with Miguel, a Chilean young man. Miguel is tall, slim, dark, and very handsome. Yolanda is not short; she is of medium height, blonde, and very pretty.

MIGUEL: You are from Montevideo, right? I am from Chile.

YOLANDA: (From) what part of Chile? (From) Santiago?

MIGUEL: Yes. Do you attend the university here?

YOLANDA:	Yes. Carmen and I are classmates. Our Spanish literature professor is from Chile too.
MIGUEL:	Yes, Dr. Urbieta . . . . He's my father.
YOLANDA:	You are my professor's son? What a coincidence! Is he here?
MIGUEL:	No, he's at home. Tonight he and Mom are giving a Christmas party for some friends from the university.
YOLANDA:	And you are here . . . ?
MIGUEL:	Well . . . they are friends of theirs. I'm going later. Shall we go to the living room?
YOLANDA:	Okay. Where is Carmen? In the kitchen?
MIGUEL:	No, she's in the dining room. Do you want (to have) anything to drink? Beer . . . , wine . . . , a cocktail . . . , champagne . . . ?
YOLANDA:	A lemonade or a soda, please . . . .
MIGUEL:	A cigarette?
YOLANDA:	No, thank you. I don't smoke.
MIGUEL:	Then, I (won't) either. Shall we dance?
YOLANDA:	I'd love to.

Miguel invites Yolanda to his parents' party. The young woman is a little tired, but accepts the invitation.

MIGUEL:	Good night to everyone. (*To Carmen*) A great party, Carmen! Happy birthday! Goodbye! (*To Yolanda*) Shall we go . . . ?

🖭 Vocabulario

COGNADOS

el **aniversario**   anniversary
el **coctel**   cocktail
  cordialmente   cordially
el **champaña**   champagne
la **graduación**   graduation
la **invitación**   invitation
la **limonada**   lemonade
la **literatura**   literature
  magnífico(a)   magnificent, great
la **parte**   part
  próspero(a)   prosperous
la **universidad**   university

NOMBRES

el **abrazo**   hug, embrace
el (la) **amigo(a)**   friend
la **casa**   house, home
la **cerveza**   beer
el **cigarrillo**   cigarette
la **cocina**   kitchen
el **comedor**   dining room
el (la) **compañero(a) de clase**   classmate
el **cumpleaños**   birthday
la **día**   day

la **fiesta de Navidad**   Christmas party
el (la) **hijo(a)**   son (daughter)
el (la) **joven**   young man (woman)
la **madre, mamá**   mother, mom
la **Navidad**   Christmas
el **padre, papá**   father, dad
los **padres**   parents
la **sala**   living room
el **vino**   wine

VERBOS

aceptar to accept
asistir (a) to attend
bailar to dance
dar to give
estar to be
fumar to smoke
invitar to invite
ser to be

ADJETIVOS

alto(a) tall
bajo(a) short (height)
bonito(a) pretty
cansado(a) tired
delgado(a) thin, slim
español(a) Spanish
feliz happy
guapo(a) handsome, beautiful
mi my
moreno(a) dark-skinned, olive-skinned
nuestro(a) our
nuevo(a) new
rubio(a) blond(e)

OTRAS PALABRAS Y EXPRESIONES

Adiós. Goodbye.
allí there
¿Bailamos? Shall we dance?
bueno well, okay, sure
cariñosamente with love, affectionately
Con mucho gusto. With (much) pleasure, I'd love to.
de from, of
(de) estatura mediana (of) medium height
en casa (at) home
entonces then, in that case
felicidades congratulations
más tarde later
¡Qué casualidad! What a coincidence!
tampoco neither, either
todos(as) everyone, everybody
un poco a little

Notas culturales

1. In addition to their birthdays, most Spaniards and Latin Americans celebrate their "Saint day" (*día del Santo*). Many parents name their children after the saint that corresponds to their birthday, according to the Catholic calendar. For example, a child born on June 24, which is St. John's Day, might be called Juan (John). However, if he is born on June 24 and his parents name him Miguel (Michael), he will celebrate his birthay in June and his "Saint day" on September 29, which is St. Michael's Day.
2. Spanish-speaking children, teenagers and their parents do many things together, including going to parties. This practice generally is more common than it is among their American counterparts.
3. In most Spanish-speaking countries there is no minimum age for purchasing or drinking alcoholic beverages.
4. In Spanish, you say "*Salud*" (Cheers) to make a toast.

¡FELIZ CUMPLEAÑOS!

Tu amiga,
Yolanda

¡FELIZ NAVIDAD Y PRÓSPERO AÑO NUEVO!

Cordialmente,
Miguel

¡Feliz Aniversario!

Cariñosamente,
Carmen

¡Felicidades en el día de tu graduación!

Un abrazo,
Anita

¿Cuál es la respuesta?

Match each question in column A with the best answer in column B.

A

1. ¿Deseas beber cerveza?

2. ¿Deseas un cigarrillo?

3. ¿Están en la cocina?

4. ¿Es una fiesta de Navidad?

5. ¿Dónde está la muchacha?

6. ¿Cómo es tu padre?

7. ¿Tus padres están en el comedor?

8. ¿Cómo es Ana María?

9. ¿Quién es Pedro García?

10. ¿Vas a la fiesta?

11. ¿Hoy es su cumpleaños?

12. ¿De qué parte de Argentina es Andrés?

13. ¿Qué deseas comprar?

14. ¿Bailamos... ?

15. ¿Es muy alto?

16. ¿Uds. van a la fiesta también?

17. ¿Das la fiesta en el club?

18. ¿Invitan a los padres de los muchachos a la graduación?

B

_____ a. En la casa de su mamá.

_____ b. Rubia y muy bonita.

_____ c. Moreno, bajo y delgado.

_____ ch. De Buenos Aires.

_____ d. No, su aniversario.

_____ e. Con mucho gusto.

_____ f. No, de cumpleaños.

_____ g. Sí, todos reciben una invitación.

_____ h. No, gracias. No fumo.

_____ i. Sí, todos vamos.

_____ j. No, en mi casa.

_____ k. No, en el comedor.

_____ l. Un compañero de clase.

_____ ll. No, estoy cansada.

_____ m. No, en la sala.

_____ n. Una tarjeta de aniversario.

_____ ñ. No, un poco de limonada, por favor.

_____ o. No, de estatura mediana.

¡Vamos a conversar!

A. Answer the following questions about the dialogue, using complete sentences.

1. ¿A dónde va Yolanda?

_____

2. ¿Con quién conversa Yolanda en la fiesta?

_____

3. ¿De dónde es Miguel?

_____

4. ¿Yolanda es chilena también?

_____

5. ¿Quién es el profesor de literatura de Yolanda?

_____

6. ¿Quiénes dan una fiesta de Navidad esta noche?

_____

7. ¿Carmen está en la cocina, en la sala o en el comedor?

_____

8. ¿Qué desea tomar Yolanda?

_____

9. ¿A quién invita Miguel a la fiesta de sus padres?

_____

10. ¿Acepta la muchacha la invitación?

_____

B. Now answer the following questions about yourself.

1. ¿Van Uds. a una fiesta esta noche?

_____

2. ¿Da Ud. una fiesta de Navidad el veinte y cinco de diciembre?

_____

3. ¿Es Ud. chileno(a)?

_____

4. ¿De dónde es Ud.?

_____

5. ¿De qué parte de los Estados Unidos (U.S.A.) es Ud.?

_____

6. ¿A qué universidad asiste Ud.?

_____

7. ¿De dónde es su profesor(a) de español?

_____

8. ¿Estudian Uds. literatura española?

_____

9. ¿Es Ud. alto(a), bajo(a) o de estatura mediana?

_____

10. ¿Es Ud. rubio(a) o moreno(a)?

_____

11. ¿Cómo se llama su papá?

_____

12. ¿Cómo se llama su mamá?

_____

13. ¿Comen Uds. en la sala, en el comedor o en la cocina?

_____

14. ¿Está Ud. cansado(a) hoy?

_____

¿Qué falta aquí?

Using your imagination and the vocabulary learned in this lesson, complete the missing lines of these conversations.

A. *Carlos, un joven norteamericano,*[1] *y Marisa, una chica chilena, conversan en una fiesta.*

MARISA —¿Es Ud. de los Estados Unidos?

CARLOS —_____

MARISA —¿De California? ¡Qué casualidad! Mis padres y yo vamos a California en septiembre.

CARLOS —_____

MARISA —Bueno... yo hablo inglés, pero mis padres no.

CARLOS —_____

MARISA —No, no están aquí. Están en casa.

CARLOS —_____

MARISA —Sí, un refresco, por favor.

CARLOS —_____

_____
[1](North) American

MARISA —No, gracias. No fumo.

CARLOS —_____

MARISA —No, no deseo bailar. Estoy un poco cansada...

B. *Marisa habla con Anita.*

MARISA —¡Una fiesta magnífica Anita! ¡Felicidades por tu graduación!

ANITA —_____

MARISA —Mis padres están en la sala.

ANITA —_____

MARISA —¿Champaña? Sí, por favor.

¿Qué pasa aquí?

What is going on in the picture?

1. ¿Da Dora una fiesta de cumpleaños?

_____

2. ¿Con quién conversan Paco y Ana?

_____

3. ¿Es alto Julio?

_____

4. ¿De dónde es Dora?

_____

5. ¿Dónde está Pedro?

_____

6. ¿Está en la cocina Elisa?

_____

7. ¿Con quién baila Rita?

_____

8. ¿Qué toma Dora?

_____

9. ¿Es bonita Estela?

_____

10. ¿Asiste Raquel a la fiesta?

_____

11. ¿Fuma Eva?

_____

12. ¿Quién toma champaña?

_____

13. ¿Es delgado Alberto?

_____

14. ¿Mario es rubio o moreno?

_____

Situaciones

What would you say in the following situations? What might the other person say?

1. Someone asks you to describe your best friend.

2. You have just found out that your classmate is from Argentina. Express surprise at the coincidence, for your friend is from Argentina also. Ask your classmate what part of Argentina he is from.

3. Tell someone you attend the University of California, and your Spanish literature professor is from Mexico.

4. Someone asks you whether your father is home. Tell her/him that he is not home tonight. Tell her/him that he's at the home of some friends.

5. Someone offers you a cigarette. Decline.

6. Ask someone to dance.

7. Someone asks you to dance. Accept.

8. Ask someone at your party if he/she wants anything to drink. Give him/her a few choices.

9. Thank someone for a great party and say good night to everyone.

10. Write the following cards:
    a. a Christmas card to your parents
    b. an anniversary card to your best friend
    c. a birthday card to your boss
    d. a graduation card to your son, daughter, or other relative

Y ahora, ¿qué?

Act out the following situations with a classmate.

1. Two people are trying to find out each other's origin, profession,[1] parents' origin, place of residence, etc.

2. A host(-ess) and his/her guest are chatting at a party.

¿Qué dice aquí?

Look at the invitation on page 37 and answer these questions.

1. ¿Para quién es la fiesta?

_____

2. ¿Qué clase (*kind*) de fiesta es?

_____

3. ¿Cuáles son los apellidos de María Teresa?

_____

4. ¿Dónde es la fiesta?

_____

_____

[1]Use Appendix C in *Basic Spanish Grammar*, Fourth Edition.

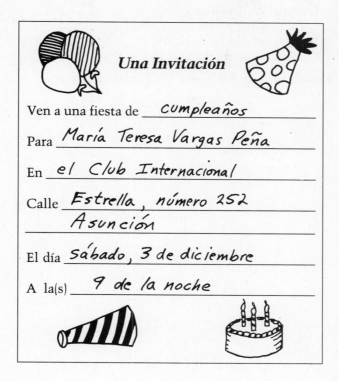

Una Invitación

Ven a una fiesta de ___cumpleaños___

Para ___María Teresa Vargas Peña___

En ___el Club Internacional___

Calle ___Estrella, número 252___
_____Asunción_____

El día ___sábado, 3 de diciembre___

A la(s) ___9 de la noche___

5. ¿Dónde queda el Club Internacional?

_____

6. ¿En qué ciudad está el Club Internacional?

_____

7. ¿Cuál es la fecha de la fiesta?

_____

8. ¿Qué día es la fiesta?

_____

9. ¿La fiesta es por la tarde o por la noche?

_____

Una actividad especial

Act out the following situation.

It is Christmas time and Mr. and Mrs. X are having a party to celebrate their anniversary. One of the guests has just received a promotion and another is celebrating a birthday. The party begins with the host and hostess in the classroom; the guests arrive later, in groups or by themselves. They greet the host and hostess, are introduced to other guests, and chat. The guests congratulate the host and hostess, wish one another a merry Christmas and a happy New Year, congratulate the person who has been promoted, and wish the birthday person a happy birthday. Guests may wish to sing this song (to the tune of "Happy Birthday"):

Cumpleaños feliz,
Cumpleaños feliz.
Mi querido(a) (*name*),
Cumpleaños feliz.

The guests then thank their host and hostess for a great party and say goodbye.

Lección

4

📟 *En el hotel*

El señor López está en un hotel en San Juan, Puerto Rico. No tiene reservación, pero desea una habitación para él y su esposa. Habla con el gerente.

GERENTE	—¿En qué puedo servirle, señor?
SR. LÓPEZ	—¿Tienen Uds. una habitación libre para dos personas?
GERENTE	—Sí, tenemos dos. ¿Desea una cama matrimonial o dos camas chicas?
SR. LÓPEZ	—Una cama matrimonial. ¿Tiene el cuarto baño privado y agua caliente?
GERENTE	—Sí, señor, agua caliente y fría. También tiene teléfono, televisor y aire acondicionado.
SR. LÓPEZ	—¡Qué bueno, porque tengo mucho calor! ¿Cuánto cobran?
GERENTE	—Ochenta y cinco dólares por noche y cinco dólares extra por cada persona adicional.
SR. LÓPEZ	—¿Es con vista a la calle o interior?
GERENTE	—Es con vista al jardín y a la piscina.
SR. LÓPEZ	—Muy bien. ¿Aceptan tarjetas de crédito... cheques de viajero?
GERENTE	—Sí, señor. (*El señor López paga por dos noches y firma el registro.*) Aquí tiene la llave. El elevador está a la derecha. (*Llama al botones.*) ¡Jorge! Las maletas del señor al cuarto 242. (*El botones lleva las maletas.*)

Dos horas después, el señor López baja al vestíbulo del hotel y habla con el gerente.

SR. LÓPEZ	—Tenemos mucha hambre. ¿Es bueno el restaurante que queda en la esquina?
GERENTE	—¿"El Roma"? Sí, yo creo que la comida es buena allí, pero el restaurante "El Gaucho" es el mejor de todos. Queda a tres cuadras de aquí.
SR. LÓPEZ	—¿Es muy caro?
GERENTE	—No es tan caro como otros restaurantes, y el servicio es estupendo.
SR. LÓPEZ	—¡Ah! ¿Dónde venden diarios y revistas?
GERENTE	—Aquí, en la tienda en el vestíbulo del hotel, señor. También venden objetos de arte nativo. Todo muy bonito y bastante barato.
SR. LÓPEZ	—Muy bien. ¿A qué hora debemos desocupar el cuarto?

GERENTE	—Al mediodía.
SR. LÓPEZ	—Aquí viene mi esposa. Gracias, señor.
GERENTE	—De nada, Sr. López. Ah, aquí tiene una lista de restaurantes y excursiones a lugares de interés.
SRA. LÓPEZ	—¿Tienen Uds. servicio de habitación?
GERENTE	—Sí, señora.
SRA. LÓPEZ	—(*A su esposo.*) Estoy demasiado cansada para ir a un restaurante.

At the hotel

Mr. López is in a hotel in San Juan, Puerto Rico. He doesn't have a reservation, but he wants a room for himself and his wife. He speaks with the manager.

MANAGER:	May I help you?
MR. LÓPEZ:	Do you have a room available for two people?
MANAGER:	Yes, we have two. Do you want a double bed or two single beds?
MR. LÓPEZ:	A double bed. Does the room have a private bathroom and hot water?
MANAGER:	Yes, sir. Hot and cold water. It also has a telephone, a TV set, and air conditioning.
MR. LÓPEZ:	That's good, because I'm very hot. How much do you charge?
MANAGER:	Eighty-five dollars a night and five dollars extra for each additional person.
MR. LÓPEZ:	Is it (the room) exterior (with a view to the street) or interior?
MANAGER:	It has a view of the garden and of the swimming pool.
MR. LÓPEZ:	Very well. Do you accept credit cards . . . traveler's checks?
MANAGER:	Yes, sir. (*Mr. López pays for two nights and signs the register.*) Here's the key. (*He calls the bellboy.*) George! The gentleman's suitcases to room 242. (*The bellboy takes the suitcases.*)

Two hours later Mr. López goes down to the lobby and talks with the manager.

MR. LÓPEZ:	We are very hungry. Is the restaurant that is located on the corner good?
MANAGER:	The "Roma"? Yes, I think (that) the food is good there, but the "El Gaucho" restaurant is the best of all. It's located three blocks from here.
MR. LÓPEZ:	Is it very expensive?
MANAGER:	It's not as expensive as other restaurants, and the service is great.
MR. LÓPEZ:	Ah! Okay, where do they sell newspapers and magazines?
MANAGER:	Here, in the store in the hotel lobby, sir. They also sell native art objects. Everything is very attractive and quite inexpensive.
MR. LÓPEZ:	Very well. At what time do we have to check out (vacate the room)?
MANAGER:	At noon.

MR. LÓPEZ: Here comes my wife. Thank you, sir.
MANAGER: You are welcome, Mr. López. Ah, here's a list of res-
                taurants and tours to places of interest.
MRS. LÓPEZ: Do you have room service?
MANAGER: Yes, madam.
MRS. LÓPEZ: (*To her husband.*) I'm too tired to go to a restaurant.

🔊 Vocabulario

COGNADOS

adicional additional		el **objeto** object	
el **arte** art		la **persona** person	
el **cheque** check		**privado(a)** private	
la **excursión** excursion, tour		el **registro** register	
extra extra		la **reservación** reservation	
interior interior		el **servicio** service	
nativo(a) native		el **teléfono** telephone	

NOMBRES

el **agua**[1] water
el **aire** air
el **aire acondicionado** air conditioning
el **baño**, el **cuarto de baño** bathroom
el **botones** bellboy
la **calle** street
la **cama** bed
  —**chica (individual) (personal)** twin bed
  —**matrimonial (doble)** double bed
la **comida** food
el **cheque de viajero** traveler's check
el **diario**, el **periódico** newspaper
el **elevador, ascensor** elevator
el (la) **esposo(a)** husband (wife)
el (la) **gerente** manager
la **habitación**, el **cuarto** room
la **hora** hour
el **jardín** garden
la **llave** key
la **maleta** suitcase
el **mediodía** noon
la **piscina, alberca** (*Mex.*) swimming pool
el **servicio de habitación** room service
la **tarjeta de crédito** credit card
el **televisor** TV set
la **tienda** store, shop
el **vestíbulo** lobby

VERBOS

bajar to go down
cobrar to charge
creer to believe, to think
desocupar to check out, to vacate
firmar to sign
hablar to speak, to talk
llamar to call
llevar to take, to carry
tener to have
venir to come

ADJETIVOS

barato(a) inexpensive, cheap
bueno(a) good
caliente hot
caro(a) expensive
chico(a), pequeño(a) small, little
estupendo(a) great, fantastic
frío(a) cold
libre available, vacant, free
mejor better, best
otro(a) other, another
todos(as) all

---

[1] **El (un)** is used when the noun starts with stressed **a** or **ha**.

OTRAS PALABRAS Y EXPRESIONS

a ____ cuadras (de) ____ blocks (from)
¿a qué hora... ? at what time . . . ?
al mediodía at noon
bastante quite
cada each, every
con vista a... with a view to . . .
De nada. You're welcome. (It's nothing.)
demasiado too
para for, to
por per
que that
¡Qué bueno! That's good!
tan... como as . . . as
tener calor to be hot
tener hambre to be hungry
todo everything

Notas culturales

1. Puerto Rico is one of the Caribbean islands comprising the Greater Antilles (*Antillas Mayores*). San Juan, the island's capital and largest city, combines the comfort of a modern city with the charm of its colonial past. Since 1952, Puerto Rico has been a Free Associated Commonwealth of the United States. Puerto Ricans are citizens of the United States.
2. Most large hotels in Spain and Latin America accept American credit cards. Prices are often quoted to tourists in dollars.
3. In most major cities in Spain and Latin America, one can find newspapers and magazines from the United States.

¿Cuál es la respuesta?

Match each question in column A with the best answer in column B.

A	B
1. ¿Tiene el cuarto baño privado?	____ a. No, tiene vista al jardín.
2. ¿Es buena la comida aquí?	____ b. No, son caros.
3. ¿Dónde venden diarios?	____ c. En el vestíbulo.
4. ¿Va a subir (*to go up*)?	____ ch. Sí, y tarjetas de crédito.
5. ¿Con quién desea hablar?	____ d. Sí, es el mejor.
6. ¿El cuarto es interior?	____ e. Sí, con agua caliente y fría.
7. ¿Quién lleva las maletas al cuarto?	____ f. Sí, puede comer en su cuarto.
8. ¿Qué debo firmar?	____ g. 85 dólares por noche.

9. ¿Son baratos los objetos de arte nativo? _____ h. Sí, es estupenda.

10. ¿Desea una cama chica? _____ i. El registro.

11. ¿A qué hora debo desocupar el cuarto? _____ j. Con el gerente.

12. ¿Tiene servicio de habitación el hotel? _____ k. Sí, en el elevador.

13. ¿Cuánto cobran por la habitación? _____ l. No, doble.

14. ¿Aceptan cheques de viajero? _____ ll. Al mediodía.

15. ¿Es bueno el restaurante? _____ m. El botones.

¡Vamos a conversar!

A. We want to know what goes on at the hotel. Tell us . . .

1. ¿Para cuántas personas es la habitación que desea el señor López?

   _____

2. ¿Desea una cama matrimonial o dos camas chicas?

   _____

3. ¿Qué tiene la habitación?

   _____

4. ¿Por qué no tiene calor en su habitación el señor López?

   _____

5. ¿Cuánto cobran en el hotel por una habitación?

   _____

6. ¿Es interior la habitación del señor López?

   _____

7. ¿Quién lleva las maletas a la habitación?

   _____

8. ¿Qué restaurante es mejor, el restaurante "Roma" o "El Gaucho"?

   _____

9. ¿A qué hora deben desocupar la habitación la familia López?

   _____

10. ¿Dónde desea comer la señora López? ¿Por qué?

   _____

B. Divide into groups of two and ask each other the following questions, using the *tú* form.

Pregúntele a su compañero(a) de clase...

1. ...si su habitación es interior o con vista a la calle.

2. ...si tiene aire acondicionado y televisor en su cuarto.

3. ...si tiene la llave de su casa aquí.

4. ...a cuántas cuadras de la universidad está su casa.

5. ...si tiene piscina en su casa.

6. ...qué periódicos y revistas lee.

7. ...qué tarjetas de crédito tiene.

8. ...si tiene hambre.

9. ...si está cansado(a).

10. ...qué lugares de interés tiene la ciudad donde vive.

¿Qué falta aquí?

A. We can hear what Marta is saying, but we can't hear the clerk. Provide his side of the conversation.

Marta habla por teléfono con el empleado del Hotel Azteca.

MARTA —Deseo una reservación para el quince de julio.

EMPLEADO —_____

MARTA —Para dos personas.

EMPLEADO —_____

MARTA —Por dos noches.

EMPLEADO —_____

MARTA —No, dos camas chicas.

EMPLEADO —_____

MARTA —Con vista a la calle, por favor. ¿Tienen los cuartos baño privado?

EMPLEADO —_____

MARTA —¿Cuánto cobran por noche?

EMPLEADO —_____

MARTA —Muy bien. Llegamos el quince de julio al mediodía.

44

B. **Now we can hear the clerk, but we can't hear Marta. Provide her side of the conversation.**

Marta llega a Hotel Azteca.

MARTA   —_____

EMPLEADO —No, no aceptamos tarjetas de crédito, pero aceptamos cheques de viajero.

MARTA   —_____

EMPLEADO —Sí, debe firmar el registro. Aquí tiene la llave. Es el cuarto número 520.

MARTA   —_____

EMPLEADO —Sí, el "París" es un restaurante muy bueno y el servicio es estupendo, pero es bastante caro.

MARTA   —_____

EMPLEADO —Sí, señorita. Tenemos servicio de habitación.

MARTA   —_____

EMPLEADO —Sí, tenemos una lista de restaurantes, excursiones y lugares de interés. Está en el cuarto.

¿Qué pasa aquí?

What is going on in the picture on page 46?

1. ¿En qué hotel está la familia Soto?

   _____

2. ¿Cuánto debe pagar el señor Soto?

   _____

3. ¿El señor Soto cree que el hotel es caro o barato?

   _____

4. ¿Quién es Mimí?

   _____

5. ¿Qué número tiene la habitación de la familia Soto?

   _____

6. ¿Cuántas maletas tienen ellos?

   _____

7. ¿El cuarto número quince es con vista a la calle?

   _____

8. ¿Quién lleva las maletas al cuarto?

   _____

9. ¿Cómo sube al cuarto?

   _____

10. ¿Cuánto cobran por una persona en el Hotel Caracas?

   _____

11. ¿Cuánto cobran por dos personas?

   _____

12. ¿Cuánto cobran por cada persona adicional?

   _____

13. ¿Con quién habla el señor Soto?

   _____

14. ¿Con quién habla la señora Soto?

   _____

15. ¿Quiénes están en el vestíbulo del hotel?

_____

16. ¿Tiene aire acondicionado la habitación de la familia Soto?
¿Televisor?

_____

Situaciones

What would you say in the following situations? What might the other person say?

1. You are a tourist in Mexico. Tell the hotel clerk you want a room for three people with a private bathroom, a double bed, a single bed, and a view of the garden.

2. You are a hotel clerk in Arizona. Tell your Mexican customer that they sell native art objects, magazines, and newspapers in the lobby. Tell him also that you have a list of restaurants and places of interest.

3. You are a tourist in Guatemala. Ask the hotel clerk if they have a vacancy. Tell him you don't have a reservation. Ask him how much extra they charge for each additional person.

4. Someone wants to sell you some art objects. Tell her that they are very nice, but too expensive.

5. Someone tells you that your room has air conditioning. Say, "That's good," and tell her you are very hot.

Y ahora, ¿qué?

Act out the following situations with a classmate.

1. A tourist talks to the hotel manager about getting a room.

2. A tourist asks a guide questions about restaurants, souvenirs, and places of interest.

¿Qué dice aquí?

One of your friends is going to spend a week in Bogotá, and is asking you about accommodations. Base your answers on the ad on page 48.

1. ¿A qué hotel puedo ir en Bogotá?

_____

2. ¿Cuál es la dirección del hotel?

_____

3. ¿Tienen televisor en las habitaciones en el hotel?

_____

4. ¿Qué lugares quedan cerca del hotel?

_____

5. ¿Sirven (*Do they serve*) comida en el hotel?

_____

6. ¿Cómo se llama el restaurante del hotel?

_____

7. ¿Qué tipo de comida sirven en el restaurante?

_____

8. ¿A qué número de teléfono debo llamar para hacer (*make*) las reservaciones?

_____

Una actividad especial

Two or more hotels can be set up in different corners of the classroom. Two or more students are hotel clerks. The rest of the students play the roles of customers; for example, a couple and their child, two women traveling together, two men on business, a couple on their honeymoon, etc. The customers make reservations, ask about prices for single rooms, double rooms, an additional person in the room, etc. They also try to find out about restaurants, excursions, and other places of interest. The customers should "shop around" before deciding where to stay.

Lección

5

📼 *Un cuarto para dos*

Miguel y Jorge están de vacaciones en Sevilla. Como no tienen mucho dinero, deciden ir a una pensión.

Con la dueña de la pensión:

MIGUEL	—¿Cuánto cobran por un cuarto?
LA DUEÑA	—¿Cuántas personas son?
MIGUEL	—Somos dos.
LA DUEÑA	—Con comida el precio es veinte mil pesetas por semana. Eso incluye desayuno, almuerzo y cena. Sin comida, cuatro mil quinientas pesetas.
MIGUEL	—Queremos un cuarto sin comida porque vamos a viajar mucho.
LA DUEÑA	—¿Cuánto tiempo piensan estar aquí?
MIGUEL	—Pensamos estar dos semanas en Sevilla.
JORGE	—¿Los cuartos tienen baño privado?
LA DUEÑA	—No. Hay dos cuartos de baño para todos los huéspedes: uno en el primer piso y otro en el segundo, al final del pasillo.
JORGE	—¿Tienen bañadera o ducha?
LA DUEÑA	—Las dos cosas.
MIGUEL	—¿Tienen calefacción los cuartos? Yo tengo mucho frío...
LA DUEÑA	—Sí. Además hay mantas en el cuarto...
JORGE	—¿Hay una zona de estacionamiento cerca de aquí?
LA DUEÑA	—Sí, hay una a tres cuadras de aquí.
MIGUEL	—Bueno. ¿Debemos pagar por adelantado?
LA DUEÑA	—Sí, deben pagar por adelantado.
JORGE	—Muy bien. Vamos a estacionar el coche y a traer el equipaje.

En la habitación:

JORGE	—Oye, tengo hambre. ¿Qué hora es?
MIGUEL	—Son las ocho y no empiezan a[1] servir la cena hasta las nueve.
JORGE	—Entonces vamos a hacer unas compras. Necesito comprar jabón y una toalla. ¿A qué hora cierran las tiendas?
MIGUEL	—Creo que cierran a las ocho. Es muy tarde.

---

[1]**Empezar** is followed by the preposition **a** before an infinitive.

JORGE	—¡Paciencia! Oye, ¿por qué no llamamos a Estela y a Pilar para ir a bailar esta noche?
MIGUEL	—¿Pilar? Yo no entiendo por qué quieres llevar a Pilar. No baila muy bien, sobre todo los bailes modernos.
JORGE	—Pero es inteligente y simpática y no es nada fea.
MIGUEL	—Bueno. Oye, yo tengo mucha sed. ¿Por qué no vamos a un café a tomar una cerveza?
JORGE	—Buena idea. Y allí hacemos planes para mañana.

A room for two

Miguel and Jorge are on vacation in Seville. Since they don't have much money, they decide to go to a boarding house.
With the owner of the boarding house:

MIGUEL:	How much do you charge for a room?
THE OWNER:	For how many people?
MIGUEL:	There are two of us.
THE OWNER:	With meals, the price is twenty thousand pesetas a week. That includes breakfast, lunch, and dinner. Without meals, four thousand five hundred pesetas.
MIGUEL:	We want a room without meals because we are going to travel a lot.
THE OWNER:	How long are you planning to be here?
MIGUEL:	We're planning to be in Seville (for) two weeks.
JORGE:	Do the rooms have private bathrooms?
THE OWNER:	No. There are two bathrooms for all the guests: one on the first floor and another one on the second, at the end of the hall.
JORGE:	Do they have a bathtub or a shower?
THE OWNER:	Both.
MIGUEL:	Do the rooms have heating? I've very cold . . .
THE OWNER:	Yes. Besides, there are blankets in the room . . .
JORGE:	Is there a parking lot near here?
THE OWNER:	Yes, there is one three blocks from here.
MIGUEL:	Okay. Do we have to pay in advance?
THE OWNER:	Yes, you must pay in advance.
JORGE:	Very well. We're going to park the car and bring (in) the luggage.

In the room:

JORGE:	Listen, I'm hungry. What time is it?
MIGUEL:	It's eight o'clock, and they don't start serving dinner until nine.
JORGE:	Then let's do some shopping. I need to buy soap and a towel. What time do they close the stores?
MIGUEL:	I think they close at eight. It's very late.
JORGE:	Too bad! Why don't we call Stella and Pilar to go dancing tonight?
MIGUEL:	Pilar? I don't understand why you want to take Pilar. She doesn't dance very well, especially the modern dances.
JORGE:	But she's intelligent and fun to be with and not at all bad-looking.

MIGUEL:	Okay. Listen, I'm very thirsty. Why don't we go to a cafe to have a beer?
JORGE:	Good idea. And there we'll make plans for tomorrow.

🖭 Vocabulario

COGNADOS

el **café**   cafe
la **idea**   idea
inteligente   intelligent
el **plan**   plan
las **vacaciones**[1]   vacation

NOMBRES

el **almuerzo**   lunch
el **baile**   dance
la **bañadera**   bathtub
la **calefacción**   heating
la **cena**   dinner, supper
el **coche, auto, carro**   car
la **comida**   meal(s)
la **cosa**   thing
el **desayuno**   breakfast
la **ducha**   shower
el, la **dueño(a)**   owner
el **equipaje**   luggage
el (la) **huésped(a)**   guest
el **jabón**   soap
la **manta, frazada, cobija**   blanket
la **pensión**   boarding house
el **precio**   price
la **semana**   week
la **toalla**   towel
la **zona de estacionamiento**   parking lot

VERBOS

cerrar (e:ie)   to close
empezar (e:ie)   to begin, to start
entender (e:ie)   to understand
estacionar, aparcar   to park (a car)
pensar (e:ie) + infinitivo   to plan, to intend
  + infinitive
querer (e:ie)   to want
servir (e:i)   to serve
traer   to bring
viajar   to travel

ADJETIVOS

feo(a)   ugly, bad-looking
segundo(a)   second
simpático(a)   nice, charming, fun to be with

OTRAS PALABRAS Y EXPRESIONES

además   besides
al final   at the end
como   since, being that
¿Cuánto tiempo?   How long?
Eso incluye...   That includes . . .
estar de vacaciones   to be on vacation
hacer (unas) compras   to do (some) shopping
hacer planes   to make plans
hasta   until
hay   there is, there are
las dos cosas   both
No es nada fea.   She's not at all bad-looking.
Paciencia.   Too bad. (*lit.*, patience)
pagar por adelantado   to pay in advance
¿Qué hora es?   What time is it?
¿Por qué?   Why?
sin   without
sobre todo   especially, above all
Somos dos.   There are two of us.
tener frío   to be cold
tener sed   to be thirsty

---

[1]In Spanish, the word for *vacation* is always used in the plural form.

Notas culturales

1. Seville is the capital of Andalucía, a sunny and fertile region in southern Spain. It has a population of about 1,420,000.
2. Boarding houses are very popular in Spanish-speaking countries. They are less expensive than hotels and the price generally includes meals.
3. Breakfast in Spanish-speaking countries generally consists of coffee and milk, with bread and butter. Lunch is the most important meal of the day and dinner is eaten quite late, around eight or nine o'clock at night. Many people have an afternoon snack (*la merienda*) around four o'clock. It generally consists of tea or coffee with milk and biscuits or sandwiches.

¿Cuál es la respuesta?

Match each question in column A with the best answer in column B.

A	B
1. ¿Qué comidas incluye el precio?	____ a. No, a una pensión.
2. Oye, ¿dónde está el baño?	____ b. Sí, quiero una frazada.
3. ¿Dónde vas a aparcar?	____ c. No, estoy de vacaciones.
4. ¿Van a un hotel?	____ ch. No, es feo. Pero es simpático...
5. ¿El baño tiene bañadera?	____ d. No, es uno de los huéspedes.
6. ¿Tienes frío?	____ e. Jabón y toallas.
7. ¿Cuánto tiempo vas a estar en Sevilla?	____ f. No, tengo que hacer unas compras.
8. ¿Es guapo?	____ g. Al final del pasillo.
9. ¿No trabajas hoy?	____ h. El botones.
10. ¿Qué cosas vas a comprar en la tienda?	____ i. Como no tienen mucha hambre... ensalada y sopa.
11. ¿Es el dueño del hotel?	____ j. En la zona de estacionamiento.
12. ¿Qué van a servir?	____ k. No, no necesitan el dinero hasta mañana.
13. ¿Tenemos que pagar por adelantado?	____ l. Tres semanas.
14. ¿No vas a ir al baile?	____ ll. El desayuno, el almuerzo y la cena.
15. ¿Quién va a traer el equipaje?	____ m. Sí, sobre todo porque no tiene calefacción...
16. ¿Es caro el hotel?	____ n. No, ducha.

¡Vamos a conversar!

A. Answer these questions about the dialogue, using complete sentences.

1. ¿Dónde están Miguel y Jorge de vacaciones?

   _____

2. ¿Van a un hotel o a una pensión?

   _____

3. ¿Cuál es el precio del cuarto con comida?

   _____

4. ¿Cuánto tiempo piensan estar los muchachos en Sevilla?

   _____

5. ¿Cuántos baños hay para todos los huéspedes?

   _____

6. ¿Los baños tienen bañadera o ducha?

   _____

7. ¿A cuántas cuadras de la pensión está la zona de estacionamiento?

   _____

8. ¿A qué hora empiezan a servir la cena?

   _____

9. ¿Cómo es Pilar?

   _____

10. ¿Para qué quiere ir Miguel a un café?

    _____

B. Now answer the following questions about yourself.

1. ¿Tú estás de vacaciones?

   _____

2. Cuando estás de vacaciones, ¿prefieres ir a un hotel o a una
   pensión?

   _____

3. Cuando vas a un hotel, ¿prefieres un cuarto con comida o sin comida?

_____

4. ¿Llevas mucho equipaje cuando viajas?

_____

5. En Sevilla no empiezan a servir la cena hasta las nueve. ¿Y en los Estados Unidos?

_____

6. ¿A qué hora cierran las tiendas en la ciudad donde vives?

_____

7. ¿El baño de tu casa tiene bañadera o ducha?

_____

8. ¿Cuántas frazadas tienes en tu cama?

_____

9. ¿Hay calefacción en tu casa?

_____

10. ¿Cuánto tiempo piensas estudiar español?

_____

¿Qué falta aquí?

Using your imagination and the vocabulary learned in this lesson, complete the missing lines of these conversations.

A. *En la pensión:*

SR. PAZ —_____

LA DUEÑA —Cobramos doscientos dólares por semana.

SR. PAZ —_____

LA DUEÑA —Bueno, eso incluye el desayuno y el almuerzo, pero no la cena.

SR. PAZ —_____

LA DUEÑA —No, hay tres baños para todos los huéspedes.

SR. PAZ —_____

LA DUEÑA —Tienen ducha.

SR. PAZ —_____

LA DUEÑA —Sí, debe pagar por adelantado.

B. *Raquel y Ana hablan en la habitación.*

RAQUEL —Oye, ¿por qué no llamamos a Luis y a Guillermo? Quiero ir a bailar esta noche.

ANA —_____

RAQUEL —Bueno, Luis no baila bien, pero es guapo y simpático... sobre todo, simpático...

ANA —(*Llama.*)_____

RAQUEL —¿No están? ¡Paciencia! ¿Quieres ir al café a tomar una cerveza?

ANA —_____

¿Qué pasa aquí?

What is going on in pictures A–E on page 58?

A. 1. ¿Cómo se llama la pensión?

   _____

   2. ¿Cuántos son en la familia?

   _____

   3. ¿Cuántos años tiene Anita?

   _____

   4. ¿Cuántas personas hay en el vestíbulo de la pensión?

   _____

   5. ¿Hay un botones allí?

   _____

B. 1. ¿Qué número de cuarto tiene la familia Paz?

   _____

   2. ¿Cuántas camas hay en el cuarto?

   _____

   3. ¿Tiene baño privado el cuarto?

   _____

   4. ¿Qué hay en el baño?

   _____

   5. ¿Cuántas toallas tiene el baño?

   _____

C. 1. ¿Tiene frío el señor Paz?

_____

   2. ¿Qué quiere beber el señor Paz?

_____

   3. ¿Anita tiene sed?

_____

   4. ¿Qué va a comer Anita?

_____

D. 1. ¿Dónde está la familia Paz?

_____

   2. ¿A qué hora empiezan a servir la cena?

_____

   3. ¿Cuántas personas hay en el comedor?

_____

   4. ¿Cuánto va a pagar por la cena el señor Paz?

_____

E. 1. ¿Qué hora es?

_____

   2. ¿Qué quiere hacer la señora Paz?

_____

   3. ¿El señor Paz quiere ir a bailar también?

_____

   4. ¿Ud. cree que son las diez y veinte de la mañana o de la noche?

_____

Situaciones

What would you say in the following situations? What might the other person say?

1. Tell your friend that since you don't have much money, you are going to go to a boarding house.

2. Tell a tourist that there is a good restaurant five blocks from the hotel.

3. You are the hotel clerk. Tell a customer that with meals, the price of the room is eighty dollars a night. Tell him that doesn't include dinner.

4. Tell your friend that you want to do some shopping, but that you think the stores close at nine o'clock. Add that you want to make plans for tomorrow.

5. Tell someone that since there is no heating in your room, you are going to need three blankets.

6. Tell a guest at the boarding house that the bathroom is on the first floor at the end of the hall.

Y ahora, ¿qué?

Act out the following situations with a classmate.

1. A tourist and the owner of a boarding house are discussing accommodations, prices, meals, length of stay, etc.

2. Two friends are making plans for the evening.

¿Qué dice aquí?

Look at the ad on page 61 and answer the following questions.

1. ¿Cómo se llama la pensión?

   _____

2. ¿En qué calle queda?

   _____

3. ¿En qué ciudad queda la pensión?

   _____

4. ¿Qué comidas incluye el precio?

   _____

5. ¿A qué hora empiezan a servir el desayuno?

   _____

6. ¿A qué hora empiezan a servir el almuerzo?

   _____

7. ¿Cómo son los precios y las habitaciones?

   _____

8. Si yo quiero estar en la pensión por un mes y medio, ¿cuánto debo pagar?

   _____

Pensión La Porteña
Calle Tucumán, número 280
Buenos Aires, Capital Federal

¡Precios razonables!

¡Habitaciones cómodas!

¡Excelente comida casera!

Cuatrocientos mil australes por mes. El precio incluye:

Desayuno (de 6:30 a 8:30)
Almuerzo (de 11:30 a 2:00)
Cena (de 8:00 a 10:00)

Para reservar habitaciones, llame al teléfono 331-7146 y hable con el Señor Carlos Villegas.

9. ¿A qué número debo llamar para hacer reservaciones?

_____

10. ¿Con quién debo hablar?

_____

Una actividad especial

Divide the classroom into two or three different boarding houses. In pairs or groups of three, the students staying at each *pensión* go to their different "rooms" and try to decide what to do that day (do some shopping, go to a party, go to a museum, go to a concert, go to the movies or the theater, etc.). The students also discuss what kind of restaurant they will go to (a cheap one? a fancy one?) and the possibility of going on a tour (where?). After they decide, one student from each group reports about their plans to the class, starting with *"Nosotros queremos... "* or *"Nosotros pensamos... ."*

Repaso

LECCIONES 1–5

1. PRÁCTICA DE VOCABULARIO

A. Circle the word or phrase that does not belong in each group.

1. ¿Qué tal?, ¿Dónde está?, ¿Qué hay de nuevo?
2. jamón, queso, sello
3. baile, almuerzo, cena
4. bañadera, equipaje, ducha
5. hablar, conversar, fumar
6. aire acondicionado, cama, calefacción
7. libre, caliente, frío
8. chico, caro, pequeño
9. esta noche, mañana, hola
10. cocina, comedor, cigarrillo
11. comida, casa, desayuno
12. esperar, comprar, vender
13. comer, practicar, beber
14. lugares de interés, guía para turistas, puerta
15. diario, jardín, periódico
16. frazada, tienda, cobija
17. morena, rubia, delgada
18. muchos, varios, porque
19. subir, estacionar, aparcar
20. limonada, champaña, cerveza
21. madre, sala, padre
22. equipaje, baño, maleta
23. empleado, gerente, centro
24. desear, ir, asistir

B. Circle the word or phrase that best completes each sentence. Then read the sentence aloud.

1. Es de Buenos Aires; es (chileno, argentino).
2. Están en el primer (piso, muchacho), cuarto número 235.
3. ¿Tienes hambre? ¿Deseas (comer, beber) algo?
4. ¿Están aquí o (bueno, allí)?
5. Queda en (el aeropuerto, la esquina) de las calles Magnolia y Tercera.
6. Ellos (deciden, bailan) invitar a sus amigos.
7. María debe (tomar, llegar) un taxi para ir a la oficina de turismo.
8. El (pasillo, jabón) está en el baño.
9. Los huéspedes están en (el vestíbulo, la Navidad) del hotel.
10. Necesito (hacer, tener) unas compras, pero no tengo dinero para (pensar, pagar) por las cosas.
11. ¿No tienes dinero? (¡Paciencia!, ¡Simpático!)

12. ¿Necesita (en este momento, algo más)?

13. Necesitamos un cuarto. (Sobre todo, Somos dos.)

14. Deseo comprar la revista y el periódico. (¿Qué hay de nuevo?, ¿Cuánto es?)

15. Tengo (sólo, pero) cinco dólares.

16. Estudia (la noche, administración de empresas).

17. ¡Mozo! ¡La (cuenta, toalla), por favor!

18. Ellos (conversan, aceptan) mientras bailan.

19. Las clases (cierran, empiezan) en septiembre.

20. Ellos van a (viajar, estacionar) a Venezuela.

C. **Crucigrama** (Crossword puzzle) **(Lecciones 1–5): Use the clues provided below to complete the crossword puzzle on the next page.**

HORIZONTAL

2. *Newsweek* o *Life*
4. No necesitas pagar por los sándwiches; son _____ .
5. Deseo comprar una _____ postal.
7. Cambian el dinero en la _____ de cambio.
10. Compran las revistas en ese _____ de revistas.
11. *avenue* en español
12. cuarto
14. mamá
16. Este hotel no tiene _____ de habitación.

18. ¿Desean dos camas chicas o una cama _____ ?
21. No es feo; es muy _____ .
23. siete días
24. opuesto (*opposite*) de "nada"
25. ¿En qué _____ servirle?
27. *TV set*, en español
28. No viven aquí; están de _____ .
29. ¿Debemos pagar por _____ ?
30. Elena es mi _____ de clase.

VERTICAL

1. pequeño
3. Mi coche está en la zona de _____ .
6. padre
8. No está cerca; está muy _____ .
9. No está a la izquierda; está a la _____ .
11. *hug*, en español
13. Deseo una habitación con _____ a la calle.

15. opuesto de "fea"
17. No es caro; es muy _____ .
19. Necesito la _____ para abrir la puerta.
20. No están en un hotel; están en una _____ .
22. "piscina" en México
25. diario
26. Debe _____ el registro.

2. PRÁCTICA ORAL

You can listen to the following exercise on the review tape of the audio program. The speaker will ask you some questions. Answer each question, using the cue provided. The speaker will verify your answer.

1. ¿Qué clases toma Ud. este semestre? (español y matemáticas)

2. ¿Dónde trabaja Ud.? (en la universidad)

3. ¿Dónde come Ud.? (en la cafetería)

4. ¿Qué come Ud.? (sándwiches de queso y fruta)

5. ¿Qué desea tomar? (una taza de café)

6. ¿Dónde queda el hotel Hilton? (en la calle Quinta)

7. ¿Qué ómnibus debo tomar? (el número cinco)

8. ¿Espera Ud. el ómnibus o un taxi? (el ómnibus)

9. ¿Hay un puesto de revistas aquí? (Sí, hay dos)

10. ¿Hay muchos lugares de interés en su ciudad? (sí)

11. ¿El centro queda cerca o lejos de la universidad? (lejos)

12. ¿De dónde es Ud.? (de California)

13. ¿De qué parte de California es Ud.? (de San Diego)

14. ¿Estudia Ud. con sus compañeros de clase? (sí)

15. ¿El profesor de Uds. es español? (no)

16. ¿Dónde están sus padres? (en Arizona)

17. ¿Desea Ud. tomar algo? (sí, un refresco)

18. ¿Da Ud. muchas fiestas en su casa? (no)

19. Cuando Ud. da fiestas, ¿A quiénes invita? (a mis amigos)

20. ¿Cuándo es su cumpleaños? (en septiembre)

21. Cuando Ud. tiene vacaciones, ¿Adónde va? (a Miami)

22. ¿Prefiere Ud. ir a un hotel o a una pensión? (a un hotel)

23. ¿Prefiere Ud. una cama chica o una cama matrimonial? (una cama chica)

24. ¿Tiene Ud. un televisor en su cuarto? (no)

25. ¿Su casa tiene aire acondicionado? (sí)

26. ¿Cuántos teléfonos tiene Ud. en su casa? (dos)

27. ¿Prefiere Ud. un cuarto interior o con vista a la calle? (con vista a la calle)

28. ¿Paga Ud. con tarjeta de crédito o con cheques de viajero? (con tarjeta de crédito)

29. ¿Hay restaurantes buenos en su ciudad? (sí, muchos)

30. ¿Cuál es el mejor restaurante mexicano? (el restaurante "México")

31. ¿Dónde queda el restaurante "México"? (a diez cuadras de la universidad)

32. ¿Está Ud. de vacaciones? (no)

33. ¿A qué hora es el desayuno en su casa? (a las siete)

34. ¿A qué hora es el almuerzo? (a las doce)

35. ¿A qué hora es la cena? (a las seis)

36. ¿A qué hora empieza su clase de español? (a las siete)

37. ¿Cuánto tiempo piensa estudiar Ud. hoy? (dos horas)

38. ¿A qué hora cierran las tiendas? (a las nueve)

39. ¿Cuándo va a hacer Ud. compras? (el sábado)

40. ¿Tiene Ud. planes para mañana? (sí)

📼 3. PARA LEER... Y ENTENDER

You can listen to the following reading on the review tape of the audio program. Read the following story aloud, paying special attention to pronunciation and intonation. Make sure you understand and remember as much as you can.

Anita y Teresa son dos chicas españolas que viven en California. Estudian en la universidad y este semestre toman muchas clases. Las dos trabajan en el laboratorio de lenguas de la universidad.

Anita vive con una familia norteamericana y Teresa vive en un apartamento con dos chicas chilenas. Anita vive lejos de la universidad, pero Teresa vive muy cerca.

Anita tiene un cuarto muy bonito, con baño privado, teléfono y televisor. El apartamento de Teresa no es muy moderno y no tiene aire acondicionada ni calefacción.

Anita y Teresa van a dar una fiesta de cumpleaños para Roberto en el apartamento de Teresa. Van a cenar, van a bailar y van a conversar. Roberto baila muy bien, sobre todo los bailes modernos. Van a invitar a sus amigos y a sus compañeros de clase. Las chicas tienen muchos planes.

¿Verdadero o falso? (True or False?)

Circle V (*verdadero*) or F (*falso*) according to the story.

1. Anita es de Buenos Aires.   V   F

2. Anita y Teresa asisten a la universidad de Colorado.   V   F

3. Las chicas no tienen muchas clases este semestre.   V   F

4. Teresa y Anita estudian y también trabajan.   V   F

5. Las personas con quienes vive Anita hablan inglés.   V   F

6. Las chicas con quienes vive Teresa no hablan español.   V   F

7. El apartamento de Teresa queda lejos de la universidad.   V   F

8. Anita vive muy bien.   V   F

9. Teresa probablemente tiene calor en el verano y tiene frío
   en el invierno.   V   F

10. Es el cumpleaños de Anita.   V   F

11. Las chicas probablemente quieren bailar con Roberto.   V   F

12. Los compañeros de clase de las chicas no van a ir a la fiesta.   V   F

6

📷 *En una agencia de viajes en México*

Marta va a la agencia de viajes porque quiere viajar a Buenos Aires la semana próxima.

AGENTE	—Buenos días, señorita. Tome asiento. ¿En qué puedo servirle?
MARTA	—Quiero un pasaje de ida y vuelta a Buenos Aires. ¿Cuándo hay vuelos?
AGENTE	—Los lunes y viernes. ¿Quiere un pasaje de primera clase?
MARTA	—No, de turista. ¿A qué hora son los vuelos?
AGENTE	—No recuerdo... Voy a ver... Ah, los lunes y los viernes a las diez...
MARTA	—Yo puedo viajar el viernes... ¿Con cuánta anticipación hay que reservar el pasaje?
AGENTE	—Hoy mismo, si puede, porque en el verano la gente[1] viaja mucho.
MARTA	—Bueno, ¿cuánto cuesta un billete de turista?
AGENTE	—Cuesta dos millones, doscientos treinta mil pesos.
MARTA	—¿Puedo hacer escala en Río de Janeiro?
AGENTE	—Sí, señorita. ¿Va a viajar el viernes?
MARTA	—Sí. ¿Necesito algún documento para viajar a Buenos Aires?
AGENTE	—Sí, necesita un pasaporte y la visa para Argentina.
MARTA	—¿Nada más? Muy bien. Yo tengo mi pasaporte en regla. ¿Cuándo tengo que confirmar la reservación?
AGENTE	—¿Qué fecha es hoy? ¿El dos de julio? Entonces, el jueves cuatro...
MARTA	—Pasado mañana. Muy bien. ¿Puedo reservar el asiento hoy?
AGENTE	—Sí. ¿Ud. prefiere un asiento de ventanilla o de pasillo?
MARTA	—Un asiento de pasillo en la sección de no fumar, por favor.

Hoy es viernes. Marta está en el aeropuerto, y habla con el empleado de la aerolínea.

MARTA	—Tengo tres maletas y un bolso de mano. ¿Tengo que pagar exceso de equipaje?
EMPLEADO	—Sí, señorita. Seis mil pesos.
MARTA	—¿Puedo llevar el bolso conmigo?

---

[1]The word **gente** is singular in Spanish.

EMPLEADO	—Sí, señorita. Aquí tiene los comprobantes para sus maletas.
MARTA	—Gracias. ¿Cuál es la puerta de salida?
EMPLEADO	—La puerta número seis. ¡Buen viaje!

En la puerta número seis:

"Ultima llamada. Pasajeros para el vuelo 304 a Buenos Aires, favor de subir al avión".

At a travel agency in Mexico

Marta goes to the travel agency because she wants to travel to Buenos Aires next week.

AGENT:	Good morning, miss. Have a seat. What can I do for you?
MARTA:	I want a round-trip ticket to Buenos Aires. When are there flights?
AGENT:	On Mondays and Fridays. Do you want a first-class ticket?
MARTA:	No, tourist (class). What time are the flights?
AGENT:	I don't remember . . . . I'll see . . . . Oh, on Mondays and Fridays at ten . . . .
MARTA:	I can travel on Friday . . . . How far in advance must one make reservations (reserve the ticket)?
AGENT:	Today, if you can, because in the summer people travel a lot.
MARTA:	Okay, how much does a tourist ticket cost?
AGENT:	It costs 2,230,000 pesos.
MARTA:	Can I make a stopover in Rio de Janeiro?
AGENT:	Yes, miss. Are you going to travel on Friday?
MARTA:	Yes. Do I need any documents to travel to Buenos Aires?
AGENT:	Yes, you need a passport and the visa for Argentina.
MARTA:	Nothing else? Fine. I have my passport in order. When do I have to confirm the reservation?
AGENT:	What's the date today? July (the) second? Thursday the fourth.
MARTA:	The day after tomorrow. Very well. Can I reserve the seat today?
AGENT:	Yes. Do you prefer a window seat or an aisle seat?
MARTA:	An aisle seat in the non-smoking section.

Today is Friday. Marta is at the airport and talks with the airline clerk.

MARTA:	I have three suitcases and a handbag. Do I have to pay for excess luggage?
CLERK:	Yes, miss. 6,000 pesos.
MARTA:	May I take the handbag with me?
CLERK:	Yes, miss. Here are the claim tickets for your suitcases.
MARTA:	Thanks. Which is the boarding gate?
CLERK:	Gate number six. Have a nice trip!

At gate number six:

"Last call. Passengers for flight 304 to Buenos Aires, please board the plane."

🖭 Vocabulario

COGNADOS

la **agencia**   agency
el (la) **agente**   agent
el **documento**   document
el **pasaporte**   passport
la **sección**   section
la **visa**   visa

NOMBRES

la **aerolínea**   airline
la **agencia de viajes**   travel agency
el **asiento**   seat
  —**de pasillo**   aisle seat
  —**de ventanilla**   window seat
el **avión**   plane
el **bolso de mano**   (hand)bag, carry-on
  bag (luggage)
el **comprobante**   claim check, claim ticket
la **escala**   stopover
la **fecha**   date
la **llamada**   call
el **pasaje, billete, boleto**   ticket
el (la) **pasajero(a)**   passenger
el **pasillo**   aisle
la **puerta**   gate (at the airport)
  —**de salida**   boarding gate
la **salida**   exit
la **ventanilla**   window (on a plane, train,
  etc.)
el **verano**   summer
el **viaje**   travel, trip
el **vuelo**   flight

VERBOS

confirmar   to confirm
costar (o:ue)   to cost
poder (o:ue)   to be able (to)
preferir (e:ie)   to prefer
recordar (o:ue)   to remember
reservar   to reserve
subir   to board (a plane)
ver   to see

ADJETIVOS

próximo(a)   next
último(a)   last (in a series)

OTRAS PALABRAS Y EXPRESIONES

¡Buen viaje!   (Have a) nice trip!
¿Con cuánta anticipación?   How far in
  advance?
conmigo   with me
de ida   one way
de ida y vuelta   round-trip
de primera clase   first-class
en regla   in order
exceso de equipaje   excess luggage
favor de   please
hacer escala   to make a stopover
hay que   one must, it is necessary to
hoy mismo   today, this very day
nada más   nothing else
pasado mañana   the day after tomorrow
la **sección de (no) fumar**   (non-)smoking
  section
la **semana próxima**   next week
si   if
tener que + infinitivo   to have to
  + infinitive
Voy a ver.   I'll see.

Notas culturales

1. Mexico City, the capital of Mexico, is one of the oldest cities in the Western Hemisphere as well as one of the world's fastest-growing cities (approaching 20,000,000 inhabitants). It occupies an ancient plain that was once a lake and is now surrounded by mountains.
2. Rio de Janeiro is the former capital of Brazil, the largest country in Latin America, and has long been known for its beautiful beaches and exciting nightlife. In 1960, the national capital was moved to Brasilia, a new city built in the rugged interior. Brazilians speak Portuguese, since Brazil was colonized by Portugal.
3. The seasons in the Southern Hemisphere are the reverse of those in the Northern Hemisphere: When it is summer in the U.S., it is winter in Argentina.

¿Cuál es la respuesta?

Match each question in column A with the best answer in column B.

A

1. ¿Cuál es el número del vuelo?
2. ¿En qué aerolínea viajas?
3. ¿Dónde compras los pasajes?
4. ¿Para qué necesitas los comprobantes?
5. ¿Cuál es la puerta de salida?
6. ¿Quiere un asiento de pasillo?
7. ¿Qué deben hacer los pasajeros?
8. ¿Qué documento necesito para viajar?
9. ¿Cuánto cuesta el viaje?
10. ¿Va a reservar su pasaje hoy mismo?
11. ¿Dónde vamos a hacer escala?
12. ¿Es la primera llamada?
13. ¿Debo pagar exceso de equipaje?
14. ¿Cuándo hay vuelos para Caracas?
15. ¿Con quién viaja su hijo?

B

_____ a. Los martes y sábados.
_____ b. No, la última.
_____ c. No, de ventanilla.
_____ ch. El pasaporte.
_____ d. No, pasado mañana.
_____ e. En una agencia de viajes.
_____ f. En Panamá.
_____ g. Sí, porque lleva 5 maletas.
_____ h. No recuerdo.
_____ i. La puerta número 7.
_____ j. Seiscientos dólares.
_____ k. Iberia.
_____ l. Conmigo.
_____ ll. Subir al avión.
_____ m. Para el equipaje.

¡Vamos a conversar!

A. We want to know what is happening at the travel agency and at the airport. Tell us.

1. ¿A dónde desea viajar Marta?

   _____

2. ¿Desea ella un pasaje de primera clase?

   _____

3. ¿A qué hora son los vuelos a Buenos Aires?

   _____

4. ¿Cuándo viaja mucho la gente?

   _____

5. ¿Dónde desea hacer escala Marta?

   _____

6. ¿Con cuánta anticipación debe hacer las reservaciones Marta?

   _____

7. ¿Qué documentos necesita Marta para viajar?

   _____

8. ¿Marta quiere un asiento de pasillo o de ventanilla?

   _____

9. ¿Por qué debe pagar exceso de equipaje Marta?

   _____

10. ¿Qué deben hacer los pasajeros del vuelo 304 a Buenos Aires?

    _____

B. Divide into groups of two and ask each other the following questions, using the *tú* form:

Pregúntele a su compañero(a) de clase...

1. ...a dónde desea viajar.

2. ...si va a viajar en el verano.

3. ...si prefiere viajar en primera clase o clase turista.

4. ...si viaja en la sección de fumar o de no fumar.

5. ...si prefiere un asiento de ventanilla o de pasillo.

6. ...si cuando viaja prefiere hacer escala o un vuelo directo.

7. ...con cuánta anticipación reserva su pasaje cuando viaja.

8. ...dónde compra los pasajes cuando viaja.

9. ...cuántes maletas lleva generalmente cuando viaja.

10. ...si tiene su pasaporte en regla.

11. ...si necesita visa para viajar a Canadá.

12. ...si necesita algún documento para viajar de Miami a Texas.

¿Qué falta aquí?

We can hear what Roberto is saying, but we can't hear Juan. Give his side of the conversation.

Roberto y Juan hablan de su viaje a Lima.

ROBERTO —¿Cuándo hay vuelos para Lima?

JUAN —_____

ROBERTO —No podemos viajar el jueves. Tenemos que viajar el sábado.

JUAN —_____

ROBERTO —Creo que hay que confirmar la reservación con una semana de anticipación.

JUAN —_____

ROBERTO —No, hoy no puedo ir a la agencia de viajes. Tengo que estudiar.

JUAN —_____

ROBERTO —Sí, tengo mi pasaporte en regla, pero no tengo la visa.

JUAN —_____

ROBERTO —Voy a llevar cuatro maletas.

JUAN —_____

ROBERTO —¡¿Tengo que pagar exceso de equipaje?! Entonces llevo sólo un bolso de mano...

¿Qué pasa aquí?

What is going on in pictures A and B on pages 75 and 76?

A. 1. ¿Qué fecha es hoy?

_____

A.

EN LA AGENCIA DE VIAJES

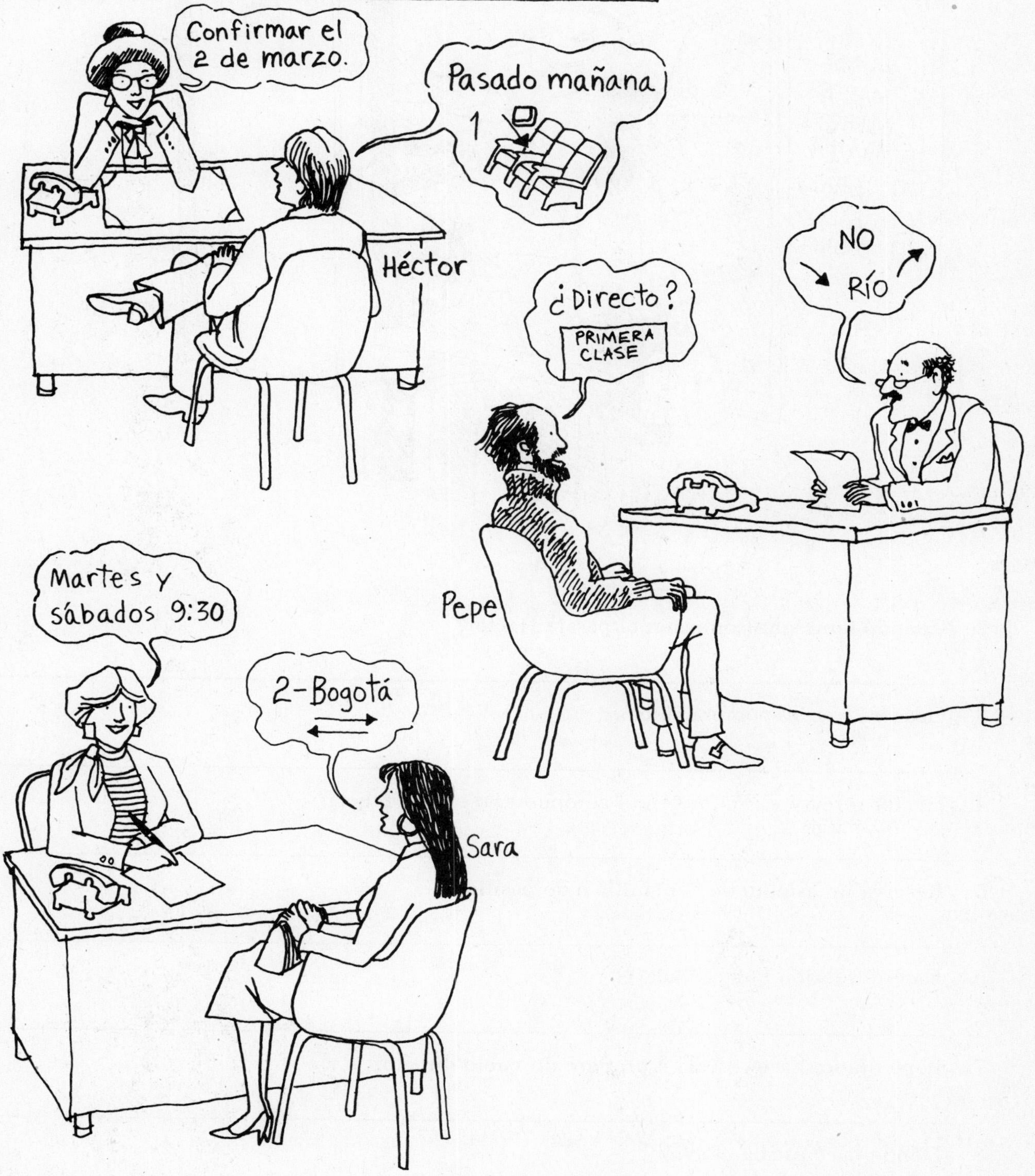

2. ¿Cuándo tiene que confirmar el pasaje Héctor?

_____

3. ¿Cuántos pasajes compra Héctor?

_____

4. ¿Héctor reserva el asiento en el aeropuerto o en la agencia?

_____

5. ¿Reserva un asiento de ventanilla o de pasillo?

_____

6. ¿En qué sección quiere viajar?

_____

7. ¿Pepe quiere hacer escala o prefiere un vuelo directo?

_____

8. ¿Dónde hace escala el avión?

_____

9. ¿Compra Pepe un billete de clase turista?

_____

10. ¿Qué días hay vuelos a Colombia?

_____

11. ¿A qué ciudad quiere viajar Sara?

_____

12. ¿A qué hora hay vuelos a Bogotá?

_____

13. ¿Cuántos pasajes compra Sara?

_____

14. ¿Sara compra un pasaje de ida o de ida y vuelta?

_____

B. 1. ¿En qué piso está Luisa?

_____

2. ¿Qué día es hoy?

_____

3. ¿Cuántos aviones hay?

_____

4. ¿Cuántas maletas tiene Luisa?

_____

5. ¿Tiene que pagar exceso de equipaje? ¿Por qué?

_____

6. ¿Cuál es la puerta de salida?

_____

Situaciones

What would you say in the following situations? What might the other person say?

1. You are at a travel agency. Find out how much a first-class, round-trip ticket to Rio de Janeiro costs. Find out also when there are flights to Rio and what documents you need to travel to that city.

2. Tell the travel agent that you have to fly to Caracas the day after tomorrow. Ask him/her if there are flights to Caracas every day.

3. You work for an airline. Give a passenger the claim checks for his luggage. Tell him that his flight number is 407, at nine o'clock. Wish him a nice trip.

4. You are a travel agent. Tell the customer that there are flights to New York every day except on Wednesdays. Tell her also that she must make reservations today because many people travel in the summer.

5. You work at the airport. Tell the passengers for flight number 609 to Barcelona to please board the plane. Tell them this is the last call.

6. Reserve a window seat in the non-smoking section, tourist class.

Y ahora, ¿qué?

Act out the following situations with a classmate.

1. A traveler talks to a travel agent and gets information on flights to the city of his/her choice.

2. Two friends plan a trip to a foreign country.

¿Qué dice aquí?

Imagine that you are a travel agent. Answer the questions that your client is asking you about a trip to Mexico City, basing your answers on the ad on page 79.

1. ¿Cuánto debo pagar por una excursión a Ciudad México?

_____

2. ¿Hasta cuando son válidos estos precios?

_____

3. Por ese precio, ¿puedo viajar solo (*alone*)?

_____

4. ¿Qué días hay vuelos a Ciudad México?

_____

5. ¿Cuánto dura (*lasts*) la excursión?

_____

6. ¿De dónde sale la excursión?

_____

7. ¿Qué está incluído en el precio de la excursión?

_____

8. ¿En qué aerolínea voy a viajar?

_____

Una actividad especial

1. Three or four travel agencies will be set up in the classroom, each with two clerks. (Students will select names for agencies and provide any necessary props.) The rest of the students will play the roles of travelers, asking questions about prices, documents needed, flights, schedules, baggage restrictions, reservations, confirmations, etc.

2. Eight students will play the roles of airport personnel for four different airlines. The rest of the students will play the roles of passengers. The airline personnel will help the passengers deal with flight information (flight, seat, and gate numbers) and luggage. The passengers will gather in waiting areas and listen for boarding announcements before proceeding to the appropriate gates. (Either a student or the instructor can make the announcements.)

¡VAMOS A LEER! (Let's Read!)

Horóscopo (Horoscope)

Capricornio (22 de diciembre–19 de enero)
No debe gastar° mucho dinero ahora.° | **gastar** to spend / **ahora** now

Acuario (20 de enero–18 de febrero)
Buenas posibilidades para usted.

Piscis (19 de febrero–20 de marzo)
La cooperación es importante.

Aries (21 de marzo–19 de abril)
La semana es muy buena para usted.

Tauro (20 de abril–20 de mayo)
No debe viajar ahora.

Géminis (21 de mayo–20 de junio)
Su situación económica va a mejorar.° | **mejorar** to improve

Cáncer (21 de junio–22 de julio)
Buena época° para firmar un contrato. | **época** time

Leo (23 de julio–22 de agosto)
Sus problemas económicos van a desaparecer.° | **desaparecer** to disappear

Virgo (23 de agosto–22 de septiembre)
No debe trabajar mucho ahora.

Libra (23 de septiembre–22 de octubre)
Buena época para hacer compras.

Escorpión (23 de octubre–21 de noviembre)
Debe descansar° más. | **descansar** to rest

Sagitario (22 de noviembre–21 de diciembre)
Debe prestar más atención° a su familia. | **prestar atención** to pay attention

¿Verdadero o falso?

Read each statement and write V or F according to the horoscope.

1. Elena es del signo de Capricornio. Es una buena semana para hacer muchas compras. _____

2. Gustavo es del signo de Tauro. Es una buena época para visitar Europa. _____

3. Hugo es del signo de Escorpión. No debe trabajar mucho ahora. _____

4. Lola es del signo de Sagitario. Debe prestar menos atención a sus padres. _____

5. Mario es del signo de Piscis. Para mejorar su situación, debe aprender a cooperar más. _____

6. Paco es del signo de Acuario. No es una buena semana para

   él. _____

7. Olga es del signo de Cáncer. No debe firmar nada ahora. _____

8. Yolanda es del signo de Géminis. Va a recibir dinero. _____

9. Ana es del signo de Virgo. Debe descansar más. _____

10. Pedro es del signo de Leo. Su situación económica va a

    mejorar. _____

11. Antonio es del signo de Libra. Es una buena semana para gastar

    dinero. _____

12. Luis es del signo de Aries. Sus problemas van a desa-

    parecer. _____

Lección

7

📼 *¡A Buenos Aires!*

*Marta sube al avión y la auxiliar de vuelo la lleva a su asiento, que
está al lado de la ventanilla. Va a ser un vuelo largo, y Marta piensa:
"Por suerte traigo una buena novela. Puedo terminarla durante el
viaje."*

AUXILIAR DE VUELO	—Vamos a despegar dentro de unos minutos. Favor de abrocharse el cinturón de seguridad y no fumar.
MARTA	—(*A su compañero de asiento.*) ¿Sabe Ud. cuánto tiempo dura el vuelo?
SEÑOR	—No sé... unas quince horas...
MARTA	—Supongo que van a pasar alguna película.
SEÑOR	—Sí, después de la cena.[1]
LA VOZ DEL PILOTO	—Bienvenidos al vuelo trescientos cuatro con destino a Buenos Aires. Vamos a volar a una altura de treinta mil pies. Llegamos a Panamá a las seis de la tarde.

Después de salir de Panamá, los auxiliares de vuelo sirven la cena.

AUXILIAR DE VUELO	—(*Al señor.*) Perdón, señor. ¿Desea tomar café, té o leche?
SEÑOR	—Una taza de café, por favor.
AUXILIAR DE VUELO	—(*A Marta.*) ¿Y usted, señorita?
MARTA	—Jugo de naranja. No... jugo de tomate, por favor.

*La auxiliar de vuelo trae las bandejas y las pone en las mesitas de los
asientos.*

SEÑOR	—¿Conoce Ud. Buenos Aires, señorita?
MARTA	—No, no conozco Buenos Aires. Dicen que es una ciudad muy hermosa.
SEÑOR	—Es verdad. ¿Conoce Ud. a alguien en Buenos Aires?
MARTA	—Sí, conozco a una muchacha de allí, pero no sé dónde vive.
SEÑOR	—Estoy un poco mareado...
MARTA	—Hay turbulencia. ¿Quiere una pastilla para el mareo?
SEÑOR	—Sí, por favor.

---

[1]The definite article is used before the words **desayuno, almuerzo,** and **cena.**

Horas después, el avión aterriza en el aeropuerto internacional de Buenos Aires. Después de pasar por la oficina de inmigración, Marta va a la aduana, donde hace cola.

INSPECTOR	—¿Tiene algo que declarar?
MARTA	—Una cámara fotográfica y una grabadora. Eso es todo.
INSPECTOR	—¿Cuáles son sus maletas, señorita? Debe abrirlas.

Marta las abre y el inspector las revisa.

INSPECTOR	—Muy bien, señorita. Bienvenida a Buenos Aires.

❖ ❖ ❖

To Buenos Aires!

Marta boards the plane and the flight attendant takes her to her seat, which is next to the window. It's going to be a long flight, and Marta thinks: "Fortunately, I have (I'm bringing) a good novel with me. I can finish it during the trip."

FLIGHT ATTENDANT:	We are going to take off in a few minutes. Please fasten your seat belts and (observe the) no smoking (sign).
MARTA:	(*To a gentleman sitting next to her.*) Do you know how long the flight lasts?
GENTLEMAN:	I don't know . . . about fifteen hours . . .
MARTA:	I suppose they are going to show a movie.
GENTLEMAN:	Yes, after dinner.
THE PILOT'S VOICE:	Welcome to flight 304 (with destination) to Buenos Aires. We are going to fly at an altitude of thirty thousand feet. We will be arriving in Panama at 6 P.M.

After leaving Panama, the flight attendants serve dinner.

FLIGHT ATTENDANT:	(*To the gentleman.*) Excuse me, sir. Would you like to have coffee, tea or milk?
GENTLEMAN:	A cup of coffee, please.
FLIGHT ATTENDANT:	(*To Marta.*) And you, miss?
MARTA:	Orange juice. No . . . tomato juice, please.

The flight attendant brings the trays and puts them on the lap tables.

GENTLEMAN:	Have you been to (Do you know) Buenos Aires, miss?
MARTA:	No, I haven't been to (I don't know) Buenos Aires. They say (that) it is a very beautiful city.
GENTLEMAN:	It's true. Do you know anybody in Buenos Aires?
MARTA:	Yes, I know a girl from there, but I don't know where she lives.
GENTLEMAN:	I'm a little dizzy (airsick) . . .

MARTA:	There is (some) turbulence. Do you want a pill for the dizziness?
GENTLEMAN:	Yes, please.

Hours later the plane lands in the Buenos Aires International Airport. After going through immigration, Marta heads towards the customs office, where she stands in line.

INSPECTOR:	Do you have anything to declare?
MARTA:	A camera and a tape recorder. That's all.
INSPECTOR:	Which are your suitcases, miss? You must open them.

Marta opens them and the inspector checks them.

INSPECTOR:	Very well, miss. Welcome to Buenos Aires.

Vocabulario

COGNADOS

la **inmigración** immigration
el **minuto** minute
la **novela** novel
el (la) **piloto** pilot
la **turbulencia** turbulence
el **tomate** tomato

NOMBRES

la **aduana** customs (office)
la **altura** altitude, height
el (la) **auxiliar de vuelo**, la **azafata** flight attendant
la **bandeja** tray
la **cámara fotográfica** camera
la **grabadora** tape recorder
el **jugo** juice
el **jugo de naranja** orange juice
el **jugo de tomate** tomato juice
la **leche** milk
el **mareo** dizziness, airsickness, seasickness
la **mesita** lap table
la **naranja** orange
la **pastilla** pill
la **película** movie, film
el **pie** foot
la **voz** voice

VERBOS

abrir to open
aterrizar to land (a plane)
conocer (yo conozco) to know, to be acquainted, familiar with
declarar to declare
despegar to take off (a plane)
durar to last
pasar (por) to go through
pensar (e:ie) to think
poner (yo pongo) to put, to place
revisar to check
saber (yo sé) to know (a fact)
salir (yo salgo) to leave
suponer (yo supongo) to suppose
terminar, acabar to finish, to end
vivir to live
volar (o:ue) to fly

ADJETIVOS

hermoso(a) beautiful
largo(a) long
mareado(a) dizzy, airsick, seasick

OTRAS PALABRAS Y EXPRESIONES

al lado de   next to
Bienvenido(a) a...   Welcome to . . .
con destino a...   with destination to . . .
¿cuáles?   which (*pl.*)?
cualquier cosa   anything
dentro de   in, within
después de   after
durante   during
Es verdad.   It's true.
Eso es todo.   That's all.
Favor de abrocharse el cinturón de seguridad.
   Please fasten your seat belt.
hacer cola   to stand in line
no fumar   no smoking
pasar una película   to show a film
Perdón.   Excuse me., Pardon me.
por suerte, afortunadamente   luckily,
   fortunately
tener algo que declarar   to have something to
   declare
unos(as)...   about, approximately (with
   quantity)

Nota cultural

Buenos Aires (pop. 10,700,000), the capital of Argentina, is the largest city in the
Southern Hemisphere and a major center of commerce, industry and politics.

There are more than forty universities in Buenos Aires, and the city has an
active cultural life, with several important monuments, museums, and theaters.
The *Teatro Colón* is one of the most famous theaters in the world. Cars are not
permitted on Florida Street, so that people can window shop at their leisure.

The population of Buenos Aires is almost entirely of European extraction.
Spaniards and Italians predominate, and there are also sizeable English, German,
and French communities. The people of Buenos Aires call themselves *porteños*,
which means "people of the port."

¿Cuál es la respuesta?

Match each question in column A with the best answer in column B.

A		B
1. ¿Tiene algo que declarar?	_____	a. Dentro de quince minutos.
2. ¿Quiere jugo de naranja?	_____	b. Unas dos horas.
3. ¿Cuándo va a despegar el avión?	_____	c. *Ghost*.
4. ¿Para qué es la pastilla?	_____	ch. Supongo que sí.
5. ¿Cuánto tiempo dura la película?	_____	d. No, dura una hora.
6. ¿El avión va a aterrizar?	_____	e. Durante el viaje.

7. ¿Cómo es ella?   ____ f. Al lado de la ventanilla.

8. ¿Qué película van a pasar?   ____ g. A treinta mil pies.

9. ¿Dónde está ella?   ____ h. No, prefiere beber leche.

10. ¿Qué quieres leer?   ____ i. Sí, por suerte.

11. ¿Quién sirve la comida?   ____ j. La auxiliar de vuelo.

12. ¿Dónde está la bandeja?   ____ k. Después de la cena.

13. ¿Es un viaje largo?   ____ l. Sí, favor de abrocharse el cinturón
                                                        de seguridad y no fumar.

14. ¿Tenemos que pasar por la aduana?   ____ ll. El inspector.

15. ¿A qué hora termina la película?   ____ m. Muy hermosa.

16. ¿Cuándo vas a leer la novela?   ____ n. A las doce.

17. ¿A qué altura va a volar el avión?   ____ ñ. Sí, una cámara fotográfica y una gra-
                                                        badora. Eso es todo.

18. ¿Cuándo vas a tomar el café?   ____ o. En la mesita.

19. ¿Tienes suficiente dinero?   ____ p. Una buena novela.

20. ¿Quién va a revisar las maletas?   ____ q. Para el mareo. Estoy muy mareado.

¡Vamos a conversar!

A. Answer the following questions about the dialogue, using complete sentences.

1. ¿Quién lleva a Marta a su asiento?

_____

2. ¿Cuándo piensa leer Marta su novela?

_____

3. ¿Cuándo van a pasar una película?

_____

4. ¿A qué altura va a volar el avión?

_____

5. ¿A qué hora llegan a Panamá?

_____

6. ¿Quiénes sirven la cena?

_____

7. ¿Qué desea tomar el compañero de asiento de Marta?

_____

8. ¿Qué decide tomar Marta?

_____

9. ¿Dónde pone la auxiliar de vuelo las bandejas?

_____

10. ¿Marta conoce a alguien en Buenos Aires?

_____

11. ¿Por qué necesita el señor una pastilla para el mareo?

_____

12. ¿Qué declara Marta en la aduana?

_____

B. Now answer the following questions about yourself.

1. ¿Sabe Ud. cuánto dura el vuelo de Nueva York a Los Ángeles?

_____

2. ¿Sabe Ud. a qué altura vuela generalmente un avión 747?

_____

3. Cuando Ud. viaja en avión, ¿tiene miedo si hay turbulencia?

_____

4. ¿Tiene Ud. miedo cuando el avión despega o aterriza?

_____

5. Cuando Ud. viaja, ¿toma pastillas para el mareo?

_____

6. ¿Lleva Ud. una cámara fotográfica cuando viaja?

_____

7. ¿Sabe Ud. quién revisa el equipaje en la aduana?

_____

8. ¿Cuál cree Ud. que es la ciudad más hermosa de los Estados Unidos?

_____

9. Hoy pasan una buena película en el cine *Universal*. ¿Quiere verla?

_____

10. ¿A qué hora termina la clase de español?

_____

¿Qué falta aquí?

Using your imagination and the vocabulary learned in this lesson, complete the missing lines of these conversations.

A. *En el avión:*

AZAFATA —_____

PASAJERO —No, gracias. No tomo café.

AZAFATA —_____

PASAJERO —Jugo de tomate, por favor.

AZAFATA —_____

PASAJERO —Sí, por favor, porque no tengo nada para leer.

B. *En la aduana:*

INSPECTOR —_____

PASAJERO —Una grabadora y una cámara fotográfica. Eso es todo.

INSPECTOR —_____

PASAJERO —Las dos maletas negras, señor.

INSPECTOR —_____

¿Qué pasa aquí?

What is going on in pictures A and B on page 90?

A. 1. ¿A qué altura vuela el avión?

_____

2. ¿Dónde está Luis? ¿Qué hace?

_____

_____

3. ¿Qué trae la auxiliar de vuelo en la bandeja?

_____

4. ¿A quién llama Hugo?

_____

5. ¿Qué necesita Hugo? ¿Por qué?

_____

_____

6. ¿Cree Ud. que hay turbulencia? ¿Por qué?

_____

_____

7. ¿Qué película van a pasar en el avión?

_____

8. ¿A qué hora pasan la película?

_____

9. ¿Qué quiere comer Sara?

_____

10. ¿Qué trae el auxiliar de vuelo?

_____

B. 1. ¿En qué aeropuerto están los pasajeros?

_____

2. ¿Dónde hacen cola?

_____

3. ¿Qué hace el inspector?

_____

4. ¿Tiene Pedro algo que declarar? ¿Qué?

_____

_____

5. ¿Tiene José algo que declarar?

_____

6. ¿Quién tiene una grabadora que declarar?

_____

7. ¿Cuántos pasajeros hay en la cola?

_____

Situaciones

What would you say in the following situations? What might the other person say?

1. You are a flight attendant. Tell a passenger you're bringing tomato juice, and you are going to put it on the tray table.

2. You are a passenger. Ask a flight attendant how long the flight to Mexico lasts. Tell him also you want some magazines or a newspaper because you want to read during the trip.

3. You are the pilot. Tell the passengers who you are and welcome them to flight 102 (with destination) to New Jersey.

4. You are the flight attendant. Tell the passengers to please fasten their seat belts and not to smoke. Tell them also you'll be arriving in Caracas in twenty minutes.

5. You are a customs inspector. Ask a passenger which suitcases are his, and ask him if he has anything to declare. He tells you. Ask him if that's all.

6. Someone says your hometown is the best in the United States. Tell her that it is true, and why.

7. Your friend has nothing to read. Tell her that, fortunately, you have two novels with you.

Y ahora, ¿qué?

Act out the following situations with a classmate.

1. Two people are traveling on a plane. One is a little dizzy and very nervous (*nervioso/a*).

2. A flight attendant is serving food and drinks and speaking with a passenger.

3. A customs inspector is questioning a passenger.

¿Qué dice aquí?

Look at the list on the next page and answer the following questions:

1. ¿Cómo podemos pasar el tiempo en el avión?

_____

2. ¿En qué asientos hay menos vibraciones?

_____

3. Si no quiero ser el último en comer, ¿qué asientos debo evitar (*avoid*)?

_____

PARA VOLAR CON COMODIDAD:

DIEZ REGLAS IMPORTANTES

1. Elegir bien el horario, evitando los últimos vuelos del día. Evitar también las escalas en ruta.

2. Informarse sobre todos los vuelos de regreso de otras compañías por si cancelan su vuelo.

3. Llegar al aeropuerto temprano para escoger un buen asiento.

4. Pedir un asiento en la parte de delante, al lado de las alas, porque es donde hay menos vibraciones.

5. No elegir un asiento cerca de la cocina si no quiere ser el último en comer.

6. Si le molesta el humo, elegir un asiento a cinco filas de los fumadores.

7. Llevar todo lo que necesita en el bolso de mano.

8. Comprar maletas de calidad.

9. No poner su dirección en la etiqueta de identificación del equipaje.

10. Llevar un libro o una revista interesante o un magnetofón con auriculares para pasar el tiempo.

4. ¿A cuántas filas (*rows*) de los fumadores debo estar si me molesta el humo (*smoke*)?

_____

5. ¿Por qué es una buena idea llegar temprano (*early*) al aeropuerto?

_____

6. ¿Qué puedo hacer si cancelan mi vuelo?

_____

7. Al elegir (*choose*) el horario (*schedule*) de vuelo, ¿qué debo evitar?

_____

8. ¿Qué tipo de maletas debo comprar?

_____

9. ¿Qué no debo poner en la etiqueta (*label*) de identificación del equipaje?

_____

10. ¿Qué debo llevar en mi bolso de mano?

_____

Una actividad especial

1. The Spanish classroom is turned into a plane. Four or five students play the roles of flight attendants. They welcome everybody aboard and help passengers find their seats. The passengers are told the plane is going to take off, to fasten their seat belts, and to observe the no smoking sign. One student plays the role of pilot. The flight attendants serve dinner. The passengers talk to the people sitting next to them. If possible, newspapers and magazines in Spanish should be provided. The instructor could also show slides of the place they are going to visit. Students should ask questions.

2. The plane lands and the passengers go through customs. Four or five students play the roles of customs inspectors. Students provide the necessary props (luggage, tape recorders, cigarettes, cameras, etc.).

8

📼 *¿Quién invita... ?*

José y Hugo son dos estudiantes latinoamericanos que asisten a la Universidad de California y viven en Los Ángeles. Son compañeros de cuarto y, como la mayoría de los estudiantes, no tienen mucho dinero.

JOSÉ —Esta noche quiero llevar a Elsa a ese restaurante nuevo que es tan popular, pero no tengo dinero. Voy a pedírselo a mi papá.

HUGO —¿De qué restaurante estás hablando? ¿De "Mi casita"? Carlos dice que la comida allí es muy sabrosa.

JOSÉ —¡Ya lo creo! Oye, ¿por qué no invitas a Lidia? Puedes usar tu tarjeta de crédito...

HUGO —Bueno. Vamos a llamar a las chicas ahora mismo.

Ese sábado en el restaurante "Mi casita".

MOZO —Por aquí, por favor. (*Los sienta cerca de los músicos.*) Aquí tienen el menú.

JOSÉ —Voy a pedir chuletas de cordero, bróculi con salsa de queso y una papa al horno o puré de papas.

ELSA —Yo tengo que cuidar la línea, de modo que solamente voy a pedir una ensalada.

HUGO —Hoy no debes pensar en las calorías, chica. ¡Un día es un día!

LIDIA —Tienes razón. Yo quiero sopa de albóndigas, arroz con pollo y ensalada mixta.

HUGO —Yo voy a pedir sopa de cebollas y biftec con langosta.

ELSA —(*Todavía leyendo el menú.*) Pues... yo voy a comer una ensalada de camarones.

JOSÉ —¿Por qué no pedimos una botella de vino tinto?

HUGO —¡Buena idea! Vamos a preguntarle al mozo qué marca de vino tienen.

El mozo vuelve, anota el pedido y después les trae la comida.

JOSÉ —Mozo, estas chuletas de cordero están casi crudas y yo las quiero bien cocidas.

MOZO —Lo siento, señor. Voy a traerle otras.

Media hora después el mozo trae la bandeja con los postres. Lidia pide torta de chocolate, Hugo pide flan[1] con crema, José pide un helado de vainilla y Elsa decide no comer postre.

_____

[1]Caramel custard, a favorite dessert in Hispanic cuisine.

HUGO	—Un brindis. ¡Salud!
TODOS	—¡Salud, dinero y amor!²
JOSÉ	—Si no tienen planes para el próximo sábado, podemos ir a un concierto o al cine o al teatro. Yo invito.

Cuando terminan de comer, el mozo les trae la cuenta. Hugo la paga, deja la propina y salen.

❖ ❖ ❖

Whose treat is it . . . ?

José and Hugo are two Latin American students who attend the University of California and live in Los Angeles. They are roommates and, like most students, they don't have much money.

JOSÉ:	Tonight I want to take Elsa to that new restaurant that's so popular, but I don't have (any) money. I'm going to ask my dad (for it).
HUGO:	What restaurant are you talking about? "Mi casita"? Carlos says that the food there is very good (tasty).
JOSÉ:	I'll say! Listen, why don't you ask Lidia? You can use your credit card . . .
HUGO:	Okay . . . Let's call the girls right now.

That Saturday, at the "Mi casita" restaurant.

WAITER:	This way, please. (*He seats them next to the musicians.*) Here are the menus.
JOSÉ:	I'm going to order lamb chops, broccoli with cheese sauce, and a baked potato or mashed potatoes.
ELSA:	I have to watch my figure, so I'm only going to order a salad.
HUGO:	Today you shouldn't think about calories, girl. It's only one day!
LIDIA:	You're right. I want meatball soup, chicken with rice and a tossed salad.
HUGO:	I'm going to order onion soup and steak and lobster.
ELSA:	(*Still reading the menu.*) Well . . . I'm going to eat a shrimp salad.
JOSÉ:	Why don't we order a bottle of red wine?
HUGO:	Good idea! Let's ask the waiter what brand of wine they have.

The waiter comes back, takes (writes down) the order and brings the food afterward.

JOSÉ:	Waiter, these lamb chops are rare (almost raw) and I want them well done.
WAITER:	I'm sorry, sir. I'll bring you (some) others.

Half an hour later, the waiter brings the dessert tray. Lidia orders chocolate cake, Hugo orders flan *with cream, José orders vanilla ice cream, and Elsa decides not to eat dessert.*

HUGO:	A toast. Cheers! (To your health!)
ALL:	Health, money and love!

---

²A popular toast; variations include **¡Salud, amor y pesetas!**

JOSÉ: If you don't have (any) plans for next Saturday, we can go
to a concert or to the movies or to the theater. My treat.

*When they finish eating, the waiter brings them the bill. Hugo pays it,
leaves the tip, and they leave.*

▱ Vocabulario

COGNADOS

la **botella** bottle
el **bróculi** broccoli
el **budín** pudding
la **caloría** calorie
el **coco** coconut
el **concierto** concert
el **chocolate** chocolate
la **gelatina** gelatine

la **hamburguesa** hamburger
latinoamericano(a) Latin American
el **menú** menu
el **músico** musician
popular popular
el **salmón** salmon
el **teatro** theater
la **vainilla** vanilla

NOMBRES

las **albóndigas** meatballs
el **amor** love
el **arroz** rice
  —**con leche** rice pudding
  —**con pollo** chicken with rice
el **atún** tuna fish
el **bacalao** cod
el **biftec, bisté** steak
el **brindis** toast (cheers, wishes)
el **caldo** broth
el **camarón** shrimp
el **cangrejo** crab
la **casita** little house
la **cebolla** onion
el **cine** movie theater
el (la) **compañero(a) de cuarto** roommate
el **cordero** lamb
la **chuleta** chop
los **entremeses** appetizers
la **gaseosa** soda pop, soft drink
el **guisado, guiso** stew
el **helado** ice cream
el **huevo duro** hard-boiled egg
la **langosta** lobster
el **lechón** suckling pig
la **lechuga** lettuce
la **marca** brand
el **marisco** shellfish (pl. seafood)
la **mayoría (de)** the majority (of)
la **milanesa** breaded veal cutlet
el **mozo**, (la) **camarero(a)** waiter (waitress)
la **ostra** oyster
la **papa al horno** baked potato
las **papas fritas** french fries
el **pastel** pie
el **pato** duck

el **pavo, guajolote** (*Mex.*) turkey
el **pedido** order
el **pescado** fish
el **postre** dessert
la **propina** tip
el **puré de papas** mashed potatoes
el **ron** rum
la **salsa** sauce
la **torta** cake
la **tortilla a la española** omelet with
  potatoes
  —**a la francesa** plain omelet
la **trucha** trout
el **vino blanco** white wine
  —**tinto** red wine

VERBOS

anotar to write down
decir (e:i) to say, to tell
dejar to leave behind
leer to read
pedir (e:i) to ask for, to request, to order
  (e.g., at a restaurant)
preguntar to ask (a question)
sentar (e:ie) to seat
usar to use
volver (o:ue) to come back, to return

ADJETIVOS

asado(a) roasted
crudo(a) raw
frito(a) fried
mixto(a) mixed
relleno(a) stuffed
sabroso(a), rico(a) tasty, delicious

Restaurante Mi Casita

Especialidad en Carnes y Mariscos

PARA EL ALMUERZO

Sándwiches

Sándwich de atún	$ 3.80	Papas fritas	$ 1.50
Sándwich de jamón y queso	$ 4.00	Tortilla a la española	$ 3.50
Sándwich de huevo duro y tomate	$ 1.75	Tortilla a la francesa	$ 3.00
Hamburguesa	$ 3.20		

Sopas

Caldo de pollo	$ 1.80	Sopa de cebollas	$ 3.25
Sopa de arroz	$ 2.00	Sopa de bróculi	$ 2.00

Ensaladas

De tomate	$ 2.25	Mixta	$ 2.00
De lechuga	$ 1.80	De papas	$ 2.25

PARA LA CENA
Todos los platos de la lista se sirven con entremeses, la sopa del día y ensalada

Pescados y mariscos

Bacalao	$ 5.00	Trucha	$10.00
Langosta	$20.00	Camarones	$14.00
Ostras	$10.00	Cangrejo	$18.00
Salmón	$12.00		

Carne

Albóndigas	$ 4.00	Milanesa	$ 8.00
Biftec (filete)	$18.00	Pato asado	$12.00
Cordero	$15.00	Pavo relleno	$ 8.00
Guisado (guiso)	$ 8.00	Pollo frito	$ 7.00
Lechón asado	$15.00		

Postres

Arroz con leche	$ 1.90	Flan con crema	$ 2.50
Budín	$ 1.90	Helado	$ 1.80
Torta de chocolate	$ 2.00	Gelatina	$ 1.00
Pastel de coco	$ 2.00	Frutas	$ 2.50
Torta de ron	$ 2.50		

Bebidas

Cerveza	$ 2.50	Café	$ 1.00
Champaña	$ 6.00	Té	$ 1.00
Geseosa	$ 1.50	Chocolate caliente	$ 1.00
Vino blanco	$ 4.00	Jugo de frutas	$ 1.50
Vino tinto	$ 4.00		

OTRAS PALABRAS Y EXPRESIONES

ahora mismo right now
bien cocido(a) well done
casi almost
—crudo(a) rare (meat), almost raw
cuidar la línea to watch one's figure
de about
de modo que so (that)
media hora half an hour

por aquí this way
pues well
¡Salud! Cheers! (to your health)
tan so
Tienes razón. You are right.
todavía still
Un día es un día. It's only one day.
¡Ya lo creo! I'll say!, I believe it!

Notas culturales

1. Los Angeles was founded by the Spaniards in 1771. Its original name was *Pueblo de Nuestra Señora de la Reina de los Ángeles.* In 1847, the city became part of the United States. As in much of the American Southwest, the Spanish influence is seen in the street names and in the architecture of Los Angeles. Nearly 30 percent of the population of Los Angeles is Hispanic, largely of Mexican origin.
2. In Spain and Latin America, people linger around the table after they finish eating. They chat, discuss events and ideas, tell jokes, and enjoy one another's company. This lingering at the table after a meal is called *hacer la sobremesa.*
3. In some areas of the Spanish-speaking world, a service charge is automatically included by the restaurant on the bill, and it is not necessary to leave an additional tip. Often, the service charge will appear on the bill itself, but sometimes it is simply factored into the prices on the menu, which may or may not clearly state *Servicio incluido.* When in doubt, ask, *¿Está incluido el servicio?* And, by all means, if a waiter or waitress has been particularly attentive, an additional gratuity is appropriate.

¿Cuál es la respuesta?

Match each question in column A with the best answer in column B.

A

1. ¿Quiere sopa de albóndigas?
2. ¿No vas a comer postre?
3. ¿Cuánto vas a dejar de propina?
4. ¿Quieres papas fritas?
5. ¿Quieres comer bacalao o camarones?
6. ¿Están bien cocidas las chuletas?
7. ¿De qué es el helado?
8. ¿Van al concierto?

B

_____ a. No, no como pescado ni mariscos.

_____ b. Una gaseosa.

_____ c. De vainilla.

_____ ch. No, tinto.

_____ d. El pedido.

_____ e. Sí, con langosta.

_____ f. Sí, ¡salud, dinero y amor!

_____ g. No, bróculi.

(continuado)

9. ¿Cuánto tiempo vas a estar allí? _____ h. ¡Ya lo creo!

10. ¿Es bueno ese restaurante? _____ i. Cinco dólares.

11. ¿Vas a pedir una botella de vino blanco? _____ j. No, de huevo duro.

12. ¿No tienes dinero? _____ k. Es latinoamericano.

13. ¿Quieres budín de postre? _____ l. No, están casi crudas.

14. ¿Qué anota el mozo? _____ ll. No, tengo que cuidar la línea.

15. ¿Quiere salsa con el cangrejo? _____ m. No, se lo voy a pedir a mi papá.

16. ¿Un brindis? _____ n. Sí, de tomate.

17. ¿Quiere biftec? _____ ñ. Media hora.

18. ¿Quieren un sandwich de atún? _____ o. No, al teatro.

19. ¿De dónde es tu compañero de cuarto? _____ p. No, al horno.

20. ¿Qué van a tomar? _____ q. No, pastel de coco.

¡Vamos a conversar!

A. **Answer these questions about the dialogue, using complete sentences.**

1. ¿Qué problema tiene la mayoría de los estudiantes?

   _____

2. José no tiene dinero, ¿A quién se lo va a pedir?

   _____

3. ¿Qué dice Carlos de la comida en "Mi casita"?

   _____

4. ¿A quiénes van a invitar José y Hugo?

   _____

5. ¿Qué va a pedir José en el restaurante?

   _____

6. ¿Por qué no pide lo mismo Elsa?

   _____

7. ¿En qué no debe pensar Elsa hoy y por qué?

   _____

8. ¿Qué pide Lidia?

_____

9. ¿Qué pide Hugo?

_____

10. ¿Qué van a pedir los chicos para tomar?

_____

11. ¿Qué anota el mozo?

_____

12. ¿Cómo están las chuletas que le traen a José?

_____

13. ¿Qué trae el mozo media hora después?

_____

14. ¿Qué pide Lidia de postre?

_____

15. ¿Qué comen Hugo y José de postre?

_____

16. ¿Qué dicen todos en el brindis?

_____

17. ¿A dónde invita José a sus amigos para el próximo sábado?

_____

18. ¿Qué le deja Hugo al mozo?

_____

B. **Divide into groups of two and ask each other the following questions, using the *tú* form.**

Pregúntele a su compañero de clase...

1. ...si les pide dinero a sus padres.

2. ...si prefiere la tortilla a la española o a la francesa.

3. ...qué pescados y mariscos prefiere.

4. ...si come puré de papas o prefiere papas fritas.

5. ...si usa su tarjeta de crédito cuando va a un restaurante.

6. ...si prefiere comer cordero o lechón.

7. ...si come la carne bien cocida o casi cruda.

8. ...qué toma con las comidas.

9. ...si con una torta de chocolate pide helado de vainilla o de chocolate.

10. ...si cuando come en un restaurante siempre deja una buena propina.

11. ...qué prefiere comer de postre.

12. ...qué cuatro cosas puede pedir en un restaurante si quiere cuidar la línea.

¿Qué falta aquí?

Using your imagination and the vocabulary learned in this lesson, complete the missing lines of the conversation:

En el restaurante:

MOZO —_____

SEÑORA —Sí, deseo estar cerca de los músicos.

MOZO —_____

SEÑORA —No, gracias, no bebo; pero quiero ver el menú.

MOZO —_____

Al poco rato:

MOZO —_____

SEÑORA —Deseo sopa de cebollas, trucha asada y bróculi con salsa de queso.

MOZO —_____

SEÑORA —Sí, una gaseosa.

MOZO —_____

SEÑORA —De postre, deseo arroz con leche.

MOZO —_____

El mozo trae la comida:

SEÑORA —Mozo, la sopa está fría. ¿Puede traerme otra, por favor?

MOZO —_____

¿Qué pasa aquí?

What is going on in pictures A through E on pages 103, 104 and 105?

A. 1. ¿Cree Ud. que Beto y Fernando son compañeros de clase o
   compañeros de cuarto?

   _____

   2. ¿Fernando tiene mucho dinero?

   _____

   3. ¿A quién quiere invitar Fernando?

   _____

   4. ¿A dónde quiere llevarla?

   _____

   5. ¿A dónde quiere ir Beto?

   _____

   6. ¿Con quién quiere ir al cine?

   _____

B. 1. ¿Qué le dice Juan a Yolanda?

   _____

   2. ¿Qué les dice el mozo que es muy rico?

   _____

3. ¿Qué decide pedir Yolanda?

_____

4. ¿Qué va a tomar Yolanda?

_____

5. ¿Juan y Yolanda están en una cafetería o en un restaurante?

_____

C

D

C. 1. ¿Qué está leyendo Mario?

_____

2. ¿Qué va a pedir Mario?

_____

3. ¿Qué cree Mario que debe pedir Sara?

_____

4. ¿Por qué cree Ud. que Sara no va a pedir helado?

_____

D. 1. ¿Qué le pregunta Jorge a Nélida?

_____

2. ¿Qué dice Nelida?

_____

3. ¿Cuál es el número de teléfono de Nélida?

_____

4. ¿Para qué cree Ud. que Jorge quiere el número de teléfono de Nélida?

_____

E. 1. ¿Qué le dice Lola a Jorge?

_____

2. ¿Quién paga la cuenta?

_____

3. ¿Deja Jorge una buena propina?

_____

4. ¿Cuánto deja de propina?

_____

5. ¿Está contenta (happy) la camarera con la propina? ¿Por qué?

_____

Situaciones

What would you say in the following situations? What might the other person say?

1. Call a restaurant and make reservations for four at eight o'clock. Say that you want a table near the musicians.

2. You're at a nice restaurant with a friend. Tell your friend you are going to order oysters and roast duck, and a half a bottle of white wine. Say that everything is very tasty at this restaurant.

3. Tell your friend that you can't eat cake or coconut pie because you have to watch your figure.

4. Propose a typical Spanish toast to your instructor and classmates.

5. You and your friend are at a restaurant and the waiter/waitress brings you the wrong order. Tell him/her that you want breaded veal cutlet, not pork; and beer, not wine. Say that you want gelatine for dessert.

6. You are a waiter/waitress. Tell your customers that the soup of the day is onion soup. Ask them what they would like to drink.

Y ahora, ¿qué?

Act out the following situations with a classmate.

1. Two friends at a restaurant discuss the menu and try to decide what to order. (Use the menu on page 98.)

2. The waiter or waitress speaks with a person who is ordering food at the restaurant.

¿Qué dice aquí?

Read the ads on page 107 and then answer these questions accordingly.

1. ¿En cuál de los restaurantes puedo comer un bistec? ¿Cuánto cuesta?

   _____

2. ¿Qué más sirven con el bistec?

   _____

3. ¿Cuál es la especialidad del restaurante el domingo? ¿Cuánto debo pagar por la especialidad?

   _____

4. ¿Cómo es el servicio en el restaurante "La Casita Criolla?"

   _____

5. ¿Qué mariscos puedo comer allí?

   _____

6. ¿Qué tipo de sopa sirven en el restaurante?

   _____

Nombre _____ Sección _____ Fecha _____

FONTAINEBLEAU RESTAURANT

COMIDAS CRIOLLAS • CARNES • MARISCOS
ESPECIALIDADES DE LA CASA
FOUNTAINBLUE STEAK • CAMARONES FOUNTAINBLUE
ARROZ CON MARISCOS • ARROZ POLLO

SUPER ESPECIAL
ALMUERZO

Bistec de Palomilla **$3⁹⁵**
(8 oz.) Con Papas o Plátanos

ESPECIAL DE DOMINGO
ARROZ CON POLLO Y
PLATANOS MADUROS **$3⁹⁵**

**MIGUELITO SABATELA
Y SU PIANO**
Miércoles a Domingo de 7 a 11

CANTINAS A DOMICILIO (Area Limitada)

70 N.W. 107 AVE.
LAGUNA SHOPPING PLAZA
223-1804 • 223-1807

LA CASITA CRIOLLA RESTAURANT

Un lugar donde la sazón de la comida casera es nuestro mayor orgullo

● Los más deliciosos almuerzos
● Exquisitas especialidades diariamente
● Rápido y eficiente servicio

Deleitese con nuestros exclusivos platos como:

● Sopa de plátanos
● Filetillo de res
● Picadillo a la Criolla
● Camarones a la Vasca
● Enchiladas a lo Varadero
● Arroz con salchichas

Su propietario Raul González Jerez, los espera.

3805 S.W. 8 St.
Miami, Florida

Tel. 448-8224

7. ¿Quién es el dueño de La Casita Criolla?

_____

8. ¿En cuál de los dos restaurantes se puede escuchar (*listen to*)
música? ¿Qué días y a qué horas?

_____

9. ¿A cuál de los dos restaurantes prefiere Ud. ir y por qué?

_____

10. Si Ud. va a uno de estos restaurantes, ¿qué comida va a pedir?

_____

Una actividad especial

1. The class will be turned into a restaurant. Three or four students
play the roles of waiters/waitresses. (The number depends on class
size.) The rest of the students are divided into groups of three or

107

four customers. The waiters/waitresses pass out the menus (after the customers ask for them) and take orders. The customers then ask for the bill, discuss ways of paying (credit cards, traveler's checks, dollars), and leave a tip according to how much they spent on the dinner and how good the service was.

2. Using vocabulary from various lessons, prepare a dinner menu and turn it in to your instructor.

Lección

9

📼 *Marta va de compras*

Marta está en un hotel en Buenos Aires. Se despierta muy temprano. Se levanta, se ducha, se cepilla los dientes, se viste, se peina, se pone maquillaje, se pone los zapatos y sale. Las tiendas se abren a las nueve y Marta no quiere perder un minuto, porque hoy hay una liquidación en la tienda "París."

En una tienda de ropa para damas:

MARTA	—Buenos días. ¿Cuánto cuesta ese vestido amarillo que está en la vidriera?
EMPLEADA	—Cien mil australes, señorita. ¿Quiere probárselo?
MARTA	—¿Cuánto es eso en dólares? ¿A cómo está el cambio ahora?
EMPLEADA	—No estoy segura, pero a ese precio es una ganga.
MARTA	—Voy a probármelo. También quiero probarme esta falda blanca y esa blusa azul.
EMPLEADA	—Muy bien, señorita. El probador está a la derecha. ¿Qué talla usa Ud.?
MARTA	—Uso talla treinta y seis.

Marta se prueba el vestido amarillo y le queda un poco chico.

MARTA	—El vestido me queda un poco chico...
EMPLEADA	—Pruébese éste. Es talla treinta y ocho.
MARTA	—(*Se lo prueba y se mira en el espejo.*) ¡Ah, sí! Me queda muy bien. ¡Me lo llevo! Y la falda y la blusa también.

Marta compra también un conjunto de pantalón y chaqueta, una cartera, un par de pantimedias, un camisón y ropa interior.
En la zapatería:

MARTA	—Necesito un par de zapatos negros de vestir... y un par de sandalias blancas muy cómodas... para caminar.
EMPLEADO	—Muy bien, señorita. ¿Qué número calza?
MARTA	—Treinta y siete y medio, pero tráigame un par número treinta y ocho, por si acaso. Y esas botas.

Marta se prueba los zapatos. El treinta y siete y medio le aprieta un poco, pero el treinta y ocho le queda bien.

EMPLEADO	—¿Se lleva los tres pares, señorita?
MARTA	—Sí, ¿dónde pago?
EMPLEADO	—Pague en la caja.

MARTA	—Muy bien. Dígame, ¿cómo se va a la Avenida de Mayo desde aquí?
EMPLEADO	—Vaya a la esquina y doble a la izquierda. Siga derecho por esa calle hasta llegar a la Calle Belgrano, y allí doble a la derecha. La Avenida de Mayo está a unas doce cuadras de aquí. ¡No me diga que va a ir a pie!
MARTA	—No, creo que voy a tomar un taxi.
EMPLEADO	—(*Ve unos paquetes sobre el mostrador.*) ¡Señorita! ¡Espere! ¿Son suyos estos paquetes?
MARTA	—Sí, son míos. Gracias.

Cuando sale de la tienda, Marta va al salón de belleza para cortarse el pelo.

Marta goes shopping

Marta is in a hotel in Buenos Aires. She wakes up very early. She gets up, showers, brushes her teeth, gets dressed, combs her hair, puts on some make up, puts on her shoes, and leaves. The stores open at nine and Marta doesn't want to waste one minute, because today there is a sale at the "París" store.

At a ladies' clothing store:

MARTA:	Good morning. How much does that yellow dress in the window cost?
CLERK:	One hundred thousand australs, miss. Do you want to try it on?
MARTA:	How much is that in dollars? What's the rate of exchange now?
CLERK:	I'm not sure, but at that price it's a bargain.
MARTA:	I'm going to try it on. I also want to try on this white skirt and that blue blouse.
CLERK:	Very well, miss. The fitting room is on the right. What size do you wear?
MARTA:	I wear (a) size thirty-six.

Marta tries on the yellow dress and it's a little small on her.

MARTA:	The dress is a little small for me . . .
CLERK:	Try this one on. It's a size thirty-eight.
MARTA:	(*She tries it on and looks at herself in the mirror.*) Oh, yes! It fits me well. I'll take it! And the skirt and the blouse, too.

Marta also buys a pantsuit, a purse, a pair of pantyhose, a nightgown, and underwear.

At the shoe store:

MARTA:	I need a pair of dressy black shoes . . . and a pair of very comfortable white sandals . . . for walking.
CLERK:	Very well, miss. What size shoe do you wear?
MARTA:	Thirty-seven and a half, but bring me a pair in a thirty-eight, just in case. And those boots.

Marta tries the shoes on. The (size) thirty-seven and a half is a little tight on her, but the thirty-eight fits her fine.

CLERK:	Are you taking the three pairs, miss?
MARTA:	Yes, where do I pay?
CLERK:	At the cash register.
MARTA:	Very well. Tell me, how does one get to Avenida de Mayo from here?
CLERK:	Go to the corner, and turn left. Go straight ahead on that street until you arrive at Belgrano Street and turn right. Avenida de Mayo is about twelve blocks from here. Don't tell me you're going to go on foot!
MARTA:	No, I think I'm going to take a taxi.
CLERK:	(*He sees some packages on the counter.*) Miss! Wait! Are these packages yours?
MARTA:	Yes, they're mine. Thanks.

When she leaves the store, Marta goes to the beauty parlor to get a haircut.

📼 Vocabulario

COGNADOS

la **blusa** blouse
el **par** pair
la **sandalia** sandal

NOMBRES

la **bota** boot
la **caja** cash register
el **camisón** nightgown
la **cartera, bolsa** purse, handbag
el **conjunto** outfit
 —**de pantalón y chaqueta** pantsuit
la **chaqueta** jacket
la **dama** lady
el **espejo** mirror
la **falda** skirt
la **ganga** bargain
la **liquidación, venta** sale
el **maquillaje** makeup
el **mostrador** counter
los **pantalones** pants
las **pantimedias** pantyhose
el **paquete** package
el **pelo** hair
el **probador** fitting room
la **ropa** clothes
la **ropa interior** underwear
la **ropa para damas** ladies' clothes (clothing)
el **salón de belleza**, la **peluquería** beauty parlor
la **talla, medida** size
el **vestido** dress
la **vidriera** store window
la **zapatería** shoe store
el **zapato** shoe

VERBOS

apretar (e:ie) to squeeze, to be too tight
caminar to walk
cepillar(se) to brush (oneself)
despertar(se) (e:ie) to wake up
doblar to turn
ducharse to shower
levantarse to get up
llevarse to take away
mirar(se) to look at (oneself)
peinar(se) to comb (one's hair)
perder (e:ie) to lose
ponerse to put on
probarse (o:ue) to try on
quedar to fit
usar, llevar to wear
vestirse (e:i) to get dressed

ADJETIVOS

amarillo(a) yellow
azul blue
blanco(a) white
cómodo(a) comfortable
negro(a) black

OTRAS PALABRAS Y EXPRESIONES

¿A cómo está el cambio? What's the rate of exchange?

a pie, caminando on foot

cepillarse los dientes to brush one's teeth

cortarse el pelo to get a haircut

de vestir dressy

desde from

estar seguro(a) to be sure

hasta llegar until you arrive

ir de compras to go shopping

por si acaso just in case

¿Qué número calza? What size shoe do you wear?

quedarle chico (grande) a uno to be too small (big)

seguir (e:i) derecho to continue straight ahead

sobre on, on top of

temprano early

Notas culturales

1. In Spain and Latin America, there are excellent stores that sell ready-made clothes, but many people prefer to use the services of a dressmaker (*modista*) or a tailor (*sastre*).

2. Although department stores exist in most Spanish and Latin American cities, people traditionally frequent small specialty stores, such as *zapaterías* and *perfumerías* (perfume and toiletry shops).

3. Clothing sizes vary widely from country to country. This table lists approximate equivalent sizes in Spain (continental sizes) and in the United States:

WOMEN
Dresses:

Continental	34	36	38	40	42	44	46	48
American	6	8	10	12	14	16	18	20

Shoes:

Continental	36	37	38	39	40
American	5	6	7	8	9

MEN
Suits and Coats:

Continental	42	44	46	48	50	52	54	56
American	32	34	36	38	40	42	44	46

Shirts:

Continental	38	41	43	45
American	15	16	17	18

Shoes:

Continental	38	39	41	42	43	44	45	47
American	5	6	7	8	9	10	11	12

¿Cuál es la respuesta?

Match each question in column A with the best answer in column B.

A

1. ¿La chaqueta es azul?
2. ¿A cómo está el cambio?
3. ¿Van en coche?
4. ¿Con qué te cepillas los dientes?
5. ¿Te quedan bien los zapatos?
6. ¿Vas a comprar las sandalias?
7. ¿No van a caminar?

8. ¿Qué talla usa Ud.?
9. ¿Dónde vas a poner el dinero?
10. ¿Qué te vas a poner para dormir?
11. ¿Dónde está el probador?
12. ¿Qué va a usar con la blusa roja?
13. ¿Qué venden en esa tienda?
14. ¿Dónde están los paquetes?
15. ¿Van a ir de compras?
16. ¿Para qué te miras en el espejo?

17. ¿No te vas a duchar?
18. ¿Dónde pago?

B

____ a. En la caja.
____ b. No, me aprietan.
____ c. El treinta y seis.
____ ch. A la derecha.
____ d. Ropa para damas y ropa interior.
____ e. No, a mirar vidrieras.
____ f. El camisón rosado. Es el más cómodo.
____ g. No, a pie.
____ h. En el mostrador.
____ i. La falda blanca.
____ j. No, vamos a tomar un taxi.
____ k. No, amarilla.
____ l. No, no tengo tiempo.
____ ll. No, las botas.
____ m. En mi cartera.
____ n. Creo que a diez mil australes por dólar. No estoy segura...
____ ñ. Con *Crest*.
____ o. Para peinarme.

¡Vamos a conversar!

A. Answer the following questions about the dialogue, using complete sentences.

1. ¿A qué hora se abren las tiendas?

_____

2. ¿Cuánto cuesta el vestido amarillo que está en la vidriera?

_____

3. ¿Dónde está el probador?

_____

4. ¿Le queda bien el vestido amarillo a Marta?

_____

5. ¿Qué número dice Marta que calza?

_____

6. ¿Le queda bien el treinta y siete y medio o le aprieta?

_____

7. ¿Dónde paga Marta?

_____

8. ¿A cuántas cuadras está la Avenida de Mayo de la tienda?

_____

9. ¿Marta va a la Avenida de Mayo en coche o a pie?

_____

10. ¿De quién son los paquetes que están en el mostrador?

_____

B. **Now answer the following questions about yourself.**

1. ¿A qué hora te despiertas generalmente?

_____

2. ¿Te duchas por la noche o por la mañana?

_____

3. ¿Cuándo te cepillas los dientes?

_____

4. ¿Usas maquillaje?

_____

5. ¿A qué hora se abren las tiendas en la ciudad donde vives?

_____

6. ¿Te miras en el espejo para peinarte?

_____

7. ¿Prefieres usar sandalias, botas o zapatos?

_____

8. ¿Qué número calzas?

_____

9. ¿Qué talla usas?

_____

10. Mis zapatos cuestan cuarenta dólares. ¿Cuánto cuestan los tuyos?

_____

¿Qué falta aquí?

Using your imagination and the vocabulary learned in this lesson, complete the missing lines of these conversations.

A. *En la tienda de ropa para damas:*

EMPLEADO —¿En qué puedo servirle, señora?

SEÑORA —_____

EMPLEADO —El conjunto de pantalón y chaqueta azul cuesta noventa dólares.

SEÑORA —_____

EMPLEADO —Sí, puede probárselo.

SEÑORA —_____

EMPLEADO —El probador está a la derecha.

SEÑORA —_____

EMPLEADO —¿Le queda chico? Bueno, aquí tiene uno de talla cuarenta y dos.

SEÑORA —*(Después de probárselo.)* _____

EMPLEADO —Pague en la caja. ¡Ah, señora! ¿Son suyos estos paquetes que están sobre el mostrador?

SEÑORA —_____

B. *En la zapatería:*

EMPLEADO —_____

SEÑOR —Quiero un par de zapatos negros de vestir.

EMPLEADO —_____

SEÑOR	—El diez y medio.
EMPLEADO	—_____
SEÑOR	—No, no me quedan bien. Me aprietan mucho.
EMPLEADO	—_____
SEÑOR	—¿El once? Bueno...
EMPLEADO	—_____
SEÑOR	—Sí, éstos son muy cómodos. ¿Cuánto cuestan?
EMPLEADO	—_____

¿Qué pasa aquí?

What is going on in pictures A through F on page 117?

A. 1. ¿A qué hora se despierta Lola?

_____

    2. ¿Qué usa Lola para dormir?

_____

    3. ¿Qué se va a poner Lola hoy?

_____

B. 1. ¿En qué parte de la casa están Lola y su esposo?

_____

    2. ¿Cree Ud. que Lola se va a poner maquillaje?

_____

    3. ¿Qué tiene que ponerse Lola antes de salir?

_____

    4. ¿Qué hace David?

_____

C. 1. ¿Qué está haciendo José?

_____

    2. ¿Dónde trabaja José?

_____

    3. ¿Qué hora es?

_____

117

4. ¿A qué hora cree Ud. que José empieza a trabajar?

_____

D. 1. ¿Qué talla usa Inés?

_____

2. ¿Qué se prueba Inés?

_____

3. ¿Se mira Inés en el espejo?

_____

4. ¿Qué le trae la empleada a Inés?

_____

5. ¿Cuánto cree Ud. que cuesta la blusa?

_____

E. 1. ¿Qué está haciendo Rosa?

_____

2. ¿Cuánto cuestan las sandalias?

_____

3. ¿Cuánto cuestan las botas?

_____

4. ¿Cuánto cuestan los zapatos?

_____

5. ¿Qué es más caro? ¿Qué es más barato?

_____

_____

F. 1. ¿Qué está haciendo Susana?

_____

2. ¿Qué número calza Susana?

_____

3. ¿Son pequeños los pies de Susana?

_____

4. ¿Los zapatos le van a quedar bien a Susana? ¿Por qué?

_____

¿Cómo se va a... ?

Using the map on page 120, give your partner the directions that he/she requests. Switch roles after the first five sets of directions.

1. Estoy en el hospital. ¿Cómo llego al Hotel México?

   _____

   _____

2. Estoy en el salón de belleza. ¿Cómo llego al museo?

   _____

   _____

3. Estoy en la barbería (*barbershop*). ¿Cómo llego al Banco Nacional?

   _____

   _____

4. Estoy en la tienda "Elegancia". ¿Cómo llego a la zona de estacionamiento?

   _____

   _____

5. Estoy en el cine "Rex". ¿Cómo llego al restaurante "El Gaucho"?

   _____

   _____

6. Estoy en la catedral. ¿Cómo llego a la tienda "Elegancia"?

   _____

   _____

7. Estoy en la zapatería "Minerva". ¿Cómo llego al hospital?

   _____

   _____

8. Estoy en el café "Caribe". ¿Cómo llego al cine "Rex"?

   _____

   _____

9. Estoy en el banco. ¿Cómo llego a la catedral?

   _____

   _____

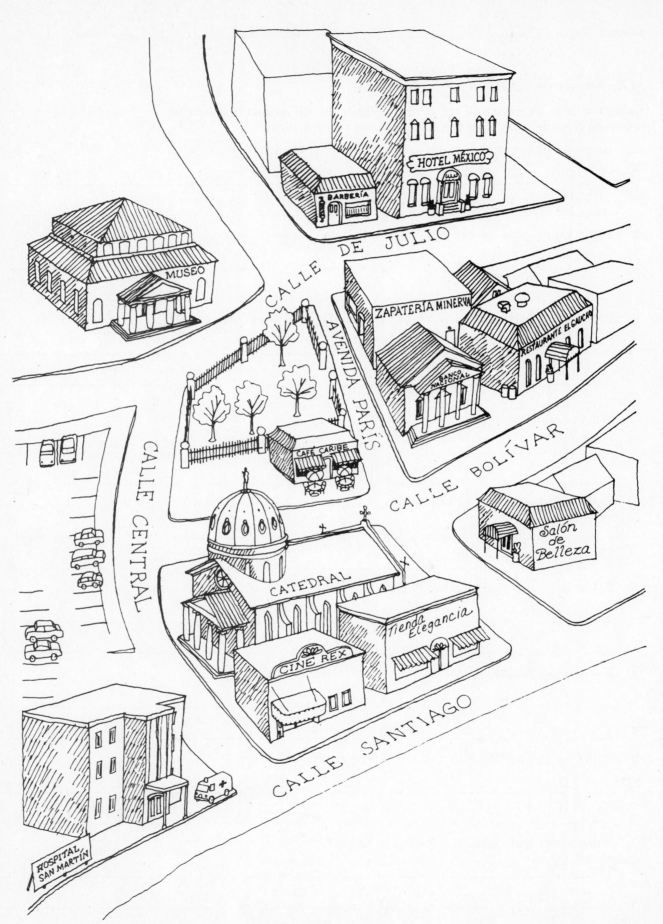

10. Estoy en el Hotel México. ¿Cómo llego al café "Caribe"?

_____

_____

Situaciones

What would you say in the following situations? What might the other person say?

1. You are a clerk. Ask your customer if she wants to try on the yellow blouse. Tell her the fitting room is on the left.

2. You are a customer at a shoe store. Tell the clerk the boots are too small. Ask if he's/she's sure they are size twelve.

3. You are a customer. Tell the clerk you want (some) underwear and three pairs of pantyhose.

4. Someone asks you for directions. Tell him/her to walk four blocks from the store, turn left, and then continue straight ahead until he/she arrives at Fifth Avenue.

5. You are buying pants. Tell the salesperson you wear a size thirty-eight, but tell him/her to bring you a thirty-six, just in case.

6. Tell your friend that you have to go to the beauty parlor/barbershop to get a haircut.

Y ahora, ¿qué?

Act out the following situations with a classmate.

1. A woman buys clothes and talks with the clerk at the store.

2. A customer buys shoes and consults the clerk at the shoe store.

¿Qué dice aquí?

Answer the following questions based on the ad on page 122.

1. ¿Cuál es la dirección de la tienda?

_____

2. ¿Cuál es el número de teléfono?

_____

3. ¿Hay descuentos para mayoristas (*wholesalers*)?

_____

4. Si compro dos batas (*robes*), ¿cuánto tengo que pagar?

_____

AHORA TAMBIEN EN LA COSTA
MODA Y COLOR DE MEDELLIN
Todo en las mejores marcas del país
Descuentos especiales para mayoristas

Camisas $ 1.500⁹⁹	Blusas $ 1.500⁹⁹
Camisetas $ 600⁹⁹	Slack Indigo $ 2.000⁹⁹
Pantalones Sport $ 4.000⁹⁹	Slack Color $ 4.000⁹⁹
Jean Indigo $ 4.500⁹⁹	Slack en Dril $ 4.000⁹⁹
Jean Color $ 4.000⁹⁹	Conjuntos $ 3.500⁹⁹
Jean Bagge $ 5.000⁹⁹	Zodiac Cueros $ 5.000⁹⁹
Pantalonetas $ 2.000⁹⁹	Batas $ 1.500⁹⁹
Miles de artículos más	Recibimos todas las tarjetas

Calle 67 Nº. 46 - 109 - Teléfono 342 753.

5. ¿Cuánto cuestan las camisas?

_____

6. ¿Tienen otros artículos para vender?

_____

7. ¿Qué marcas tienen en la tienda?

_____

8. ¿Qué tarjetas aceptan en la tienda?

_____

Una actividad especial

The classroom is turned into a department store. The students will bring pants, pantsuits, dresses, blouses, skirts, shoes, sandals, boots, etc. to class and price every item. Four or five students may work in the shoe department, and another group may work in the ladies' clothing department. The rest will be customers. Signs for fitting rooms should be provided. Customers will select clothes, ask questions about sizes and prices, etc. Everybody should buy something. One or two students will be cashiers, who describe each item, quote all prices, collect the money, and give change. Some students might "forget" a package, in which case the cashier should call them back and ask them if the package is theirs. Other students might ask for directions to nearby destinations.

¡VAMOS A LEER!

Avisos° clasificados

	avisos, anuncios ads

SE ALQUILA:° apartamento con dos dormitorios,° baño, cocina-comedor y sala grande. No se admiten animales. Llamar al teléfono 345-7829.

se alquila for rent / **dormitorio** bedroom

SE VENDE: casa nueva con jardín, piscina y patio grande. Cuatro dormitorios, dos baños, salón de estar° y garaje para dos coches. Cerca de escuelas.° Precio razonable. Tel. 389-4500

salón de estar family room
escuela school

¡NOS MUDAMOS!° Vendemos todos los muebles° de la casa. También un refrigerador, una lavadora° de ropa y una secadora.° Preguntar por el señor Rojas. Tel. 245-7863

mudarse to move / **muebles** furniture
lavadora washer
secadora dryer

SE VENDE: camioneta° usada, año 1990, en buena condicione. Ford, de ocho cilindros. ¡Se vende barata! Tel. 503-4530

camioneta station wagon

SE VENDE: Motocicleta Yamaha, como° nueva, sólo 3.000 millas.° Llamar al tel. 987-6520.

como like
millas miles

SE NECESITA: Persona responsable para cuidar° a dos niños pequeños. Buen sueldo.° Debe tener buenas referencias. Tel. 486-5969

cuidar to take care of
sueldo salary

SE BUSCA: Mecanógrafo° competente para negocio pequeño. Debe hablar inglés y escribir más de cincuenta palabras° por minuto. El sueldo depende de la experiencia.

mecanógrafo(a) typist

palabras words

¡GRATIS!° Un perro chihuahua de dos años y también dos gatos siameses. Necesitan un buen hogar.° Llamar al tel. 765-9022.

gratis free
hogar home

After reading the classified ads, answer the following questions.

1. Los García tienen dos perros y tres gatos. ¿Pueden alquilar el apartamento? ¿Por qué?

_____

_____

2. ¿Por qué venden todos los muebles los Rojas? ¿Qué otras cosas
venden?

_____

_____

3. ¿Puede Ud. describir la casa que se vende?

_____

_____

4. ¿Qué necesita tener la persona que va a cuidar a los niños?

_____

_____

5. ¿Qué debe saber hacer el mecanógrafo?

_____

6. ¿Cuánto cuestan el perro y los dos gatos?

_____

7. ¿Es nueva la camioneta Ford? ¿De qué año es?

_____

8. ¿Es usada la motocicleta?

_____

10

📼 Los López están muy ocupados

Daniel y Anita López decidieron quedarse en San Juan por dos meses por cuestiones de negocios. Alquilaron un apartamento cerca de la playa y emplearon una criada. Anita se matriculó en un curso de verano en la universidad, de modo que está muy ocupada. Ahora está hablando con doña[1] María, la criada.

ANITA	—¿Compró todas las cosas de la lista que le di?
CRIADA	—Sí, esta mañana fui al supermercado muy temprano.
ANITA	—Entonces tenemos todo lo necesario para una buena cena. Daniel invitó a un amigo a cenar.
CRIADA	—Preparé una ensalada de camarones esta mañana. Está en el refrigerador.
ANITA	—Bueno, ¡me estoy muriendo de hambre! No comí nada al mediodía.
CRIADA	—Voy a hacerle un sándwich de jamón y queso. ¿Quiere un vaso de leche?
ANITA	—Gracias. ¡Ah! ¿Planchó las camisas? ¿Y mi vestido rosado? Lo necesito para la fiesta.
CRIADA	—Sí, pero no lavé el suéter marrón del señor Daniel...
ANITA	—No, tenemos que mandar ese suéter a la tintorería. Hay que lavarlo en seco.
CRIADA	—¡Ah! Voy a pasar la aspiradora y a hacer la cama otra vez. El señor Daniel tomó una siesta.
ANITA	—Gracias, doña María. Voy a ducharme y después la ayudo a poner la mesa.
CRIADA	—Muy bien, señora. (*Mira por la ventana.*) Parece que va a llover. El cielo está nublado...
ANITA	—No se preocupe. Si llueve, yo la llevo a su casa en el carro.
CRIADA	—Ah, señora, su amiga Elena la llamó por teléfono. Va a venir por Ud. mañana a las nueve.

---

[1]Title of respect used with the first name to address an older woman. The masculine form is **don**. Like **señor** (**señora**), these titles are not capitalized in Spanish.

La lista que Anita le dio a la criada

```
○  Yogur                      margarina
   queso                      mantequilla
   piña                       pan
   zanahorias                 fideos
   harina                     tocino
   lechuga                    ají
   toronjas                   cebollas
   duraznos                   tomates
   sandía                     peras
   papas                      uvas
○  detergente                 arroz
   1 docena de huevos         lejía
   leche (3 botellas)         pepinos (4)
```

❖ ❖ ❖

The Lopezes are very busy

Daniel and Anita Lopez decided to stay in San Juan for two months for business reasons. They rented an apartment near the beach and hired a maid. Anita registered in a summer course at the university, so she's very busy. Now she is talking to Doña Maria, the maid.

ANITA: Did you buy everything from the list I gave you?

MAID: Yes, this morning I went to the supermarket very early.

ANITA: Then we have all the necessary things for a good dinner. Daniel invited a friend to dinner.

MAID: I prepared a shrimp salad this morning. It's in the refrigerator.

ANITA: Good, I'm starving! I didn't have anything to eat at noon.

MAID: I'll make you a ham and cheese sandwich. Do you want a glass of milk?

ANITA: Thanks. Oh, did you iron the shirts? And my pink dress? I need it for the party.

MAID: Yes, but I didn't wash Mr. Lopez's brown sweater.

ANITA: No, we have to send that sweater to the cleaners. It should be dry-cleaned.

MAID: Oh, I'm going to vacuum and make the bed again. Mr. Lopez took a nap.

ANITA: Thanks, Doña Maria. I'm going to shower, and then I'll help you set the table.

MAID: Very well, ma'am. (*She looks through the window.*) It looks like it's going to rain. The sky is cloudy . . .

ANITA: Don't worry. If it rains, I'll give you a ride home.

MAID: Ah, ma'am, your friend Elena called you. She is going to pick you up (come for you) tomorrow at nine.

The list that Ana gave to the maid

```
○   yogurt          margarine
    cheese          butter
    pineapple       bread
    carrots         noodles
    flour           bacon
    lettuce         bell pepper
    grapefruit      onions
    peaches         tomatoes
    watermelon      pears
    potatoes        grapes
    detergent       rice
    I dozen eggs    bleach
    milk (3 bottles)  cucumbers (4)
○
```

🖭 **Vocabulario**

COGNADOS

el **apartamento** apartment	la **margarina** margarine
el **curso** course	el **refrigerador** refrigerator
el **detergente** detergent	el **suéter** sweater
la **docena** dozen	el **yogur** yogurt

NOMBRES

el **ají** bell pepper
la **aspiradora** vacuum cleaner
la **camisa** shirt
el **cielo** sky
la **criada** maid
el **durazno, melocotón** peach
los **fideos** noodles
las **fresas** strawberries
la **harina** flour
el **huevo, blanquillo** (*Méx.*) egg
la **lejía** bleach
la **libra** pound
la **mantequilla** butter
la **manzana** apple
el **mes** month
el **pan** bread
la **papa, patata** potato
el **pepino** cucumber
la **pera** pear
la **piña** pineapple
la **playa** beach
la **sandía, el melón de agua** watermelon
la **siesta** nap
el **supermercado** supermarket

la **tintorería** dry cleaners
el **tocino** bacon
la **toronja** grapefruit
las **uvas** grapes
la **ventana** window
el **vaso** glass
la **zanahoria** carrot

VERBOS

alquilar to rent
ayudar to help
cenar to have supper (dinner)
emplear to hire, to employ
lavar to wash
llover (o:ue) to rain
mandar, enviar to send
matricularse to register (for school)
parecer to seem, to appear
planchar to iron
preocuparse to worry
preparar to prepare
quedarse to stay, to remain

ADJETIVOS

marrón, café brown
nublado(a) cloudy
ocupado(a) busy
rosado(a) pink

OTRAS PALABRAS Y EXPRESIONES

hacer la cama to make the bed
lavar (limpiar) en seco to dry-clean
lo necesario the necessary thing
llamar por teléfono to call on the phone
llevar a alguien en el carro (coche) to give
  someone a ride in the car
morirse (o:ue) de hambre to starve (to die of
  hunger)
otra vez again
pasar la aspiradora to vacuum
poner la mesa to set the table
por cuestiones de negocios for business
  reasons

Notas culturales

1. Although supermarkets have become increasingly popular in most Spanish-speaking countries, it is still the custom to shop at small food stores specializing in one or two main products. To indicate in Spanish what a store sells, the suffix *-ería* is added to the name of the particular product: *panadería* (bakery), *pescadería* (fish market), *verdulería* (greengrocery), *frutería* (fruit store), *carnicería* (butcher shop), *lechería* (dairy store), and so on. Most Hispanic towns have a central marketplace with a number of these small stores.
2. In Spain and Latin America many upper- and middle-class people have maids, although nowadays fewer families can afford them.

¿Cuál es la respuesta?

Match each question in column A with the best answer in column B.

A

1. ¿Qué usa Ud. para lavar?

2. ¿Por qué no haces la cama ahora?

3. ¿Cuántos huevos compró ayer?

4. ¿Vas a comer pan con mantequilla?

5. ¿Qué frutas necesitas para la ensalada?

6. ¿Compró la casa?

B

_____ a. Fresas, piñas, peras y uvas.

_____ b. Sí, parece que va a llover.

_____ c. En el supermercado.

_____ ch. No, la alquiló.

_____ d. Por cuestiones de negocios.

_____ e. No, con margarina.

7. ¿Ya se matriculó su hija?   _____ f. Sí, de camarones y papas.

8. ¿Dónde pones el yogur?   _____ g. La criada.

9. ¿El cielo está nublado?   _____ h. Una docena.

10. ¿Lavó el suéter?   _____ i. No, rosado.

11. ¿Quién va a poner la mesa?   _____ j. Huevos y tocino.

12. ¿Por qué están aquí?   _____ k. Sí, me estoy muriendo de hambre.

13. ¿A dónde vas?   _____ l. No, hay que lavarlo en seco.

14. ¿Dónde compraste las fresas y la sandía?   _____ ll. Sí, en el curso de verano.

15. ¿Vas a hacer una ensalada?   _____ m. No, voy a pasar la aspiradora.

16. ¿Tu vestido es marrón?   _____ n. Uso detergente.

17. ¿Vas a dormir una siesta ahora?   _____ ñ. No, de tomate, lechuga y pepino.

18. ¿Vas a cenar ahora?   _____ o. Porque estoy muy ocupada.

19. ¿Qué va a servir en el desayuno?   _____ p. En el refrigerador.

20. ¿Quieres una ensalada de papas?   _____ q. A la playa.

¡Vamos a conversar!

A. Answer these questions about the dialogue using complete sentences.

1. ¿Por qué decidieron Daniel y Anita quedarse en Puerto Rico?

_____

2. ¿Dónde alquilaron un apartamento?

_____

3. ¿A quién emplearon?

_____

4. ¿Por qué está Anita muy ocupada?

_____

5. ¿A dónde fue la criada esta mañana?

_____

6. ¿Qué frutas compró la criada?

_____

7. ¿Para qué tiene Anita todo lo necesario?

_____

8. ¿A quién invitó Daniel?

_____

9. ¿Por qué se está muriendo de hambre Anita?

_____

10. ¿Qué va a comer Anita? ¿Qué va a tomar?

_____

11. ¿De qué color es el vestido de Anita?

_____

12. ¿Por qué no debe la criada lavar el suéter de Daniel?

_____

13. ¿Qué va a hacer la criada otra vez? ¿Por qué?

_____

14. ¿Por qué no debe preocuparse la criada si llueve?

_____

15. ¿Quién va a venir por Anita mañana?

_____

**B. Divide into groups of two and ask each other the following
     questions using the *tú* form.**

Pregúntele a su compañero(a) de clase...

1. ...si limpia toda su ropa en seco.

2. ...si usa lejía y detergente para lavar.

3. ...si plancha sus pantalones o los manda a la tintorería.

4. ...si prefiere comer toronjas o uvas.

5. ...si le pone ají a la ensalada.

6. ...si prefiere yogur de durazno, de manzana o de fresa.

7. ...si comió tocino y huevos esta mañana.

8. ...qué frutas de la lista de Anita prefiere.

9. ...si tiene refrigerador en su casa. (¿Qué marca?)

10. ...si tomó una siesta ayer. (¿A qué hora? ¿Cuánto tiempo?)

11. ...si en el verano va a irse de vacaciones o va a quedarse aquí.

12. ...si alquiló un apartamento cerca de la playa el verano pasado.

13. ...quién lo (la) llamó por teléfono ayer.

14. ...si va a estar ocupado(a) esta noche.

15. ...si vive en un apartamento o en una casa.

¿Qué falta aquí?

We can hear what doña Paula is saying, but we can't hear Marta. Give her side of the conversation.

Marta habla con doña Paula, la criada.

MARTA —_____

CRIADA —Sí, señora. Esta mañana planché las camisas del señor.

MARTA —_____

CRIADA —Sí, señora. Fui al mercado y compré leche, tomates y lechuga.

MARTA —_____

CRIADA —No, señora, no compré harina ni fideos.

MARTA —_____

CRIADA —Sí, en el refrigerador hay una ensalada de papas y puedo prepararle un sándwich.

MARTA —_____

CRIADA —Sí, lavé su vestido y el suéter del señor.

MARTA —_____

CRIADA —Sí, señora, está muy nublado. Parece que va a llover.

MARTA —_____

CRIADA —Muchas gracias, señora.

¿Qué pasa aquí?

Mrs. García is going to tell you what she did yesterday, but she will not tell you the truth. Look at pictures 1 through 10 on page 132 and say what she really did. Start by saying "No es verdad. Ud...."

1. a. Yo me levanté a las cinco de la mañana.

_____

b. Yo me duché a las siete menos cuarto.

_____

2.   Yo lavé las camisas de mi esposo.

_____

3. a. Yo fui a la farmacia.

_____

   b. Yo no compré nada.

_____

4. a. Mi esposo fue conmigo a la tintorería.

_____

   b. Vi unos zapatos muy bonitos en la vidriera.

_____

5. a. Salí con mi esposo.

_____

   b. Llevé a mi hija a la universidad.

_____

   c. Fuimos a ver al Doctor Cervantes.

_____

6. a. Mandé las camisas de mi esposo a la tintorería.

_____

   b. No vi a mi esposo ayer.

_____

7. a. Llevé a la señora Peña al cine.

_____

   b. Fuimos en ómnibus.

_____

8.   Le escribí a mi papá.

_____

9. a. Mi familia y yo cenamos en un restaurante.

_____

b. Yo preparé hamburguesas.

_____

c. Preparé ensalada para el almuerzo.

_____

10. a. Bailé con mi esposo.

_____

b. Mi esposo y yo mirabamos la televisión.

_____

Situaciones

What would you say in the following situations? What might the other person say?

1. You are talking to your sister. Ask her if she bought noodles and flour this morning. Ask her also if she ironed her pants.

2. Ask your roommate to take your clothes to the dry cleaners and to go to the supermarket and buy two pounds of grapes and one pound of carrots. Say that you will vacuum, make the beds, and set the table for dinner.

3. Tell your roommate that you prepared a potato salad for lunch. Ask him/her whether he/she prefers watermelon or pears for dessert.

4. Tell a friend that the sky is cloudy and it looks like it's going to rain. Find out if he/she can give you a ride home.

5. Ask a classmate whether he's/she's going to register for a summer course at the university.

6. Your friend wants you to go to the movies with her/him. Say you can't go because you are very busy today since you invited some friends for dinner.

Y ahora, ¿qué?

Act out the following situations with a classmate.

1. A clerk at a small market speaks with a customer who is doing some shopping.

2. A man (woman) asks the maid what she did during the day and gives her instructions.

Calimax

Banderazos DE PRECIOS BAJOS

CARNICERIA

POLLO TIERNO
Antes 132.00
Kilo
119⁰⁰

COSTILLA PUNTA DE AGUJA
Antes 180.00
Kilo
159⁰⁰

CARNE MOLIDA DE PRIMERA
Antes 175.00
Kilo
155⁰⁰

PESCADO BLANCO de ORDEN
Antes 129.00
Kilo
105⁰⁰

FRUTAS Y VERDURAS

LECHUGA BOLA
Antes 26.00
17⁰⁰ PZA

CEBOLLA AMARILLA
Antes 18.57
13⁰⁰ Kilo

LIMON MEXICANO ENCERADO
Antes 50.00
29⁰⁰ Kilo

PERA ANGEL MEDIANA
85⁰⁰ Kilo Antes 116.00

PAPA BLANCA No. 1
Antes 18.66 Kilo
14⁰⁰

ZANAHORIA SUELTA
Antes 64.45 Kilo
45⁰⁰

REPOLLO VERDE
Antes 17.48 Kilo
10⁰⁰

NUEZ NATURAL DE CHIHUAHUA
Antes 339.00 Kilo
225⁰⁰

ATUN en ACEITE OCEAN GARDEN
198 grs.
Antes 61.00
53⁰⁰

GALLETAS Saladitas MARIBEL
kilo
Antes 83.40
70⁰⁰

PAN Calimax barra
Antes 35.00
32⁰⁰

AJAX AZUL POLVO LIMPIADOR
400 grs.
24⁰⁰ Antes 29.00

CEREAL Instantáneo Fruti Lupis KELLOGG
250 grs.
43⁰⁰ Antes 49.00

GELATINA JELLO Sabores Surtidos
85 grs.
14⁰⁰ Antes 16.30

NESCAFE CAFE INSTANTÁNEO
50 grs.
30⁰⁰ Antes 32.20

ESPECIALES del 18 al 24 de Febrero,

Boulevard | Calle 2da | Calle 5ta | Lomas Soler | Revolucion | Rosarito

135

¿Qué dice aquí?

**Read the ad on page 135 and then answer the questions accordingly.
Notice that prices are in Mexican pesos.**

1. ¿Cómo se llama el supermercado?

   _____

2. ¿Cómo son los precios esta semana?

   _____

3. ¿Qué puedo comprar en la carnicería?

   _____

4. ¿Cuánto costaba el kilo de pescado antes?

   _____

5. ¿Qué marca de cereal venden? ¿Cuánto cuesta ahora?

   _____

6. ¿Qué frutas están rebajadas (*reduced*) esta semana?

   _____

7. ¿Qué verduras (*vegetables*) puedo comprar?

   _____

8. ¿Cuánto debo pagar por el pan ahora? ¿Cuánto dinero ahorro
   (*save*)?

   _____

9. ¿Qué marca de café venden en Calimax?

   _____

10. ¿Cuánto cuesta el café?

   _____

Una actividad especial

The class is divided into three sections: a *verdulería*, a *frutería*, and
a *lechería*. Each market has two or three clerks. The rest of the students are customers who bring three different shopping lists and
shop at each market. The merchandise should be displayed, using
props.

Repaso

LECCIONES 6–10

1. PRÁCTICA DE VOCABULARIO

A. Circle the word or phrase that does not belong in each group.

1. aerolínea, ají, agencia de viajes
2. al lado de, cerca de, más de
3. va a pie, cena, camina
4. bota, zapato, vestido
5. quedarse, ducharse, bañarse
6. detergente, jabón, jamón
7. harina, fresas, peras
8. lechuga, lejía, zanahorias
9. ropa, bolsa, cartera
10. estoy ocupado, estoy trabajando, no hago nada
11. camisa, billete, pasaje
12. falda, película, blusa
13. pastilla, venta, liquidación
14. dos, pan, par
15. peinarse, pelo, piña
16. me dicen, me aprietan, me quedan chicos
17. rosado, alto, rojo
18. peluquería, salón de belleza, supermercado
19. dormir, lavar, siesta
20. toronja, manzana, tocino
21. visa, voz, viaje

B. Circle the appropriate word or phrase that completes each of the following sentences. Then read the sentence aloud.

1. El agente de viajes dice que debo (confirmar, cortar) las reservaciones.

2. No quiero estos zapatos. Me (cepillan, aprietan).

3. ¿Van a Chile hoy? (¡Buen viaje!, ¡Bienvenidos!)

4. ¿Dónde están (los comprobantes, las grabadoras) para su equipaje?

5. Quiero unos zapatos (de ida, de vestir).

6. Sus documentos están (en la ensalada, en regla).

7. Ellos (emplearon, alquilaron) a una criada.

8. Favor de abrocharse (los cinturones, la playa).

9. Es carísimo. (Cuesta muchísimo., Es una ganga.)

10. Voy al supermercado a comprar (fideos, gente).

11. Mañana no. (Tiene exceso de equipaje., Hoy mismo.)

12. Quiero beber jugo de (naranja, mesita).

13. Mientras tanto voy a comer porque me estoy muriendo de (sed, hambre).

14. Quiero beber un vaso de (leche, lejía).

15. No podemos lavarlo. Debemos limpiarlo (en ropa, en seco).

16. Va a dormir. Necesita el (espejo, camisón).

17. Favor de abrocharse los cinturones y no (fumar, bailar).

18. Voy a leer una (novela, puerta de salida).

19. Los pasajeros probablemente van a pasar por (la altura, la aduana).

20. El avión va a (declarar, aterrizar) ahora.

21. Tengo que viajar por cuestiones de (negocios, ventanilla).

22. De postre quiero (trucha, flan).

23. Allí venden ropa para (sandías, damas).

24. Voy a la tienda porque necesito (comprar ropa interior, reservar pasaje).

25. En la aduana le van a revisar (la pastilla, el equipaje).

26. El auxiliar de vuelo sirve la comida en (el avión, la pensión).

27. El inspector le va a preguntar si tiene algo que (declarar, terminar).

28. Voy a comprar sandalias en la (zapatería, peluquería).

29. Queremos tomar (vino tinto, media hora) con la comida.

30. El pavo asado está muy (ocupado, sabroso).

31. El vestido está muy barato porque tienen una (mesita, liquidación) hoy.

32. Supongo que van a pasar una (película, pastilla) en el avión.

33. En la tienda, ella se prueba el vestido en el (probador, comedor).

34. Va a cerrar la ventana porque parece que va a (llover, usar).

35. No se preocupe, señora. Yo puedo preparar los sándwiches si Ud. me compra el (jabón, jamón).

36. Los paquetes ya no están sobre el (melón de agua, mostrador).

37. Todas las semanas toma un (taxi, avión) para ir al supermercado.

38. Favor de abrocharse los cinturones. (Hacen cola., Hay turbulencia.)

39. Debemos subir al avión. Ésa fue la última (llamada, bandeja).

40. No pido bacalao porque nunca como (pescado, carne).

C. **Match column A with the best completing phrase in column B. Then read the sentences aloud.**

A	B
1. ¿A cómo está	___ a. cámara fotográfica?
2. ¿El cielo	___ b. de un mes?
3. ¿Con cuánta anticipación	___ c. todo?
4. ¿Tienen Uds. una	___ ch. de uvas?
5. ¿Sigo derecho hasta	___ d. segura?
6. ¿Cuánto tiempo	___ e. está nublado?
7. ¿Vuelven dentro	___ f. en una hora?
8. ¿Qué hacen Uds. después	___ g. primera clase?
9. ¿Quiere un pasaje de	___ h. que hacer cola?
10. ¿Qué vas a leer durante	___ i. no?
11. ¿Le vas a decir que	___ j. escala en Panamá?
12. ¿Quiere dos libras	___ k. dura el vuelo?
13. ¿Estás	___ l. el viaje?
14. Pantimedias y sandalias. ¿Eso es	___ ll. hacer la cama?
15. ¿La criada va a	___ m. de cenar?
16. ¿Podemos hacer	___ n. llegar a la Calle Quinta?
17. ¿Tenemos	___ ñ. el cambio?
18. ¿Cuántos minutos hay	___ o. debemos reservar el cuarto?

139

D. **Write these words or phrases in Spanish in the blanks provided.**
What sentence is formed vertically?

1. airport

2. which (*pl.*)?

3. duck

4. lamb

5. tip

6. fruit

7. ice cream

8. to go shopping: *ir de* ____

9. comfortable

10. to leave

11. toast

12. he turns

13. from

14. flight

15. cash register

16. now

17. sale

18. to iron

19. refrigerator

20. cloudy

21. lobster

22. busy

23. to stay

E. Crucigrama (Lecciones 6–10). Use the clues provided below to complete the crossword puzzle.

HORIZONTAL

3. melocotón
5. Necesito mi _____ para viajar a España.
6. *I set the table:* Pongo la _____ .
7. *pie,* en español
9. Voy a comer bróculi con _____ de queso.
11. *bell pepper,* en español
12. opuesto de despegar (un avión)
15. sabroso
16. Van a _____ vino tinto con la comida.
17. El pasaporte es un _____ .
19. *to vacuum:* pasar la _____ .
21. marrón
23. por suerte
24. El mozo trae la _____ con los postres.

25. pequeña
27. *He sees.,* en español
28. *cake,* en español
29. El avión va a _____ a treinta mil pies.
30. Quiero jugo de _____ .
35. Desean un pasaje de ida y _____ .
36. *long,* en español
37. En México se llama "blanquillo".
38. patata
39. Es baratísimo. Es una _____ .
41. Me miro en el _____ .
42. Eva le dio una a Adán.
45. melón de agua
46. talla
47. *shrimp,* en español

VERTICAL

1. No quiero margarina. Quiero _____ .
2. Ayer me _____ en un curso de verano.
3. doce
4. *Excuse me.,* en español
5. Hoy es jueves. _____ mañana es sábado.
8. El mozo anota el _____ .
10. persona que viaja en un avión, tren, etc.
12. Como no tiene casa, _____ un apartamento.
13. Con el _____ y el azul se forma el verde (*green*).
14. señora
18. Compré un conjunto de pantalón y _____ .
20. Quieren un asiento de _____ , no de ventanilla.

21. *onion,* en español
22. Ella no _____ segura.
23. atiende a los pasajeros de un avión
25. Debo _____ el pelo por la mañana.
26. Me voy a poner una _____ y una blusa.
31. Va a llover. El cielo está _____ .
32. Hacen vino de las _____ .
33. ¿Cuál es la _____ de salida?
34. Van a _____ a Chile en avión.
36. La comemos en ensalada.
37. muy bonito
40. ¿Qué _____ es hoy? ¿El 12 de mayo?
43. Quiere un _____ en la sección de no fumar.
44. Está mareado. Tiene _____ .

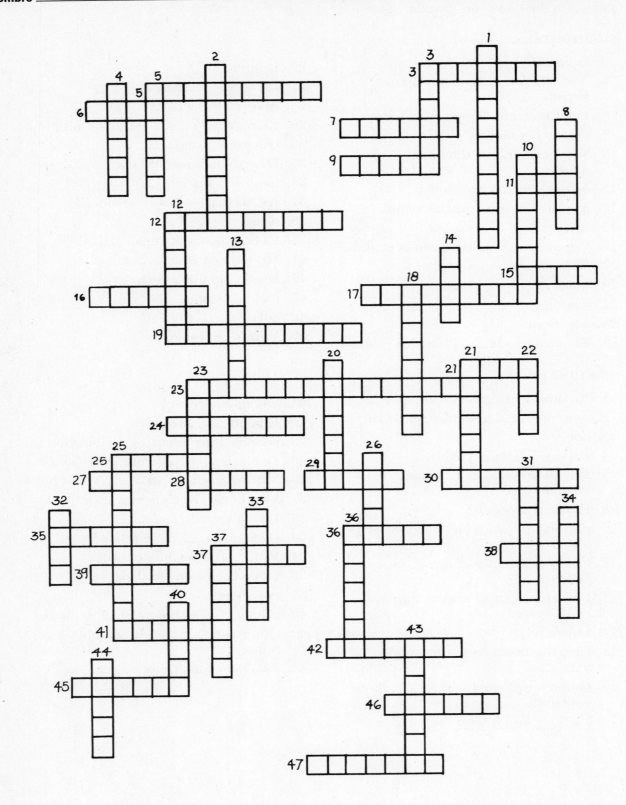

142

📠 2. PRÁCTICA ORAL

You can listen to the following exercise on the review tape of the audio program. The speaker will ask you some questions. Answer each question, using the cue provided. The speaker will verify your answer.

1. ¿Viaja Ud. mucho? (no)

2. Cuando Ud. viaja, ¿lleva mucho equipaje? (no)

3. ¿Cuántas maletas lleva Ud.? (dos)

4. ¿Prefiere Ud. viajar en tren o en avión? (en avión)

5. ¿Viaja en primera clase o en clase turista? (turista)

6. En el avión, ¿prefiere Ud. un asiento de pasillo o de ventanilla? (de pasillo)

7. ¿Tiene Ud. miedo si hay turbulencia? (sí)

8. ¿Se marea Ud. cuando viaja? (no)

9. ¿Cuándo piensa Ud. viajar? (en el verano)

10. ¿Adónde piensa Ud. viajar? (a México)

11. ¿Conoce Ud. a alguien allí? (sí, a una chica)

12. ¿Va Ud. a llevar su cámara fotográfica? (sí)

13. ¿Tiene Ud. su pasaporte en regla? (sí)

14. ¿Tiene Ud. sed? (no, hambre)

15. ¿Qué desea comer? (arroz con pollo)

16. ¿Prefiere Ud. comer carne o pescado? (carne)

17. ¿Come Ud. mariscos? (sí)

18. ¿Qué mariscos prefiere? (langosta y camarones)

19. ¿Tiene Ud. que cuidar la línea? (no)

20. ¿Pide Ud. vino con la comida? (sí, tinto)

21. Cuando come carne, ¿la prefiere bien cocida? (no, casi cruda)

22. ¿Come Ud. postre? (sí)

23. ¿Qué postre prefiere Ud.? (flan con crema)

24. ¿Desea helado de vainilla o de chocolate? (de chocolate)

25. Cuando va a un restaurante, ¿usa su tarjeta de crédito o paga con dinero? (con dinero)

26. ¿Qué tarjeta de crédito tiene Ud.? (Visa)

27. ¿Tiene Ud. planes para el sábado? (no, el domingo)

28. ¿Adónde va a ir? (al teatro)

29. El fin de semana, ¿se despierta Ud. temprano? (no, tarde)

30. ¿A qué hora se levanta Ud. el sábado? (a las nueve)

31. ¿Se baña por la mañana o por la noche? (por la mañana)

32. ¿Compra Ud. en las liquidaciones? (sí)

33. ¿Por qué compra en las liquidaciones? (es más barato)

34. En el verano, ¿usa Ud. sandalias? (sí)

35. ¿Qué número calza Ud.? (el siete y medio)

36. ¿Necesita Ud. comprar algo? (sí, un vestido)

37. ¿Qué talla usa Ud.? (treinta y seis)

38. ¿Qué colores prefiere Ud.? (rojo y azul)

39. ¿Manda Ud. sus vestidos a la tintorería o los lava en su casa? (en mi casa)

40. ¿Cuántas veces pasa Ud. la aspiradora en su casa? (cada semana)

3. PARA LEER... Y ENTENDER

You can listen to the following reading on the review tape of the audio program. Read the following story aloud, paying special attention to pronunciation and intonation. Make sure you understand and remember as much as you can.

Carlos y su esposa Teresa planean hacer un viaje a México durante sus vacaciones y deciden ir a una agencia de viajes para reservar los pasajes. El agente les dice que deben reservarlos con anticipación porque en el verano la gente viaja mucho. Después de hablar con el agente compran pasajes de ida y vuelta para el 25 de junio. Van a estar en México dos semanas.

El día del viaje Teresa tiene un poco de miedo porque es la primera vez que va a viajar en avión. Cuando la azafata dice que deben abrocharse los cinturones porque el avión va a despegar, le dice a Carlos que está mareada.

Cuando llegan al aeropuerto de México pasan por la aduana y después toman un taxi para ir al hotel. Por la tarde Teresa quiere ir de compras. Por la noche van a un restaurante en el Paseo de la Reforma con unos amigos y después de la cena van al teatro. Cuando termina el concierto, vuelven al hotel a dormir.

¿Verdadero o falso?

Circle V or F according to the story.

1. Carlos es soltero.   V   F

2. Teresa va a ir a España durante sus vacaciones.   V   F

3. Carlos y Teresa compran sus pasajes en la agencia de viajes.   V   F

4. Las vacaciones de Carlos y Teresa son en el invierno (*winter*).   V   F

5. Carlos y Teresa van a quedarse a vivir en México.   V   F

6. Teresa viaja en avión todas las semanas.   V   F

7. Teresa tiene miedo a viajar en avión.   V   F

8. Teresa necesita tomar pastillas para el mareo.   V   F

9. Teresa y Carlos toman un taxi para ir al hotel.   V   F

10. Por la tarde Teresa va de compras sola.   V   F

11. Por la noche Teresa y Carlos se quedan en el hotel.   V   F

12. Teresa y Carlos no conocen a nadie en México.   V   F

11

📼 *¿Qué necesitamos... ?*

Hace una semana que Miguel y Jorge están en Madrid. Anoche Jorge no pudo dormir muy bien porque tuvo dolor de garganta y mucha tos toda la noche. Esta mañana la dueña de la pensión vino a verlo y le trajo un jarabe para la tos y unas pastillas para el dolor de garganta.

MIGUEL	—¿Cómo te sientes? ¿Mejor?
JORGE	—Sí, las medicinas me hicieron mucho bien. Dime, ¿quieres ir a la tienda hoy?
MIGUEL	—Sí. Tienen una liquidación en El Corte Inglés[1] y quiero comprarme un traje gris y una corbata.
JORGE	—Y yo necesito una chaqueta, un par de calcetines, un calzoncillo y una camiseta.
MIGUEL	—Bien; voy a vestirme. Levántate, porque la criada va a cambiar las sábanas y las fundas hoy.
JORGE	—¿Por qué no cambia también las almohadas y los colchones? ¡Son muy incómodos!
MIGUEL	—¡Ja! Oye, ¿dónde pusiste la crema de afeitar y las navajitas?
JORGE	—Yo no las usé. Miguel, ¿por qué no compramos un transformador para poder usar la máquina de afeitar eléctrica?
MIGUEL	—Bueno. Dame la pasta dentífrica.
JORGE	—Aquí está. ¡Caramba, es tarde! ¡Apúrate!
MIGUEL	—¡Ten paciencia, hombre! ¡Ya voy! ¡No me grites!

En la tienda:

MIGUEL	—(*A una empleada.*) Perdón. ¿Dónde está el departamento de caballeros?
EMPLEADA	—En el tercer piso. Usen la escalera mecánica; el ascensor no funciona.
MIGUEL	—Gracias. (*A Jorge.*) Quiero comprarle un regalo a Yolanda.
JORGE	—Ella me dijo que quería discos de José Luis Perales.[2] Cómprale uno.
MIGUEL	—Buena idea. ¡Ah! Yo quería llevar a revelar estos rollos de película.
JORGE	—Vamos al departamento de fotografías. Yo tengo que comprar películas en blanco y negro y películas en colores.

---

[1]Famous department store in Madrid.
[2]Famous contemporary Spanish singer.

147

MIGUEL   —Eres como mi padre. Cuando íbamos de vacaciones tomaba miles de fotos.

JORGE   —¡No exageres! Oye, aquí tengo la lista de las cosas que debemos comprar:

```
desodorante        papel de carta
colonia            sobres
pijama             pañuelos
cinturón           cepillo de dientes
papel higiénico    peine
anteojos de sol    bronceador
                   champú
```

❖ ❖ ❖

What do we need . . . ?

Miguel and Jorge have been in Madrid for a week. Last night Jorge couldn't sleep well because he had a sore throat and a bad cough all night long. This morning the owner of the boarding house came to see him and brought him some cough syrup and some lozenges for his sore throat.

MIGUEL: How are you feeling? Better?

JORGE: Yes, the medicines did me a lot of good. Tell me, do you want to go to the store today?

MIGUEL: Yes. They're having a sale at *El Corte Inglés* and I want to buy myself a grey suit and a tie.

JORGE: And I need a jacket, a pair of socks, (a pair of) undershorts and a T-shirt.

MIGUEL: Fine; I'm going to get dressed. Get up, because the maid is going to change the sheets and pillowcases today.

JORGE: Why doesn't she also change the pillows and the mattresses? They're very uncomfortable!

MIGUEL: Ha! Listen, where did you put the shaving cream and the razors?

JORGE: I didn't use them. Miguel, why don't we buy a transformer so we can (in order to be able to) use the electric razor?

MIGUEL: Okay. Give me the toothpaste.

JORGE: Here it is. Gosh, it's late! Hurry up!

MIGUEL: Have patience, man! I'm coming! Don't shout at me!

At the store:

MIGUEL: (*To a clerk.*) Excuse me. Where's the men's department?

CLERK: On the third floor. Use the escalator; the elevator isn't working.

MIGUEL: Thanks. (*To Jorge.*) I want to buy Yolanda a present.

JORGE: She told me she wanted records by José Luis Perales. Buy her one!

MIGUEL: Good idea! Oh! I wanted to take these rolls of film to have them developed.

JORGE: Let's go to the photo department. I have to buy black and white film and color film.

MIGUEL: You're (just) like my father. When we used to go on vacation he would take thousands of pictures.

JORGE: Don't exaggerate! Listen, here's the list of the things we have to buy:

```
deodorant          letter paper
cologne            envelopes
pajamas            handkerchiefs
belt               tooth brush
toilet paper       comb
sunglasses         suntan lotion
shampoo
```

📼 Vocabulario

COGNADOS

la **colonia** cologne
el **champú** shampoo
el **departamento** department
el **desodorante** deodorant
  eléctrico(a) electric

la **foto, fotografía** photography, photograph
¡Ja! Ha!
la **medicina** medicine
el **pijama** pajama
el **rollo** roll (of film)
el **transformador** transformer

NOMBRES

la **almohada** pillow
los **anteojos** (las **gafas**, los **espejuelos** (*Cuba*))
  de sol sunglasses
el **bien** good
el **bronceador** suntan lotion
el **caballero** gentleman
los **calcetines** socks
el **calzoncillo** men's shorts (underwear)
la **camiseta** T-shirt
el **cepillo de dientes** toothbrush
el **cinturón** belt
el **colchón** mattress
la **corbata** tie
la **crema de afeitar** shaving cream
el **disco** record
el **dolor** pain
  —**de garganta** sore throat
la **escalera mecánica** escalator
la **funda** pillowcase
el **hombre** man
el **jarabe** syrup
  —**para la tos** cough syrup
la **máquina de afeitar** razor, shaver
la **navajita** razor blade

el **pañuelo** handkerchief
el **papel de carta** writing paper
el **papel higiénico** toilet paper
la **pasta dentífrica** toothpaste
el **peine** comb
la **película** film
  —**en blanco y negro** black and white film
  —**en colores** color film
el **regalo** gift
la **sábana** sheet
el **sobre** envelope
la **tos** cough
el **traje** suit

VERBOS

apurarse to hurry up
exagerar to exaggerate
gritar to shout, to scream
revelar to develop (film)
sentir(se) (e:ie) to feel

ADJETIVOS

gris grey
incómodo(a) uncomfortable
tercer(o)(a) third

OTRAS PALABRAS Y EXPRESIONES

anoche   last night
¡Caramba!   Gosh!
darse prisa   to hurry
hacerle bien a uno   to do one (some) good
No funciona.   It is out of order., It doesn't
  work.
Ten paciencia.   Be patient.

Notas culturales

1. American products are very popular in Spain and Latin America, where brand names such as Colgate and Palmolive are household words.
2. When travelling to most Spanish-speaking countries, you will need a transformer for American electrical appliances because the voltage there is 220 instead of 110.

¿Cuál es la respuesta?

Match each question in column A with the best answer in column B.

A

1. ¿Cómo puedes usar tu máquina de afeitar eléctrica en España?

2. ¿Tienes cepillo de dientes?

3. ¿Los calcetines son negros?

4. ¿Cómo te sientes?

5. ¿Venden ropa para damas?

6. ¿Necesitas pastillas para el dolor de garganta?

7. ¿Necesitas ropa interior?

8. ¿Tienen almohadas?

9. ¿No dormiste bien?

10. ¿Necesitas navajitas?

11. ¿Usaron la escalera mecánica?

12. ¿No le vas a escribir a Ana?

13. ¿Dónde está el papel higiénico?

B

_____ a. Sí, y también jarabe para la tos.

_____ b. Sí, dos calzoncillos y una camiseta.

_____ c. Sí, y crema de afeitar.

_____ ch. Lo puse en el baño.

_____ d. No, mi colchón es muy incómodo.

_____ e. Sí, si puedo conseguir un rollo de película.

_____ f. Para Luis.

_____ g. Sí. ¡Caramba! Tenemos que apurarnos.

_____ h. Sábanas.

_____ i. Sí, pero no tengo pasta dentífrica.

_____ j. Tú siempre exageras...

_____ k. No, en blanco y negro.

_____ l. Mucho mejor.

14. ¿Para quién es el traje? _____ ll. Sí. Mi coche no funciona.

15. ¿Vas a tomar fotografías? _____ m. No puedo. No tengo ni papel de carta ni sobres.

16. ¿La liquidación termina a las seis? _____ n. No, para caballeros.

17. Hugo tiene miles de discos, ¿no? _____ ñ. Tengo un transformador.

18. ¿Qué necesitas para la cama? _____ o. No, el ascensor.

19. ¿Va en ómnibus? _____ p. Sí, pero no tenemos fundas.

20. ¿Las películas son en colores? _____ q. No, grises.

¡Vamos a conversar!

A. Answer the following questions about the dialogue using complete sentences.

1. ¿Cuánto tiempo hace que Miguel y Jorge están en Madrid?

    _____

2. Jorge no pudo dormir muy bien anoche. ¿Por qué?

    _____

3. ¿Qué hizo esta mañana la dueña de la pensión?

    _____

4. ¿Qué le trajo?

    _____

    _____

5. ¿Las medicinas le hicieron bien a Jorge?

    _____

6. ¿Qué tienen hoy en El Corte Inglés?

    _____

7. ¿Qué quiere comprar Miguel?

    _____

8. ¿Qué necesita Jorge?

    _____

9. ¿Por qué tiene que levantarse Jorge?

    _____

    _____

10. ¿Qué dice Jorge de las almohadas y los colchones?

_____

_____

11. Los muchachos tienen que usar la escalera mecánica.
¿Por qué?

_____

12. ¿Qué dijo Yolanda que quería?

_____

13. ¿Qué tiene que comprar Jorge en el departamento de fotografías?

_____

_____

14. ¿Qué hacía el padre de Miguel cuando iban de vacaciones?

_____

15. ¿Puede escribir la lista de cosas que los muchachos deben comprar?

_____

_____

_____

_____

B. Now answer the following questions about yourself.

1. ¿Cómo se siente Ud.?

_____

2. ¿Qué toma Ud. para el dolor de garganta?

_____

3. ¿Qué hace Ud. cuando tiene tos?

_____

4. ¿Necesita Ud. pastillas para dormir?

_____

5. ¿Es incómodo su colchón?

_____

6. ¿Cambian Uds. las sábanas y las fundas una vez por semana? (*once a week*)

_____

7. ¿Usa crema de afeitar para afeitarse?

_____

8. ¿Qué marca de pasta dentífrica usa Ud.?

_____

9. ¿Toma Ud. muchas fotografías cuando va de vacaciones?

_____

10. ¿Prefiere tomar fotografías en colores o en blanco y negro?

_____

¿Qué falta aquí?

Using your imagination and the vocabulary learned in this lesson, complete the missing lines of this conversation.

PEDRO —_____

JOSÉ —No, ya no tengo dolor de garganta.

PEDRO —_____

JOSÉ —Anoche tomé unas pastillas y un jarabe.

PEDRO —_____

JOSÉ —Sí, podemos ir a las tiendas. Hoy hay una buena liquidación en El Encanto, y yo tengo que comprar varias cosas.

PEDRO —_____

JOSÉ —Necesito una chaqueta, calcetines, camisetas, una máquina de afeitar eléctrica y pasta dentífrica. ¿Y tú?

PEDRO —_____

JOSÉ —¿De qué color vas a comprarte el traje?

PEDRO —_____

JOSÉ —Oye, ¿qué regalo vas a comprarle a tu hermana?

PEDRO —_____

¿Qué pasa aquí?

What is going on in pictures A through F on pages 154 and 155?

A. 1. ¿Dónde estaba Julio?

_____

2. ¿Cuánto tiempo iba a estar Julio en Buenos Aires?

_____

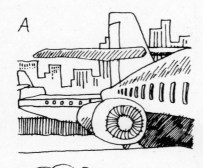

B. 1. ¿Se sentía bien Mario?

   _____

   2. ¿Qué tenía?

   _____

   3. ¿Qué le dio su mamá?

   _____

C. 1. ¿Dónde estaba Rosa?

   _____

   2. ¿Qué quería comprar?

   _____

   3. ¿Pudo subir Eva por la escalera mecánica? ¿Por qué?

   _____

   4. ¿Qué cree Ud. que Eva tomó para ir al tercer piso?

   _____

   5. ¿En qué piso estaba?

   _____

D. ¿Qué cosas necesitaba comprar Juan?

1. _____   7. _____

2. _____   8. _____

3. _____   9. _____

4. _____   10. _____

5. _____   11. _____

6. _____   12. _____

E. 1. ¿Qué se probó José?

_____

2. ¿Le quedó bien?

_____

3. ¿En qué se miró?

_____

4. ¿Cuánto costaba la chaqueta?

_____

5. ¿Qué precio tenía antes?

_____

6. ¿Estaba en liquidación la chaqueta?

_____

F. 1. ¿Cómo se llama la tienda?

_____

2. ¿En qué departamento estaba José?

_____

3. ¿Qué tenía la tienda ese día?

_____

4. ¿Qué cree Ud. que compró José?

_____

5. ¿Cuántos empleados había en la tienda?

_____

6. ¿Cree Ud. que todo es más barato hoy? ¿Por qué?

_____

Situaciones

What would you say in the following situations?

1. Someone asks you how you're feeling. Say that you weren't able to sleep well the night before because you had a sore throat. Say that you're feeling a little better now.

2. Tell your friend they're having a great sale at Sears. Ask if he/she wants to go shopping with you.

3. You're in Spain. Tell your friend you want to use your electric shaver and the transformer.

4. Complain to the hotel manager. Say that the maid didn't change the sheets or the pillowcases and that the bed is very uncomfortable.

5. Tell your doctor that the pills he/she gave you for your sore throat did you a lot of good.

6. Tell your child he/she must hurry because a friend has been waiting for half an hour.

7. Someone is yelling at you to hurry up. Tell him/her not to yell at you and add that you're coming.

Y ahora, ¿qué?

Act out the following situations with a classmate.

1. Two roommates discuss various problems, including their health, their sleep habits, and their accommodations.

2. Two friends talk about the things they need to buy.

¿Qué dice aquí?

Read the brochure below and answer the following questions.

 UN NÚMERO UNO EN MODA.

Conozca El Corte Inglés. La Primera Cadena de Grandes Almacenes del país, con la mayor selección, calidad y vanguardia en moda. Alta confección en piel y ante, tejidos, complementos y nuestras Boutiques Internacionales: Roberto Verinno, Francisco Delgado, Balenciaga, George Rech, Pierre Balmain y Guy Laroche.

TODA CLASE DE REGALOS.

Más de 500.000 artículos para regalar distribuidos en más de 200 Departamentos. Y si desea elegir un regalo típico, escoja Artesanía Española, ampliamente representada en El Corte Inglés: Guitarras, espadas toledanas, mantelerías, mantones, cerámica, etc.

LA COMODIDAD DE NUESTROS SERVICIOS.

Pensados para hacer más fáciles sus compras: Servicio de intérpretes. Cambio de moneda extranjera. Restaurantes, Buffets, Cafeterías. Envío rápido al hotel, Peluquerías, Aparcamiento, Revelado rápido de fotos, Centro de Comunicaciones. La Carta de Compras, un servicio que le evitará cargar con paquetes. Agencia de Viajes, para realizar cualquier reserva o elegir entre los más variados destinos, programas, hoteles... Siempre con un servicio profesional y esmerado.

DEVOLUCIÓN DEL IVA.

Si usted reside fuera de España, en las Islas Canarias, Ceuta o Melilla, recuerde que puede beneficiarse de la correspondiente devolución del IVA.

Solicite información a cualquiera de nuestros vendedores.

NUESTROS CENTROS

MADRID
Preciados, 3
Goya, 76 - Felipe II, 7
R.F. Villaverde, 79.
Princesa, 42 - Alberto Aguilera, 39.
BARCELONA
Plaza de Cataluña, 14.
Diagonal - Carlos III.
SEVILLA
Plaza del Duque de la Victoria, 10.
Nervión - Luis Montoto, 122.
BILBAO
Gran Vía, 9.

VALENCIA
Pintor Sorolla, 26.
Nuevo Centro - Menéndez Pidal, 15.
MURCIA
Avda. de la Libertad, s/n.
VIGO
Gran Vía, 25-27.
LAS PALMAS DE G. CANARIA
Avda. de José Mesa y López, 18.
MALAGA
Avda. Andalucía, 4-6.
ZARAGOZA
Paseo Sagasta, 3.
LA CORUÑA
Avda. Ramón y Cajal, 57-59.
VALLADOLID
P.º de Zorrilla, 130-132.

1. ¿Hay una sola tienda que se llama "El Corte Inglés", o es una cadena (*chain*)?

   _____

2. ¿Cuantos departamentos tiene El Corte Inglés?

   _____

3. ¿Venden instrumentos musicales en El Corte Inglés?

   _____

4. ¿Qué artículos típicos venden?

   _____

5. ¿Qué servicios ofrecen para turistas?

   _____

6. Además de (*Besides*) hacer compras, ¿qué más podemos hacer en El Corte Inglés?

   _____

Una actividad especial

The students will play a game of "Simon says . . ." (*Simón dice...*).

12

☐ ¡Qué mala suerte!

Hoy es martes trece, pero Anita y Daniel no son supersticiosos. Anita va a su clase en la universidad, y Daniel tiene una entrevista con un cliente. Vamos a seguir a Anita, que está en la esquina esperando el ómnibus.

ANITA —(*Grita.*) ¡Policía! ¡Socorro! ¡Ese hombre me robó la cartera!

SEÑOR —¿Qué pasó, señora? ¿Puedo ayudarla en algo?

ANITA —Aquel hombre es un ladrón. Me quitó la cartera y no pude hacer nada...

SEÑOR —Hay un teléfono público en la esquina si Ud. quiere llamar a la policía.

ANITA —¿Sabe Ud. dónde queda la estación de policía?

SEÑOR —Sí, siga derecho hasta llegar al semáforo y doble a la izquierda.

En la estación de policía, Anita habla con el oficial de guardia.

OFICIAL —¿En qué puedo servirle, señora?

ANITA —Vengo a denunciar un robo. Me robaron la cartera. Era una cartera roja, de cuero y con las iniciales A. L.

OFICIAL —Cálmese, señora. Tome asiento y dígame lo que pasó.

ANITA —Yo estaba esperando el ómnibus y un hombre vino y me quitó la cartera de la mano.

OFICIAL —¿Cómo era? ¿Puede describirlo?

ANITA —Sí, era joven, gordo y pelirrojo. Medía unos cinco pies, seis pulgadas.

OFICIAL —¿Llevaba lentes?

ANITA —Sí, y tenía barba y bigote y una cicatriz en la frente. Llevaba puesto un pantalón azul y una camisa blanca.

OFICIAL —Muy bien, señora. Firme aquí.

Mientras tanto, Daniel está hablando con un policía de tránsito.

POLICÍA —Arrime el carro a la acera y pare el motor. Déjeme ver su licencia para conducir.

DANIEL —¿Qué hice? Soy extranjero y no conozco las leyes de tránsito.

POLICÍA —Ud. iba a cincuenta millas por hora. La velocidad máxima en un barrio residencial es de treinta millas por hora.

DANIEL —Yo no sabía que por aquí tenía que manejar tan despacio.

POLICÍA —Iba muy rápido. Además, iba zigzagueando y no paró en la señal de parada.

DANIEL   —Iba zigzagueando porque casi atropellé un gato negro...

POLICÍA   —Lo siento, pero tengo que ponerle una multa... ¡Maneje con cuidado!

Esa noche Anita y Daniel estaban invitados a una fiesta, pero no quisieron ir.

DANIEL   —La fiesta es en casa del presidente de la compañía. Tú lo conociste el mes pasado.

ANITA   —Sí, pero para un martes trece ya tuvimos bastante mala suerte. ¡Nos quedamos en casa!

❖ ❖ ❖

What bad luck!

Today is Tuesday the thirteenth, but Anita and Daniel are not superstitious. Anita goes to her class at the university, and Daniel has an interview with a client. We are going to follow Anita, who is at the corner waiting for the bus.

ANITA: (*She screams.*) Police! Help! That man stole my purse!

GENTLEMAN: What happened, ma'am? May I help you in any way?

ANITA: That man is a thief. He took my purse from me and I wasn't able to do anything (about it) . . .

GENTLEMAN: There is a public phone at the corner if you want to call the police.

ANITA: Do you know where the police station is located?

GENTLEMAN: Yes, continue straight ahead until you get to the traffic light and turn left.

At the police station, Anita is talking with the officer on duty.

OFFICER: What can I do for you, ma'am?

ANITA: I('ve) come to report a robbery. They stole my purse. It was a red leather purse with the initials A. L.

OFFICER: Calm down, ma'am. Take a seat and tell me what happened.

ANITA: I was waiting for a bus and a man came and grabbed my purse out of my hand.

OFFICER: What was he like? Can you describe him?

ANITA: Yes, he was young, fat, and redheaded. He was about five feet, six inches.

OFFICER: Was he wearing glasses?

ANITA: Yes, and he had a beard and a moustache and a scar on his forehead. He was wearing blue pants and a white shirt.

OFFICER: Very well, ma'am. Sign here.

In the meantime, Daniel is talking with a traffic officer.

OFFICER: Pull over to the curb and stop the motor. Let me see your driver's license.

DANIEL: What did I do? I'm a foreigner and I don't know the traffic laws.

OFFICER: You were going fifty miles per hour. The speed limit in a residential neighborhood is thirty miles per hour.

DANIEL:	I didn't know that I had to drive so slowly around here.
OFFICER:	You were going very fast. Besides, your car was weaving and you didn't stop at the stop sign.
DANIEL:	I was weaving because I almost ran over a black cat . . .
OFFICER:	I'm sorry, but I have to give you a ticket (fine) . . . . Drive carefully!

That night Anita and Daniel were invited to a party, but they refused to go.

| DANIEL: | That party is at the house of the president of the company. You met him last month. |
| ANITA: | Yes, but for a Tuesday the thirteenth we (have already) had enough bad luck. We're going to stay home! |

▣ Vocabulario

COGNADOS

el (la) **cliente** client	el **motor** motor, engine
la **compañía** company	el (la) **presidente(a)** president
la **estación** station	**público(a)** public
la **inicial** initial	**residencial** residential
máximo(a) maximum	**supersticioso(a)** superstitious
la **milla** mile	

NOMBRES

la **acera, vereda, banqueta** (*Mex.*) sidewalk
la **barba** beard
el **barrio** neighborhood
el **bigote** moustache
la **cicatriz** scar
el **cuero** leather
la **entrevista** interview
el (la) **extranjero(a)** foreigner
la **frente** forehead
el (la) **gato(a)** cat
el (la) **ladrón(ona)** thief, burglar
la **ley** law
—**de tráfico (de tránsito)** traffic law
la **licencia para conducir (manejar)** driver's license
la **mano** hand
la **multa** (traffic) fine, ticket
el (la) **oficial de guardia** officer on duty
el **policía de tránsito (de tráfico)** traffic policeman, officer
la **pulgada** inch
el **robo** robbery
el **semáforo** traffic light
la **señal de parada** stop sign
la **suerte** luck
la **velocidad** speed
—**máxima** speed limit

ADJETIVOS

gordo(a) fat
invitado(a) invited
joven young
malo(a) bad
pasado(a) last
pelirrojo(a) redheaded
rojo(a), colorado(a) red

OTRAS PALABRAS Y EXPRESIONES

Arrime el carro a la acera. Pull over to the curb.
bastante, suficiente enough
¿Cómo es? What is he (she, it) like?
¿Cuánto mide Ud.? How tall are you? (lit., How much do you measure?)
Déjeme ver. Let me see.
despacio slow, slowly
en casa at home
ir zigzagueando to weave (car)
lo que what, that, which
llevar puesto(a) to have on, to wear
¡Maneje con cuidado! Drive carefully!
mientras tanto in the meantime, meanwhile
para (apagar) el motor to stop the motor
poner (dar) una multa to give a ticket
rápido fast
¡Socorro!, ¡Auxilio! Help!

161

VERBOS

atropellar   to run over
calmar(se)   to calm (down)
denunciar   to report (a crime)
describir   to describe
manejar, conducir   to drive
parar   to stop
pasar, suceder   to happen
quitar   to take away
robar   to steal, to rob
seguir (e:i)   to follow

Señales de tráfico (Traffic signs)

Narrow Bridge	Yield	Freeway Begins
Stop	One Way	R.R. Crossing (*ferrocarril*)
Dangerous Curve	Don't Litter	Detour
Danger	No Parking	Pedestrian Crossing

Notas culturales

1. In Spanish-speaking countries, Tuesday the thirteenth is considered to be an unlucky day. A popular Spanish saying warns: *Martes trece ni te cases ni te embarques ni de tu familia te apartes.* (On Tuesday the thirteenth, don't get married, don't get on a ship, and don't wander far from your family.)
2. The word *barrio* has a negative connotation in many parts of the United States, but among Spanish speakers it merely means "neighborhood."

¿Cuál es la respuesta?

Match each question in column A with the best answer in column B.

A		B
1. ¿Dónde hay un teléfono público?	_____ a.	No, tengo suficiente.
2. ¿Tiene barba?	_____ b.	Sí, en la frente.
3. ¿Es extranjero?	_____ c.	Porque iba zigzagueando.
4. ¿Usa anteojos?	_____ ch.	La licencia para conducir.
5. ¿Con quién es la entrevista?	_____ d.	En un barrio residencial.
6. ¿Tiene una cicatriz?	_____ e.	Sí, es de México.
7. ¿Quién te robó la cartera?	_____ f.	Sí, es alto y gordo.
8. ¿Por qué le pusieron una multa?	_____ g.	Sí, para leer.
9. ¿Quién atropelló el gato?	_____ h.	Cinco pies, diez pulgadas.
10. ¿Cuál es la velocidad máxima aquí?	_____ i.	A la acera.
11. ¿Qué necesitas para manejar?	_____ j.	En la esquina.
12. ¿Cuánto mide Ud.?	_____ k.	El joven pelirrojo.
13. ¿Qué desea Ud.?	_____ l.	No, despacio.
14. ¿Dónde viven?	_____ ll.	Vengo a denunciar un robo.
15. ¿Puede describir al ladrón?	_____ m.	Con un cliente.
16. ¿Iba muy rápido?	_____ n.	30 millas por hora.
17. ¿Necesitas más dinero?	_____ ñ.	No, tiene bigote.
18. ¿A dónde debo arrimar el carro?	_____ o.	Un ladrón.

¡Vamos a conversar!

A. We want to know what is happening to Anita and Daniel. Tell us.

1. ¿Con quién tenía Daniel una entrevista?

   _____

2. ¿Qué gritó Anita?

   _____

3. ¿Qué le robaron a Anita?

_____

4. ¿Cómo era la cartera de Anita?

_____

5. ¿Con quién habla Anita en la estación de policía?

_____

6. ¿Puede Ud. describir al ladrón?

_____

7. ¿Quién le puso una multa a Daniel?

_____

8. ¿Qué le pide el policía de tránsito a Daniel?

_____

9. ¿Por qué dice Daniel que él no conoce las leyes de tránsito?

_____

10. ¿Por qué iba Daniel muy rápido?

_____

11. ¿Dónde no paró Daniel?

_____

12. ¿Cómo dice el policía que debe manejar Daniel?

_____

13. ¿A dónde están invitados Daniel y Anita?

_____

14. ¿Por qué no quiere Anita ir a la fiesta?

_____

B. Divide into groups of two and ask each other the following questions using the *tú* form.

Pregúntele a su compañero(a) de clase...

1. ...cuáles son sus iniciales.

2. ...cuánto mide.

3. ...qué llevaba puesto ayer.

4. ...si usa lentes para leer.

5. ...si recuerda el número de su licencia para conducir.

6. ...qué debe hacer cuando llega a la señal de parada.

7. ...a qué velocidad maneja casi siempre.

8. ...si le pusieron una multa alguna vez y por qué.

9. ...si sabe dónde hay un teléfono público.

10. ...si sabe dónde queda la estación de policía.

11. ...si es supersticioso(a).

12. ...si puede describir a su mejor amigo(a).

¿Qué falta aquí?

A. **We can hear what José is saying, but we can't hear the officer.
    Provide his side of the conversation.**

    En la estación de policía:

    OFICIAL —_____

    JOSÉ —Me robaron la maleta.

    OFICIAL —_____

    JOSÉ —Yo estaba a la salida del aeropuerto esperando un taxi,
    y un hombre se llevó mi maleta.

    OFICIAL —_____

    JOSÉ —La maleta era negra. Era una maleta pequeña.

    OFICIAL —_____

    JOSÉ —Sí, el hombre era alto y muy delgado.

    OFICIAL —_____

    JOSÉ —No, no usaba lentes, pero tenía barba y una cicatriz en
    la frente.

    OFICIAL —_____

    JOSÉ —Llevaba puestos pantalones negros y una camisa verde.

    OFICIAL —_____

B. **Now we can hear the woman, but we can't hear the police officer.
    Provide his side of the conversation.**

    Con el policía de tránsito:

    POLICÍA —_____

    SEÑORA —Aquí tiene mi licencia. Pero, ¿qué hice?

    POLICÍA —_____

165

SEÑORA	—Yo no vi el semáforo.
POLICÍA	—_____
SEÑORA	—No, yo no iba a cincuenta millas por hora. Yo iba más despacio.
POLICÍA	—_____
SEÑORA	—Yo no sabía que por aquí tenía que manejar a veinte y cinco millas por hora.
POLICÍA	—_____
SEÑORA	—Yo no vi ningún gato.

¿Qué pasa aquí?

What is going on in pictures A through F?

A. 1. ¿Por qué tiene miedo Juan?

_____

2. ¿Es supersticioso?

_____

B. 1. ¿Cuál es la velocidad máxima?

_____

2. ¿A qué velocidad iba el carro?

_____

3. ¿Iba zigzagueando?

_____

4. ¿Qué cree Ud. que va a hacer el policía? ¿Por qué?

_____

C. 1. ¿En qué calle estaba Eva?

_____

2. ¿Qué estaba haciendo allí?

_____

3. ¿Qué hora era?

_____

4. ¿Qué pasó?

_____

5. ¿Qué gritó Eva?

_____

6. ¿Qué iniciales tenía la cartera?

_____

7. ¿Cómo era el ladrón?

_____

8. ¿Iba caminando muy despacio el ladrón?

_____

D. 1. ¿Paró el coche en la señal de parada?

_____

2. ¿Atropelló al perro (*dog*)?

_____

3. ¿Por qué debe manejar con cuidado la persona que va en el carro?

_____

E. 1. ¿A dónde estaba invitada Lola?

_____

2. ¿Fue a la fiesta?

_____

3. ¿Qué hizo?

_____

4. ¿Qué está haciendo ahora?

_____

F. 1. ¿Conocía Ana al director?

_____

2. ¿Cuándo lo conoció?

_____

3. ¿Qué le dijo Ana al director?

_____

4. ¿Qué le dijo el director a Ana?

_____

¿Recuerda las señales de tráfico?

Which sign must you be aware of when you find yourself in the following situations?

1. Viene un tren.

   _____

2. Ud. quiere estacionar su coche.

   _____

3. Hay varias personas cruzando la calle (*crossing the street*).

   _____

4. Ud. va a cruzar un puente.

   _____

5. Ud. va a entrar en la autopista.

   _____

6. Ud. tiene unos papeles y quiere botarlos (*get rid of them*).

   _____

7. Ud. llega a una intersección.

   _____

8. Ud. tiene que decidir qué dirección debe tomar.

   _____

9. Ud. ve un lugar peligroso (*dangerous*).

   _____

10. Ud. está bajando una montaña (*mountain*).

    _____

Situaciones

What would you say in the following situations? What might the other person say?

1. You are a police officer. Tell someone to pull over to the curb and stop the motor. Say you want to see his/her driver's license.

2. You were robbed. Tell a police officer that the man who stole your leather suitcase had a beard and a moustache, and a scar on his forehead. He was wearing gray pants and a red shirt, was about 6 feet, 2 inches tall and very fat.

3. Someone is very nervous. Tell him/her to calm down and tell you what happened. Say that there is a public phone in the store if he/she wants to call the police.

4. Your friend is very superstitious. Tell him/her it is not bad luck to see a black cat.

5. You are a police officer. Tell a driver that the speed limit in a residential zone (neighborhood) is 25 miles per hour. Say also that he/she must study the traffic laws.

6. You are reporting a reckless driver. Tell the police officer the driver was going so fast that he/she almost ran over you.

Y ahora, ¿qué?

Act out the following situations with a classmate.

1. A person who was robbed tells a police officer what happened.

2. A police officer talks to someone he/she stopped for speeding.

¿Qué dice aquí?

You are a police officer answering several questions about one of your cases. Base your answers on the police report on page 171.

1. ¿Cómo se llama la victima y dónde vive?

   _____

2. ¿Qué vino a denunciar la señora?

   _____

3. ¿Qué día y a qué hora ocurrió (*happened*) el robo?

   _____

4. ¿Dónde ocurrió el robo?

   _____

5. ¿La persona que le robó a la señora era hombre o mujer?

   _____

6. ¿Cómo era?

   _____

7. ¿Qué edad tenía y cuánto medía más o menos?

   _____

8. ¿De qué raza (*race*) era?

   _____

9. ¿Tenía una cicatriz? ¿Un tatuaje (*tatoo*)? ¿Dónde?

   _____

10. ¿Qué ropa llevaba puesta?

_____

DEPARTAMENTO DE POLICIA DE SAN JUAN

Caso Número __38__

Lugar donde ocurrío el hecho: __Calle Quinta__

Fecha: __8 - 5 - 92__   Hora: __10 A.M.__

Información sobre la víctima:

Nombre y apellidos __Carmen Montejo__

Direccíon __Martí 26 - San Juan__

Información sobre el (los) sospechoso(s):

Nombre y apellidos _____

Direccíon _____

_____

Teléfono _____

Lugar donde trabaja _____

_____

Descripción del delito __Robo de una cartera__

_____

Descripcíon del (de los) sospechoso(s):

Sexo __M__   Estatura __5.8__   Peso __200L__   Edad __20 años__ Raza __blanca__

Pelo __rubio__   Ojos __verdes__   Barba __sí__   Bigote __sí__

Defectos físicos __NO__

Cicatrices __sí, en la frente__   Tatuajes __sí, en el brazo__

Descripción de las ropas __PANTALÓN MARRÓN, CAMISA AZUL,__

__ZAPATOS NEGROS__

_____

_____

_____

Una actividad especial

Two students stand on two different "street corners," where they are robbed by two different thieves (if possible, one male and one female). The victims both scream for help. Two other people come to their aid and give them directions on how to get to the police station, where the victims report the robbery to different police officers. The remaining students act as witnesses and help describe the two thieves.

¡VAMOS A LEER!

Noticias policiales°

	noticias policiales police news

Violación°

Una señora fue violada° en su domicilio por un desconocido° que la amenazó° con un cuchillo. La policía sospecha° que es el mismo° hombre que violó a otras mujeres en ese barrio el mes pasado.

violación   rape

violada   raped
desconocido   stranger / **amenazó**   (he) threatened
sospecha   (it) suspects / **mismo**   same

Homicidio

Anoche el chofer de la famosa actriz Lola Alvarado la encontró muerta° en el garaje de su casa. La policía arrestó al ex-esposo de la actriz, acusándolo de homicidio.° Un vecino declaró que lo vio salir de la casa a la hora del crimen.

muerto(a)   dead

homicidio   murder

Incendio premeditado°

La policía detuvo anoche al dueño del restaurante "La Terraza", acusándolo de prenderle fuego° a su negocio intencionalmente para cobrar° el seguro.° El fuego destruyó el restaurante totalmente. Dos bomberos° sufrieron quemaduras.°

incendio premeditado   arson (**incendio**   fire)

prender fuego   to set fire
cobrar   to collect / **seguro**   insurance
bomberos   firefighters
quemaduras   burns

After reading the police news answer the following questions.

1. ¿Qué le pasó a la primera señora?

   _____

2. ¿Con qué la amenazó el desconocido?

   _____

3. ¿Qué sospecha la policía?

   _____

4. ¿Dónde encontraron muerta a la actriz Lola Alvarado? ¿Quién la encontró?

   _____

   _____

5. ¿A quién arrestó la policía?

   _____

6. ¿De qué acusó la policía al ex-esposo de la actriz?

   _____

7. ¿Qué declaró un vecino?

_____

8. ¿A quién acusó la policía del incendio del restaurante
"La Terraza"?

_____

9. ¿Por qué le prendió fuego a su negocio?

_____

10. ¿Quiénes sufrieron quemaduras en el incendio?

_____

13

🖭 *Al volante*

Hoy es sábado. Daniel y Anita no durmieron bien anoche, pensando en los problemas del día anterior. La criada les sirvió el desayuno en la terraza. Después decidieron ir de picnic y luego a ver un partido de fútbol. A los dos les gustan mucho los deportes.

DANIEL —Debo ir a una estación de servicio para comprar gasolina. El tanque está casi vacío y nos hace falta aceite. A la vuelta de la esquina hay una gasolinera. ¿Vamos?

En la estación de servicio:

DANIEL —Llene el tanque, por favor. Y déme aceite también.
EMPLEADO —Muy bien, señor. ¿Qué marca de aceite quiere?
DANIEL —Móbil. ¡Ah! Necesito un limpiaparabrisas nuevo. Éste no sirve. ¡Ah! Limpie el parabrisas y póngale agua al radiador, por favor.

Daniel acaba de pagar y se prepara para irse, pero el carro no arranca.

DANIEL —*(Llama al empleado.)* ¡Señor! ¡El motor no arranca! ¿Hay un mecánico aquí?
EMPLEADO —No, señor. ¿Es Ud. socio del club automovilístico? Ellos tienen una grúa para remolcar el carro.
DANIEL —Sí, voy a llamarlos ahora mismo. *(A Anita.)* ¡Acabamos de comprar este carro y ya está descompuesto!

En el taller de mecánica:

MECÁNICO —*(Levanta el capó.)* Bueno, Ud. necesita una batería nueva, señor.
DANIEL —¿Eso era todo?
MECÁNICO —No, también tiene una goma pinchada... y el carburador está muy sucio.
DANIEL —¡Qué lío! ¡Ah! ¿Por qué no revisa los frenos, por favor? No funcionan bien.
MECÁNICO —*(Después de revisar los frenos.)* Sí, va a tener que dejar el carro aquí, señor. Voy a tener que arreglar los frenos.
DANIEL —¿Cuándo va a estar listo?
MECÁNICO —El lunes, si no necesitamos algunas piezas de repuesto.
DANIEL —Bueno, voy a sacar unos mapas del portaguantes y unas cosas del maletero y se lo dejo. ¡Ah! Me hace falta un gato...

MECÁNICO	—Nosotros no vendemos gatos, señor.
ANITA	—(*A Daniel.*) ¿No pasamos por un parque muy bonito cuando veníamos para acá? ¡Podemos almorzar allí!
DANIEL	—Buena idea, porque me duele el estómago. ¡Me estoy muriendo de hambre!

Empiezan a caminar hacia el parque cuando ven que un carro choca con una motocicleta. Corren a ver qué pasó. Hay un muchacho en el pavimento. Le sangra mucho la cabeza.

DANIEL	—(*Grita.*) ¡Hubo un accidente! ¡Llamen una ambulancia!
ANITA	—Aquí viene un policía de tránsito. (*Al policía.*) El hombre que manejaba el carro tuvo la culpa. Se pasó la luz roja. Yo anoté el número de la chapa.
POLICÍA	—¿Cuál es su número de teléfono? Voy a necesitarlos como testigos.

❖ ❖ ❖

At the wheel

Today is Saturday. Daniel and Anita didn't sleep well last night, thinking about the problems of the previous day. The maid served them breakfast on the terrace. After having breakfast, they decided to go on a picnic and then to see a soccer game in the afternoon. They both like sports very much.

DANIEL:	I have to go to a service station to buy gasoline. The tank is almost empty and we also need oil. There's a service station around the corner. Shall we go?

At the service station:

DANIEL:	Fill the tank, please. And give me (some) oil, too.
ATTENDANT:	Very well, sir. What brand of oil do you want?
DANIEL:	Mobil. Oh! I need a windshield wiper. This one is no good. Oh! Clean the windshield and put water in the radiator, please.

Daniel has just paid and gets ready to leave, but the car won't start.

DANIEL:	(*He calls the attendant.*) Sir! The motor won't start! Is there a mechanic here?
ATTENDANT:	No, sir. Are you a member of the auto club? They have a tow truck to tow the car.
DANIEL:	Yes, I'm going to call them right now. (*To Anita.*) We've just bought this car and it's already broken down!

At the repair shop:

MECHANIC:	(*He raises the hood.*) Well, you need a new battery, sir.
DANIEL:	That was all?
MECHANIC:	No, you also have a flat tire and the carburetor is very dirty.
DANIEL:	What a mess! Oh! Why don't you check the brakes, please? They don't work well.

MECHANIC:	(*After checking the brakes.*) Yes, you're going to have to leave the car here, sir. I'm going to have to fix the brakes.
DANIEL:	When is it going to be ready?
MECHANIC:	Monday, if we don't need any spare parts.
DANIEL:	Well, I'm going to take some maps out of the glove compartment and a few things from the trunk and I'll leave it with you. Oh! I need a jack . . . .
MECHANIC:	We don't sell jacks, sir.
ANITA:	(*To Daniel.*) Didn't we go by a very beautiful park when we were coming this way? We can have lunch there!
DANIEL:	Good idea, because my stomach hurts. I'm starving to death!

They start walking towards the park when they see a car colliding with a motorcycle. They run to see what happened. There is a young man on the pavement. His head is bleeding a lot.

DANIEL:	(*He shouts.*) There's been (there was) an accident! Call an ambulance!
ANITA:	Here comes a police officer. (*To the officer.*) The man who was driving the car was at fault. He went through a red light. I wrote down the license number.
OFFICER:	What's your phone number? I'm going to need you as witnesses.

▨ Vocabulario

COGNADOS

el **accidente** accident
la **ambulancia** ambulance
la **batería**[1] battery
el **carburador** carburetor
el **estómago** stomach
el **fútbol** soccer, football
la **gasolina** gasoline

el (la) **mecánico(a)** mechanic
el **parque** park
el **picnic** picnic
el **radiador** radiator
el **tanque** tank
la **terraza** terrace

NOMBRES

el **aceite** oil
la **cabeza** head
el **capó** hood
el **club automovilístico** auto club
la **chapa, placa** license plate
el **deporte** sport
la **estación de servicio, gasolinera** service station
el **freno** brake
el **gato** jack
la **goma, llanta, el neumático** tire
—**pinchada** (**ponchada,** *Mex. & Cuba*) flat tire

la **grúa, el remolcador** tow truck
el **limpiaparabrisas** windshield wiper
la **luz** light
el **maletero** trunk (of a car)
la **marca** brand
el **parabrisas** windshield
el **partido** game, match
el **pavimento** pavement
la **pieza de repuesto** spare part
el **portaguantes** glove compartment
el (la) **socio(a), miembro** member
el **taller de mecánica** repair shop
el (la) **testigo** witness
el **volante** steering wheel

---

[1] Also, el **acumulador.**

177

VERBOS

arrancar to start (a motor)
arreglar to fix
chocar (con) to collide (with)
doler (o:ue) to hurt, to ache
funcionar to work, to function
gustar to like, to be pleasing to
levantar to raise
limpiar to clean
llenar to fill
prepararse to get ready
remolcar to tow
sangrar to bleed

ADJETIVOS

anterior previous
descompuesto(a) broken (down), out of order
listo(a) ready
sucio(a) dirty
vacío(a) empty

OTRAS PALABRAS Y EXPRESIONES

a la vuelta de la esquina around the corner
acabar de to have just
hacer falta to need, to lack
hacia toward
Hubo un accidente. There was an accident.
No sirve. It's no good., It's useless.
para acá towards here, on the way here
¡Qué lío! What a mess!
tener la culpa to be at fault

Notas culturales

1. Soccer is the most popular sport in Spain and in Latin America. Baseball enjoys a strong following in the Caribbean region, and *jai alai* is very popular in Spain, Mexico, and Cuba.
2. In large cities like Madrid, Caracas, Mexico City, and Buenos Aires, the large number of cars on the road now causes serious smog problems. In contrast, in the surrounding areas of these cities, there are many remote places without roads, or where the existing ones are in very poor condition, where some people use more traditional means of transportation.
3. In most Hispanic countries, automobiles and gasoline are extremely expensive. For this reason, motorcycles and minibikes are widely used, especially among young people.

¿Cuál es la respuesta?

Match each question in column A with the best answer in column B.

A

1. ¿Dónde hay una gasolinera?

2. ¿Vas a llenar el tanque?

3. ¿Cómo van a remolcar el coche?

4. ¿Cuál es el número de la chapa? ¿Lo anotaste?

5. ¿Qué marca de aceite usa?

6. ¿El coche no funciona?

B

_____ a. Sí, 843-548.

_____ b. Sí, es uno de los testigos.

_____ c. Ahora mismo.

_____ ch. Sí, y siempre los llamo cuando tengo problemas con el coche.

_____ d. No. Ya estoy lista.

_____ e. Unas piezas de repuesto.

178

7. ¿Cuál es tu deporte favorito?   _____ f. Sí. ¡Qué lío! Voy a llamar al club automovilístico.

8. ¿Dónde pusiste el mapa?   _____ g. Levantó el capó y miró el motor.

9. ¿Ud. es socio del club automovilístico?   _____ h. Sí, y casi tuvo un accidente.

10. ¿Luis vio lo que pasó?   _____ i. Sí. Está casi vacío.

11. ¿Los frenos no funcionan y tienes una goma pinchada?   _____ j. Sí. Está muy sucio.

12. ¿Hubo un accidente?   _____ k. Móbil.

13. ¿Cuándo vas a llevar el coche al taller de mecánica?   _____ l. En el maletero.

14. ¿Vas a prepararte para salir?   _____ ll. Con una grúa.

15. ¿Vas a limpiar el parabrisas?   _____ m. Un coche chocó con una motocicleta.

16. ¿Qué hizo el mecánico?   _____ n. No; está descompuesto.

17. ¿Dónde está el gato?   _____ ñ. Sí. Llamen una ambulancia.

18. ¿Qué necesitan para arreglar el coche?   _____ o. En el portaguantes.

19. ¿Qué sucedió?   _____ p. A la vuelta de la esquina.

20. ¿Se pasó la luz roja?   _____ q. El tenis.

¡Vamos a conversar!

A. **Answer the following questions about the dialogue using complete sentences.**

1. ¿En qué estuvieron pensando Daniel y Anita anoche?

   _____

2. ¿Para qué debe ir Daniel a la gasolinera?

   _____

3. ¿Qué marca de aceite quiere Daniel?

   _____

4. ¿Qué necesita el coche de Daniel?

   _____

5. ¿Qué revisó el mecánico?

   _____

6. ¿Qué va a sacar Daniel del portaguantes?

   _____

7. ¿Qué le hace falta a Daniel?

   _____

8. ¿Por qué le duele el estómago a Daniel?

   _____

9. ¿Qué hizo el hombre que manejaba el carro?

   _____

10. ¿Por qué va a necesitar el policía a Anita y a Daniel?

    _____

B. **Now answer the following questions about yourself.**

   1. ¿Durmió Ud. bien anoche?

      _____

   2. ¿Le hace falta aceite a su carro?

      _____

   3. ¿Hay una gasolinera a la vuelta de la esquina?

      _____

   4. ¿Qué marca de aceite prefiere Ud.?

      _____

   5. ¿Qué usa Ud. para limpiar el parabrisas de su coche?

      _____

   6. ¿Sabe Ud. el número de la chapa de su carro?

      _____

   7. ¿Es Ud. socio(a) de algún club automovilístico?

      _____

   8. ¿Cuánto pagó Ud. por su carro?

      _____

   9. Cuando su carro está descompuesto, ¿lo arregla Ud.?

      _____

   10. ¿Tiene Ud. un gato en el maletero?

       _____

11. ¿Funcionan bien los frenos de su carro?

_____

12. ¿Tiene Ud. mapas en el portaguantes? ¿De qué lugares?

_____

¿Qué falta aquí?

Using your imagination and the vocabulary learned in this lesson, complete the missing lines of these conversations.

A. *En la estación de gasolina:*

EMPLEADO —¿En qué puedo servirle, señora?

SEÑORA —_____

EMPLEADO —¿Lleno el tanque?

SEÑORA —_____

EMPLEADO —¿Qué marca de aceite quiere?

SEÑORA —_____

EMPLEADO —Sí, necesita otro limpiaparabrisas.

SEÑORA —_____

EMPLEADO —No señora. No le hace falta agua al radiador.

SEÑORA —_____

EMPLEADO —¿No arranca? Lo siento, señora, pero el mecánico está de vacaciones.

SEÑORA —_____

EMPLEADO —Una grúa puede remolcar el carro hasta allá.

B. *En el taller de mecánica:*

SEÑORA —Mi carro no arranca. ¿Cuál es el problema?

MECÁNICO —_____

SEÑORA —¡Pero la batería es nueva!

MECÁNICO —_____

SEÑORA —¡Qué lío! ¿También tiene el carburador sucio? No es posible...

MECÁNICO —_____

SEÑORA —¿Puede revisar los frenos, por favor? No funcionan muy bien.

MECÁNICO — _____

SEÑORA —¿Cuándo va a estar listo el coche?

MECÁNICO — _____

¿Qué pasa aquí?

What is going on in pictures A through F on page 183?

A. 1. ¿Cómo durmió Julio anoche?

_____

2. ¿En qué estaba pensando?

_____

3. ¿Por qué cree Ud. que Julio estaba pensando en comida?

_____

B. 1. ¿Dónde sirvió la criada el almuerzo?

_____

2. ¿Qué hora era?

_____

C. 1. ¿Le gustan a Mario los deportes?

_____

2. ¿Qué le gusta hacer a Mario?

_____

D. 1. ¿Adónde va Ana?

_____

2. ¿Para qué va Ana a la gasolinera?

_____

3. ¿Cuánto cuesta la gasolina?

_____

4. ¿Tiene algún otro problema el carro de Ana?

_____

E. 1. ¿Quién está al volante?

_____

2. ¿Cuánto pagó Eva por el carro?

_____

183

3. ¿Qué hizo el mecánico?

_____

4. ¿Qué piensa el mecánico que el carro necesita?

_____

F. 1. ¿Qué pasó?

_____

2. Describa el accidente.

_____

_____

3. ¿Qué va a hacer Juan?

_____

4. ¿Qué va a hacer Lola?

_____

5. ¿Qué son Juan y Lola?

_____

Situaciones

What would you say in the following situations? What might the other person say?

1. You are a mechanic. Tell your customer to raise the hood. Say the carburetor is very dirty.

2. Tell the mechanic the car won't start. Ask if he/she can fix it.

3. You are a police officer. Ask someone what his/her phone number is. Say you're going to need him/her as a witness.

4. Someone offers you a drink. Say you've just drunk a Coke.

5. Tell a paramedic that your friend's head is bleeding. A car ran into him/her and he's/she's lying on the pavement.

6. You are a police officer. Ask a witness whether he/she wrote down the number of the license plate of the car that was going toward the park.

7. Ask your friend if he/she knows what happened. Say he/she must call the auto club right away.

8. There has been an accident. Ask a witness who was at fault.

9. Tell the doctor you weren't able to sleep yesterday because you were thinking about all the problems of the previous day.

10. Tell someone your car has a flat tire. Ask him/her for a jack.

Y ahora, ¿qué?

Act out the following situations with a classmate.

1. A gas station attendant waits on a customer.

2. A mechanic talks to a customer who has all kinds of problems with his/her car.

¿Qué dice aquí?

Your friend needs car repairs. Answer his/her questions according to the ad below.

1. ¿Cómo se llama el taller?

   _____

2. ¿Cuál es la especialidad del taller?

   _____

3. ¿Hace mucho tiempo que Carlos Alonso trabaja con coches?

   _____

4. ¿A qué número debo llamar para hablar con el señor Alonso?

   _____

5. Si arreglan la transmisión de mi coche, ¿cuánto tengo que pagar?

   _____

6. ¿Cuánto tiempo dura (*lasts*) la garantía?

   _____

7. ¿Qué hacen en el taller por $24.95?

_____

8. ¿Tengo que pagar por el estimado?

_____

9. ¿Aceptan tarjetas de crédito en Alonso Transmissions?

_____

Una actividad especial

1. Set up two service stations and two repair shops in the classroom. There should be two or three students working in each place as attendants and mechanics. The rest of the students play the roles of customers. Each customer should go to both the service station and the repair shop.

2. Stage an accident. Give the details (speed limit, where the accident took place, vehicles involved, traffic signs, traffic lights, etc.). The members of the class are the witnesses and will try to decide whose fault it was and why it happened.

14

Viajando por tren

Hoy hace un mes que Mario y David llegaron a Madrid. Ahora han decidido viajar por el sur de España pues desean conocer Andalucía. En este momento están en la estación de trenes.

En el despacho de boletos:

MARIO	—¿Cuándo hay trenes para Sevilla?
EMPLEADO	—Hay dos trenes diarios: uno por la mañana y uno por la noche. El tren de la noche es expreso.
MARIO	—(*A David.*) ¿Sacamos pasaje para el rápido?
DAVID	—Sí, pero entonces necesitamos literas. (*Al empleado.*) ¿Lleva el tren coche cama?
EMPLEADO	—Sí, señor. Lleva coche cama y coche comedor.
MARIO	—Queremos dos literas, una alta y una baja.
EMPLEADO	—¿Quieren el pasaje de ida o de ida y vuelta? El pasaje de ida y vuelta tiene una tarifa especial. Les damos un veinte por ciento de descuento.
DAVID	—¿Por cuánto tiempo vale el boleto de ida y vuelta?
EMPLEADO	—Por seis meses, señor.
DAVID	—Bueno, déme dos pasajes de ida y vuelta para el sábado, y un itinerario.
EMPLEADO	—Sí, un momentito. Aquí tiene los boletos y el vuelto.
MARIO	—¡Ah! No tenemos que trasbordar, ¿verdad?
EMPLEADO	—No, señor.

El día del viaje:

DAVID	—¿De qué andén sale el tren?
MARIO	—Del número cuatro, pero el empleado me ha dicho que tiene una hora de atraso.
DAVID	—Bueno, entonces tengo tiempo para comprar una tarjeta postal para Yolanda.
MARIO	—Pero, ¿no le habías escrito ya?
DAVID	—Sí, pero quiero mandarle una tarjeta del Museo del Prado.

Después de un largo viaje, Mario y David han llegado a Sevilla.

DAVID	—¡Uf! Nunca había pasado una noche tan mala. No dormí nada.
MARIO	—Pues yo he dormido bien. Oye, tu maleta tiene la cerradura rota.
DAVID	—Ya lo sé. Voy a comprar una nueva aquí. Ésta está muy vieja.

Alquilando un coche:

DAVID	—Queremos alquilar un coche compacto de dos puertas.
MARIO	—¿Cobran Uds. por los kilómetros?
EMPLEADO	—Depende. Si lo alquila por día, sí; si lo alquila por semana, no. ¿Desea un coche automático o un coche de cambios mecánicos?
DAVID	—Preferimos un coche automático. ¿Aceptan Uds. tarjetas de crédito?
EMPLEADO	—No, señor; tiene que pagar en efectivo. ¿Va a sacar seguro?
MARIO	—Sí, es mejor estar asegurado.
EMPLEADO	—Bueno, llene esta planilla, por favor.
MARIO	—Señor, nosotros somos ciudadanos chilenos. ¿Necesitamos un permiso especial para manejar aquí en España?
EMPLEADO	—No, señor. Su licencia para conducir es suficiente.

La tarjeta que David le envía a Yolanda:

Querida Yolanda:

Ayer fuimos al Museo del Prado. ¡Nunca había visto tantos cuadros° de pintores° famosos!

España es un país maravilloso.° Tiene paisajes° hermosísimos. Vimos las montañas° de la Sierra de Guadarrama y mañana veremos el río° Guadalquivir.

Te voy a escribir desde Sevilla.

Como siempre,
David

Srta. Yolanda Peña
Ave. Italia 4235
Montevideo,
Uruguay

ESPAÑA

❖ ❖ ❖

Traveling by train

Mario and David arrived in Madrid a month ago today. Now they have decided to travel in the south of Spain because they want to see (know) Andalucia. At this moment they are at the train station.

At the ticket office:

MARIO:	When are there trains to Seville?
CLERK:	There are two trains daily: one in the morning and one in the evening. The evening train is an express.
MARIO:	(*To David.*) Shall we buy tickets for the express train?
DAVID:	Yes, but then we'll need berths. (*To the clerk.*) Does the train have a sleeper car?
CLERK:	Yes, sir. It has a sleeper car and a dining car.
MARIO:	We want two berths, an upper (berth) and a lower (berth).

CLERK:	Do you want one-way or round-trip tickets? The round-trip has a special rate. We give you a twenty percent discount.
DAVID:	How long is the round-trip good for?
CLERK:	For six months, sir.
DAVID:	Okay, give me two round-trip tickets for Saturday, and a train schedule.
CLERK:	Yes, just a moment. Here are your tickets and the change.
MARIO:	Oh! We don't have to transfer, do we?
CLERK:	No, sir.

On the day of the trip:

DAVID:	What platform does the train leave from?
MARIO:	From number four, but the clerk has told me that it is an hour behind schedule.
DAVID:	Okay, then I have time to buy a postcard for Yolanda.
MARIO:	But hadn't you written to her already?
DAVID:	Yes, but I want to send her a card of the Prado Museum.

After the long trip, Mario and David have arrived in Seville.

DAVID:	Gosh! I have never spent such a bad night. I didn't sleep at all.
MARIO:	Well, I slept well. Listen, the lock on your suitcase is broken.
DAVID:	I know. I am going to buy a new one here. This one is very old.

Renting a car:

DAVID:	We want to rent a two-door, compact car.
MARIO:	Do you charge for mileage (kilometers)?
CLERK:	It depends. If you rent it by the day, we do; if you rent it by the week, we don't. Do you want an automatic or a standard shift?
DAVID:	We prefer an automatic. Do you accept credit cards?
CLERK:	No, sir. You have to pay cash. Are you going to take out insurance?
MARIO:	Yes, it's better to be insured.
CLERK:	Okay, fill out this form, please.
MARIO:	Sir, we are Chilean citizens. Do we need a special permit to drive here in Spain?
CLERK:	No, sir. Your driver's license is sufficient.

Vocabulario

COGNADOS

automático(a)	automatic	**expreso(a)**	express
compacto(a)	compact	el **kilómetro**	kilometer
especial	special		

NOMBRES

el **andén**	(railway) platform	el **cuadro**	painting
la **cerradura**	lock	el **descuento**	discount
el (la) **ciudadano(a)**	citizen	el **despacho de boletos**	ticket office
el **coche cama**	sleeper car (Pullman)	**España**	Spain
el **coche comedor**	dining car	la **estación de trenes**	railroad station

189

NOMBRES (Continued)

el **itinerario, horario**   schedule, timetable,
   itinerary
la **litera**   berth
  —**alta**   upper berth
  —**baja**   lower berth
la **montaña**   mountain
el **país**   country
el **paisaje**   landscape
el **permiso**   permit
el (la) **pintor(a)**   painter
la **planilla**   form
el **rápido, expreso**   express (train)
el **río**   river
el **sur**   south
la **tarifa**   rate
el **tiempo**   time
el **tren**   train
el **vuelto, cambio**   change

VERBOS

depender (de)   to depend (on)
trasbordar   to change (trains, buses, etc.)

OTRAS PALABRAS Y EXPRESIONES

ayer   yesterday
como siempre   as always
de cambios mecánicos   standard shift
en efectivo   in cash
No dormí nada.   I didn't sleep at all.
No hay apuro (prisa).   There's no hurry.
por   by
por ciento   percent
¿Por cuánto tiempo vale (es válido)?   How
  long is it good (valid) for?
pues   for, because
sacar pasaje   to buy (get) a ticket
sacar seguro   to take out insurance
tan...   such a . . .
tener... de atraso (retraso)   to be . . . behind
  (schedule)
un momento   just a moment
¿Verdad?   True?, Right?
ya   already
Ya lo sé.   I (already) know it.

ADJETIVOS

asegurado(a)   insured
diario(a)   daily
maravilloso(a)   wonderful
roto(a)   broken
viejo(a)   old

Los puntos cardinales

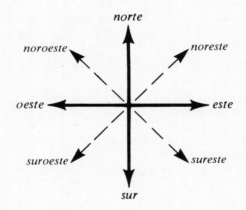

Notas culturales

1. Spain has an excellent transportation system. Its national railroad, *RENFE (La Red Nacional de Ferrocarriles Españoles)*, includes some of the fastest and most comfortable trains in Europe. The best ones are *El Talgo* and *El Ter*.
2. The famous *Museo del Prado* is located in a splendid eighteenth-century building. Its collection includes paintings from the twelfth to the eighteenth centuries and works of such famous Spanish painters as El Greco, Velázquez, Ribera, Murillo, and Goya, as well as other European painters like Bosch, Van Eyck, and Rembrandt.

¿Cuál es la respuesta?

Match each question in column A with the best answer in column B.

A

1. ¿Cuánto le dieron de vuelto en la estación de trenes?

2. ¿Qué descuento te hicieron?

3. ¿Tienes una litera baja?

4. ¿Cobran Uds. por los kilómetros?

5. ¿Están en el coche cama?

6. ¿De qué anden sale el tren?

7. ¿De qué país son ciudadanos?

8. ¿En qué tren vas a viajar?

9. ¿Tiene un coche automático grande?

10. ¿Viven en el sur de España?

11. ¿Por cuánto tiempo vale el boleto?

12. ¿Está asegurado su coche?

13. ¿Qué le pidió al empleado?

14. ¿Va a llegar el tren a las diez?

15. ¿Pagaste con tarjeta de crédito?

16. ¿Dormiste bien?

17. ¿Por qué no llevaste tu maleta?

18. ¿Necesito un permiso especial?

19. ¿Quién fue Picasso?

20. ¿Cómo fue tu viaje?

21. ¿Vas de vacaciones a las montañas?

22. ¿Dónde viste esos cuadros?

B

_____ a. Eso depende de si lo alquila por día o por semana.

_____ b. Un gran pintor español.

_____ c. Por seis meses.

_____ ch. Porque la cerradura está rota.

_____ d. No, compacto de cambios mecánicos.

_____ e. Maravilloso.

_____ f. No, tengo que sacar seguro.

_____ g. No, en el coche comedor.

_____ h. No, a las doce. Tiene dos horas de atraso.

_____ i. El veinte por ciento.

_____ j. No, en efectivo.

_____ k. No, éste es suficiente.

_____ l. No, no dormí nada.

_____ ll. En el museo.

_____ m. No, en el norte.

_____ n. No, alta.

_____ ñ. Cinco dólares.

_____ o. Del número tres.

_____ p. Sí, como siempre.

_____ q. De Chile.

_____ r. Un itinerario.

_____ s. En el rápido.

¡Vamos a conversar!

A. **Answer these questions about the dialogue using complete sentences.**

1. ¿Cuánto tiempo hace que Mario y David llegaron a Madrid?

_____

2. ¿Qué parte de España desean conocer ahora?

_____

3. ¿Con quién hablan en el despacho de boletos?

_____

4. ¿Cuántos trenes diarios hay a Sevilla?

_____

5. ¿Pueden Mario y David dormir en el tren? ¿Por qué?

_____

6. ¿Dónde pueden comer en el tren?

_____

7. ¿Qué pasaje tiene una tarifa especial?

_____

8. ¿Por cuánto tiempo vale el boleto de ida y vuelta?

_____

9. ¿Qué le da el empleado a Mario?

_____

10. ¿Van a hacer un viaje directo Mario y David? ¿Por qué?

_____

11. ¿Cuánto tiempo de atraso tiene el tren?

_____

12. ¿Qué le va a mandar David a Yolanda?

_____

13. ¿Durmió bien David?

_____

14. ¿Por qué va a comprar David una maleta nueva?

_____

15. ¿Qué tipo de coche quieren alquilar Mario y David?

_____

16. Si Mario y David alquilan el coche por una semana, ¿deben pagar por los kilómetros?

_____

17. ¿Pueden pagar con tarjeta de crédito por el coche?

_____

18. ¿Por qué van a sacar seguro?

_____

19. ¿Necesitan un permiso especial para conducir en España o sus licencias son suficientes?

_____

20. ¿Le gustó España a David? ¿Qué dice de ella?

_____

21. ¿Dónde vio David cuadros de pintores famosos?

_____

22. ¿Qué montañas vieron David y Mario?

_____

B. **Divide into groups of two and ask each other the following questions using the *tú* form.**

Pregúntele a su compañero(a) de clase...

1. ...qué país desea conocer.

2. ...si ha viajado por España alguna vez. ¿En qué parte? ¿Por dónde?

3. ...si cuando viaja en tren prefiere una litera alta o baja.

4. ...si cuando va de vacaciones les envía tarjetas postales a sus amigos.

5. ...si sus padres viven en el norte, en el sur, en el este o en el oeste de los Estados Unidos.

6. ...si es ciudadano de los Estados Unidos.

7. ...si su coche es automático o de cambios mecánicos.

8. ...si su coche está asegurado. ¿Con qué compañía?

9. ...si tiene un coche viejo o nuevo. (¿De qué año?)

10. ...si prefiere tener un coche grande o un coche compacto. (¿De qué marca?)

11. ...si prefiere ir de vacaciones a la playa o a la montaña.

12. ...qué pintor prefiere.

13. ...si siempre paga en efectivo o usa tarjetas de crédito.

14. ...si ya había tomado una clase de español antes.

¿Qué falta aquí?

A. We can hear what the lady is saying, but we can't hear the clerk. Provide his side of the conversation.

En la estación de trenes:

SEÑORA —Necesito viajar a Madrid. ¿A qué hora hay trenes?

EMPLEADO —_____

SEÑORA —¿Cuál de ellos es el tren rápido?

EMPLEADO —_____

SEÑORA —Muy bien, deseo un pasaje para el tren rápido.

EMPLEADO —_____

SEÑORA —Sí, por favor. Déme una litera baja.

EMPLEADO —_____

SEÑORA —¿Por cuánto tiempo vale el pasaje de ida y vuelta?

EMPLEADO —_____

SEÑORA —Pues entonces, déme uno de ida solamente. ¿Puedo pagar con tarjeta de crédito?

EMPLEADO —_____

SEÑORA —¿De qué andén sale el tren para Madrid?

EMPLEADO —_____

SEÑORA —No necesito trasbordar, ¿verdad?

EMPLEADO —_____

B. Now we can hear what the clerk is saying, but we can't hear Rosa. Provide her side of the conversation.

Alquilando un coche:

ROSA —_____

EMPLEADO —¿Va a alquilarlo por día o por semana?

ROSA	—_____
EMPLEADO	—Depende. Si lo alquila por día, cobramos por los kilómetros.
ROSA	—_____
EMPLEADO	—Muy bien. ¿Quiere un coche grande o un coche compacto?
ROSA	—_____
EMPLEADO	—¿Desea un coche automático o de cambios mecánicos?
ROSA	—_____
EMPLEADO	—Muy bien. Llene esta planilla, por favor.

¿Qué pasa aquí?

What is going on in pictures A through D on page 196?

A. 1. ¿A qué parte de los Estados Unidos ha decidido viajar Pepe?

_____

   2. ¿Quiere un pasaje de ida?

_____

   3. ¿El pasaje de ida y vuelta tiene una tarifa especial?

_____

   4. ¿Qué descuento le dan si compra un pasaje de ida y vuelta?

_____

   5. ¿Por cuánto tiempo le han dicho a Pepe que es válido el pasaje?

_____

B. 1. ¿Cora está viajando por tren?

_____

   2. ¿Cómo ha dormido Cora?

_____

   3. ¿Por qué no ha dormido bien?

_____

   4. ¿A qué hora creía ella que iba a llegar el tren?

_____

   5. ¿Ha llegado a esa hora?

_____

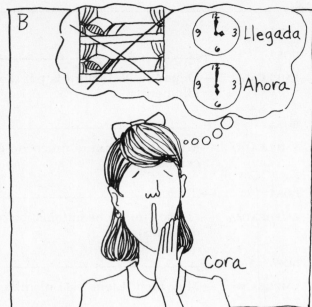

Cristo do Corcovado
Río de Janeiro

Querido Juan:
¡Nunca he visto nada tan
hermoso! Hemos tenido
un viaje magnífico y
pensamos quedarnos aquí
por dos semanas. ¿Vas
a esperarnos en el
aeropuerto?

Abrazos,
Rosa

Sr. Juan Valdés
Lima 421
Buenos Aires
Argentina

6. ¿Cuántas horas de atraso tiene el tren?

_____

C. 1. ¿Dónde están Marta y José?

_____

2. ¿Qué quieren hacer ellos?

_____

3. Describa el coche que quiere alquilar José.

_____

4. ¿Cómo quiere pagar Marta?

_____

5. ¿Cómo va a pagar José?

_____

D. 1. ¿En que país está Rosa?

_____

2. ¿Le ha gustado Río de Janeiro?

_____

3. ¿Había visto ella un lugar tan hermoso antes?

_____

4. ¿Cómo ha sido el viaje?

_____

5. ¿Rosa está viajando sola?

_____

6. ¿A quién le ha escrito?

_____

7. ¿A dónde ha enviado la tarjeta?

_____

8. ¿Cuál es la dirección de Juan Valdés?

_____

9. ¿Cuánto tiempo piensan quedarse en Río?

_____

10. ¿Cómo van a volver a Buenos Aires?

_____

Situaciones

What would you say in the following situations? What might the other person say?

1. You work at the ticket office. Tell a traveler that if he/she purchases a round-trip ticket, he/she can get a ten percent discount. Say also that the express train leaves at 10:15 P.M.

2. You go to a car rental agency. Tell the employee you want a two-door compact model. Ask if they charge for mileage. Ask also if you need a special permit to drive in Spain.

3. You are buying train tickets. Ask the clerk if the train has a sleeper and a dining car.

4. You have just returned from a trip to Brazil. Tell your friends that there are beautiful landscapes and that Rio de Janeiro is a wonderful city.

5. You went camping. Tell your friends you had never spent such a bad night. Tell them also that your stomach hurts.

Y ahora, ¿qué?

Act out the following situations with a classmate.

1. A clerk at a ticket office is waiting on a traveler.

2. A clerk at a car rental agency is waiting on a customer.

¿Qué dice aquí?

Your sister is going to travel by rail in Spain and your roommate is asking you some questions about her trip. Base your answers on the train ticket on page 199.

1. ¿En qué compañía va a viajar?

   _____

2. ¿Va a viajar por la noche o por la mañana? ¿Cómo lo sabe Ud.?

   _____

3. ¿Cómo sabe Ud. que tiene litera? ¿Cuál es el número de la litera?

   _____

4. ¿De dónde va a salir en su viaje?

   _____

5. ¿A dónde va?

   _____

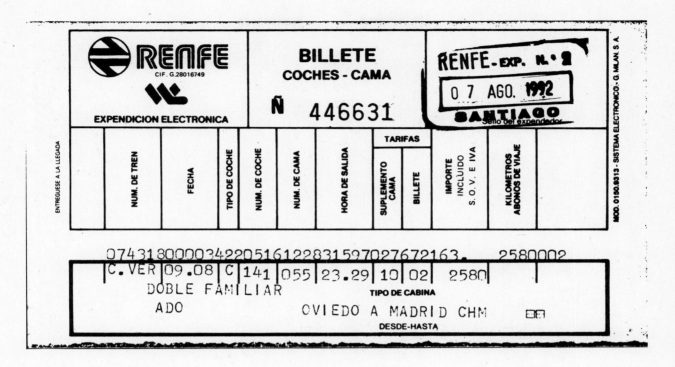

6. ¿Cuándo va a viajar?

_____

7. ¿Cuál es el número del coche?

_____

8. ¿A qué hora sale el tren?

_____

9. ¿Cuántas pesetas pagó por el billete?

_____

10. ¿Qué día compró el billete?

_____

Una actividad especial

Half of the classroom is turned into a train station. (Put up signs
with platform numbers, train schedules, etc.) Set up four or five
ticket windows with one student working at each window.
The other half of the classroom is turned into two or three car
rental agencies with one or two students working at each agency.
The rest of the students are travelers who come and go by train
and rent cars upon arrival.

Lección

15

📼 ¿Qué hacemos este fin de semana?

Diego y Oscar nunca se aburren. Si no van al cine o al teatro, van a esquiar, a patinar, a montar en bicicleta o van a la playa. A veces van a las carreras de automóviles y otras veces van de caza o de pesca, pero siempre se divierten mucho. Este fin de semana van a acampar en la montaña.

DIEGO —¿Dónde está la tienda de campaña?

OSCAR —Está en el garaje. Oye, ¿Raúl y Fernando vendrán con nosotros?

DIEGO —No estoy seguro, porque Raúl dijo que tenía que entregar un coche hoy. Los llamaré por teléfono más tarde.

OSCAR —(*Doblando las bolsas de dormir.*) ¡Esto es absurdo, ridículo! ¿Tendré que dormir en el suelo cuando tengo una cama tan cómoda!

DIEGO —Siempre te quejas. ¿Preferirías quedarte en casa este fin de semana?

OSCAR —No, hombre, lo decía en broma... Lo que no sé es si Raúl querrá ir, porque él siempre dice que la carretera que va a la montaña es muy peligrosa.

DIEGO —Él siempre está preocupado por algo... ¡Ah! Aquí están las mochilas. ¿Puedes ponerlas en el maletero, por favor?

OSCAR —Sí.

DIEGO —Oye, si queremos pescar en el lago, tendremos que llevar las cañas de pescar.

OSCAR —Sí, pero esta vez tú te encargarás de limpiar los pescados...

DIEGO —Con una condición: tenemos que ir a montar a caballo.

OSCAR —Bueno, pero esta vez tienes que escalar la montaña conmigo.

Más tarde, en el coche:

OSCAR —Oye, si llegamos a casa temprano el domingo, ¿quieres ir al cine? En el Victoria pasan dos películas francesas muy buenas.

DIEGO —¿Por qué no invitamos a Elisa y a Dora? A ellas les encantaría ir.

OSCAR —Y después iremos a un restaurante a cenar. ¿El Madrid está abierto los domingos?

DIEGO —Creo que sí. ¡Ah! ¿A qué hora empieza el partido de básquetbol el próximo domingo?

OSCAR —Carmen dijo que empezaría a las ocho de la noche.

201

DIEGO —Hablando de Carmen, ¿fue por fin a ver a sus padres?
OSCAR —Sí, porque hacía mucho tiempo que no los veía.

What are we doing this weekend?

Diego and Oscar never get bored. If they don't go to the movies or to the theater, they go skiing, skating, bicycle riding, or they go to the beach. Sometimes they go to car races and other times they go hunting or fishing, but they always have a lot of fun. This weekend, they are going camping on the mountain.

DIEGO: Where is the tent?

OSCAR: It's in the garage. Listen, will Raúl and Fernando come with us?

DIEGO: I'm not sure, because Raúl said that he had to deliver a car today. I'll call them on the phone later.

OSCAR: (*Folding the sleeping bags.*) This is absurd, ridiculous! I'll have to sleep on the ground when I have such a comfortable bed!

DIEGO: You're always complaining. Would you prefer to stay home this weekend?

OSCAR: No, man, I was joking . . . . What I don't know is whether Raúl will want to go, because he always says that the highway (that goes) to the mountain is very dangerous.

DIEGO: He's always worried about something . . . Oh, here are the backpacks. Can you put them in the trunk, please?

OSCAR: Yes.

DIEGO: Listen, if we want to go fishing in the lake, we will have to take the fishing poles.

OSCAR: Yes, but this time you'll take charge of cleaning the fish . . . .

DIEGO: On one condition: we have to go horseback riding.

OSCAR: Okay, but this time you have to climb the mountain with me.

Later, in the car:

OSCAR: Listen, if we get home early on Sunday, do you want to go to the movies? At the Victoria they're showing two very good French movies.

DIEGO: Why don't we invite Elisa and Dora? They would love to go.

OSCAR: And then we'll go to a restaurant for dinner. Is the Madrid open on Sundays?

DIEGO: I think so. Oh! What time does the basketball game start next Sunday?

OSCAR: Carmen said it would start at 8 P.M.

DIEGO: Speaking of Carmen, did she finally go see her parents?

OSCAR: Yes, because she hadn't seen them for a long time.

🔊 Vocabulario

COGNADOS

absurdo(a) absurd
el **básquetbol** basketball
la **condición** condition

el **garaje** garage
ridículo(a) ridiculous

NOMBRES

la **bolsa de dormir** sleeping bag
la **broma** joke
la **caña de pescar** fishing pole
la **carrera de automóviles** auto race
la **carretera** highway
el **fin de semana** weekend
el **lago** lake
la **mochila** backpack, knapsack
el **pescado** fish
el **suelo** ground, floor
la **tienda de campaña** tent

VERBOS

aburrirse to get bored
acampar to camp
divertirse (e:ie) to have fun, to have a good time
doblar to fold
encargarse (de) to take charge (of)
entregar to deliver
escalar to climb
esquiar to ski
patinar to skate
pescar to fish
quejarse to complain

ADJETIVOS

francés(a) French
peligroso(a) dangerous
preocupado(a) worried

OTRAS PALABRAS Y EXPRESIONES

con una condición on one condition
decir (algo) en broma to joke, to kid
encantarle a uno to love
ir de caza to go hunting
ir de pesca to go fishing
por fin finally, at last
quedarse en casa to stay home
si whether

Notas culturales

1. Diverse topography and climates provide settings for a wide variety of outdoor activities in Spanish-speaking countries. Winter sports are popular in the Andes Mountains of Chile and Argentina, and in the Pyrenees Mountains of Spain.

2. Excellent films, especially in the socio-political genre, are produced in Spanish-speaking countries such as Mexico, Argentina, and Cuba. An Argentinian film, "The Official Story" (*La historia oficial*), was awarded the Oscar for Best Foreign Film of 1986.

   American films are very popular throughout the Spanish-speaking world. They usually have Spanish subtitles or are dubbed (*dobladas*). Many American film titles are completely different in their Spanish and English versions; for example, "Beverly Hills Cop" was called *Un detective suelto en Hollywood* and "Out of Africa" was called *Africa mía*.

¿Cuál es la respuesta?

Match each question in column A with the best answer in column B.

A

1. ¿Para qué quieres el rifle?
2. ¿Van a salir?
3. ¿Vas con nosotros el sábado?
4. ¿Van a acampar?
5. ¿Te divertiste en la fiesta?
6. ¿Para qué fueron a la montaña?
7. ¿Dormiste en el suelo?
8. ¿Vas a comer pollo?

9. ¿Te gusta patinar?
10. ¿Qué vas a doblar?
11. ¿No sabes que esa carretera es peligrosa?
12. ¿Tienes un examen mañana?
13. ¿Podrán terminar el trabajo?
14. ¿Indianápolis 500? ¿Qué es eso?
15. ¿Te gusta ir de pesca?
16. ¿Volvieron los chicos?

B

_____ a. No. No tenemos tienda de campaña.

_____ b. Para esquiar.

_____ c. Las sábanas.

_____ ch. No, prefiero esquiar.

_____ d. Sí, y estoy preocupado.

_____ e. Sí, lo sé.

_____ f. ¡Sí, me encanta!

_____ g. No puedo; yo trabajo este fin de semana.

_____ h. Sí. ¡Por fin! Ya son las cuatro.

_____ i. Sí, en mi bolsa de dormir.

_____ j. Para ir de caza.

_____ k. Una carrera muy famosa.

_____ l. No, me aburrí muchísimo.

_____ ll. Sí, yo me encargo de hacerlo.

_____ m. No, me gusta más el pescado.

_____ n. No, vamos a quedarnos en casa.

¡Vamos a conversar!

A. Answer the following questions about the dialogue using complete sentences.

1. ¿A dónde van Diego y Oscar cuando no van al cine o al teatro?

_____

2. ¿A dónde van este fin de semana?

_____

3. ¿Qué dijo Raúl que tenía que hacer hoy?

_____

4. ¿Dónde dice Oscar que tendrá que dormir?

_____

5. ¿Ud. cree que a Oscar le gusta su cama?

_____

6. ¿Qué dice siempre Raúl?

_____

7. ¿Qué va a poner Oscar en el maletero?

_____

8. ¿Por qué quiere ir Oscar al cine Victoria?

_____

9. ¿A quiénes les encantaría ir al cine?

_____

10. ¿A qué hora dijo Carmen que empezaría el partido de
    básquetbol?

_____

11. ¿Qué tendrán que llevar para pescar en el lago?

_____

12. ¿De qué tendrá que encargarse Diego esta vez?

_____

13. Diego va a limpiar los pescados con una condición. ¿Cuál es?

_____

14. Según Oscar, ¿qué tiene que hacer Diego esta vez?

_____

B. Now answer the following questions about yourself.

1. ¿Ud. se aburre a veces?

_____

2. ¿Qué le gusta hacer los fines de semana?

_____

3. ¿Se divirtió Ud. mucho el fin de semana pasado?

_____

4. ¿Irán Ud. y sus amigos a acampar este verano?

_____

5. ¿Ud. tendrá que dormir en el suelo esta noche?

   _____

6. ¿Tendrá Ud. que quedarse en casa este fin de semana?

   _____

7. ¿Le gustaría ir a ver un partido de básquetbol?

   _____

8. ¿Fue Ud. a ver a sus padres la semana pasada?

   _____

9. ¿Le gustaría ir a pescar en el lago?

   _____

10. Si vamos a pescar, ¿se encargará Ud. de limpiar los pescados?

   _____

¿Qué falta aquí?

Using your imagination and the vocabulary learned in this lesson, complete the missing lines of this conversation.

Planes para el fin de semana:

MARTA —_____

EVA —A mí me gustaría ir al lago y acampar allí.

MARTA —_____

EVA —No, no es ridículo; es mejor dormir en el suelo que quedarse
en casa un fin de semana.

MARTA —_____

EVA —A mí no me gusta ir a la playa; siempre hay mucha gente.

MARTA —_____

EVA —Tampoco me divierte esquiar.

MARTA —_____

EVA —Ésa es una buena idea. ¡Ah!, si vamos a la montaña podemos
llevar nuestras mochilas.

MARTA —_____

EVA —Sí, está bien; vamos a la montaña, pero tendremos que
volver temprano el domingo.

MARTA —_____

¿Qué pasa aquí?

What is going on in pictures A through D on page 208?

A. 1. ¿Ud. cree que Olga fue al teatro o que se quedó en casa?

_____

2. ¿Se divirtió mucho o se aburrió?

_____

3. ¿A dónde fue Raquel la semana pasada?

_____

4. ¿Qué hizo Luis?

_____

5. ¿Mario fue a pescar?

_____

6. ¿Mario tuvo que trabajar el fin de semana pasado?

_____

B. 1. ¿Qué estaba haciendo Jorge mientras Alicia lo observaba?

_____

2. ¿Quién escribió la novela?

_____

3. ¿Qué quería hacer Alicia?

_____

C. 1. ¿Los muchachos van a la playa o a la montaña?

_____

2. ¿Qué prefiere Ana?

_____

3. ¿Por qué estaba preocupado Beto?

_____

4. ¿Qué no trajo Eva?

_____

5. ¿Cree Ud. que a Rita le gusta la idea de ir a la montaña?

_____

Olga

Raquel

Luis

Mario

Viernes
Sábado
domingo

Alicia

Jorge

TOM SAWYER

Sí

Ana

Eva

Rita

Beto

PELIGRO

Carmen

CINE ACAPULCO
HOY
"Mon Amour"
Pierre Aumant
Jeanne Dupuis

D. 1. ¿Qué película pasan hoy en el cine Acapulco?

   _____

   2. ¿Es una película española o francesa?

   _____

   3. ¿Qué están haciendo las personas frente al cine?

   _____

   4. ¿Es muy larga la cola?

   _____

   5. ¿Quién es la última persona en la cola?

   _____

Situaciones

What would you say in the following situations? What might the other person say?

1. Tell a new acquaintance about some of your favorite activities.

2. Tell a friend that you are going camping this weekend. Ask her if she can lend (*prestar*) you the following: a tent, a sleeping bag, a backpack, and a fishing pole.

3. Your friends want to take you camping. Tell them that you prefer to stay home because it is ridiculous to sleep on the ground when you have a very comfortable bed.

4. Suggest to your friends some activities for this weekend: going to the movies or the theater, going to a basketball game, or staying home and watching TV.

Y ahora, ¿qué?

Act out the following situations with a classmate.

1. Two friends get ready to go camping. One is not thrilled with the idea, to say the least.

2. Two friends make plans for a weekend in the city.

¿Qué dice aquí?

Answer these questions according to the ad on page 210.

1. ¿Cómo se llama este lugar?

   _____

RIO GRANDE

DIERESIS

Si quieres dejarte llevar por el agua mientras te tomas algo, disfruta de esta atracción en Aquópolis. Te pides algo en el bar, te sientas en uno de los comodísimos sillones inflables y a disfrutar mientras una suave corriente te lleva sobre el agua. Pruébalo, es de lo más especial... y relajante. Además, en Aquópolis podrás encontrar todo tipo de atracciones acuáticas para todas las edades.

Desde toboganes de todos los tipos y formas hasta divertidas piscinas con juegos. También tenemos pizzerías, heladerías, restaurantes, barbacoas y todo lo necesario para que pases un día aquacionante. Prohibido introducir latas y objetos de vidrio en el recinto del Parque. Venta de entradas en Viajes Vincit y en el propio Parque.

aquopolis

AQUOPOLIS ES LA DIVERSION MAS GORDA DEL VERANO. SEGURO. En Villanueva de la Cañada, a 25 Km. de Madrid.
Abierto todos los días de 11 a 19 horas. Autobuses gratis todos los días desde la Plaza de España.

2. ¿A qué distancia de Madrid está?

_____

3. ¿Cuánto cuesta tomar el autobús desde la Plaza de España?

_____

4. ¿Dónde se pueden comprar entradas?

_____

5. ¿Qué está prohibido?

_____

6. ¿Cómo son los sillones?

_____

7. ¿Qué puede hacer uno mientras la corriente lo lleva sobre el agua?

_____

8. ¿Este lugar es solamente para niños?

_____

9. ¿Se puede comer algo en este lugar? ¿Dónde?

_____

10. ¿En qué época del año cree Ud. que la gente va a este lugar?
    ¿Por qué?

_____

Una actividad especial

The class will be divided into planning groups to decide how the members of the class will spend Christmas vacation. One group will plan all the outdoor activities, and the other group will plan activities that would typically take place in the city. One person from each group will then report on his or her group plans.

¡VAMOS A LEER!

Sección de deportes

Tenis

La campeona° brasileña Marisa Ríos venció° a su rival, la chilena Marta Vega. La campeona brasileña ganó todos los *sets* del partido de tenis.

campeón(a) champion / **venció** defeated

Boxeo

José López, el campeón peruano de los pesos ligeros° venció al cubano Pedro García en un combate a diez asaltos.° Aunque° la pelea° no terminó por nocaut,° la decisión de los jueces° fue unánime.

pesos ligeros lightweight
asaltos rounds
aunque even though / **pelea** fight /
  nocaut knockouts / **jueces** judges

Fútbol

Los equipos° de Argentina y Paraguay empataron° a dos goles el juego° de ayer en Montevideo.

equipos teams / **empataron** (they) tied
juego game

Natación°

En las competencias de natación° que tuvieron lugar° ayer en la piscina olímpica del Club Náutico resultó ganadora° la señorita Ada Rivas, de Chile. En segundo lugar quedó la representante de España.

natación swimming
competencias de natación swim
  meets / **tuvieron lugar** (they) took
  place / **ganadora** winner

Estado del tiempo

Pronóstico° para hoy:
Cielos parcialmente nublados,° posibilidades de algunas lluvias y temperaturas alrededor de° los 36.°

pronóstico forecast
nublados cloudy
alrededor de about

Para mañana:
Fuertes aguaceros° por la mañana. Por la tarde claro y soleado.° Posible descenso de las temperaturas.

fuertes aguaceros heavy showers / **claro**
  y soleado sunny and clear

After reading the sports section, answer each of the following questions with a complete sentence.

1. ¿Qué países estaban representados en el partido de tenis?

   _____

2. ¿Qué país ganó el partido?

   _____

3. ¿De qué es campeona Marisa Ríos?

   _____

4. ¿De dónde es José López?

   _____

5. ¿Ganó José López por nocaut?

_____

6. ¿Cuántos asaltos duró la pelea de boxeo?

_____

7. ¿Qué país ganó el partido de fútbol?

_____

8. ¿En qué ciudad tuvo lugar el juego?

_____

9. ¿Qué tiempo va a hacer hoy?

_____

10. ¿Va a hacer más frío o más calor mañana?

_____

Repaso

LECCIONES 11–15

1. PRÁCTICA DE VOCABULARIO

A. Circle the word or phrase that does not belong in each group.

1. lago, broma, montaña
2. calcetines, bronceador, calzoncillo
3. sábana, almohada, peine
4. máquina de afeitar, navaja, sobre
5. funda, colchón, carretera
6. divertirse, doblar, aburrirse
7. exagerar, dar, entregar
8. gris, rojo, incómodo
9. disco, freno, volante
10. pavimento, pañuelo, acera
11. delgado, gordo, descompuesto
12. casi, bastante, suficiente
13. socorro, rápido, auxilio
14. deporte, partido, mochila
15. gato, cicatriz, barba
16. portaguantes, limpiaparabrisas, suerte
17. Madrid, Arizona, España
18. andén, norte, sur
19. cerradura, coche cama, puerta
20. ser responsable de, encargarse de, pescar
21. revelar, esquiar, patinar
22. horario, litera, itinerario
23. cinturón, planilla, camiseta
24. anteojos de sol, navaja, crema de afeitar
25. tarifa, permiso, descuento

B. Circle the word or phrase that best completes each sentence. Then read the sentence aloud.

1. Le pagué, pero no me dio el (despacho de boletos, vuelto).

2. Estoy enfermo. No me (siento, preparo) bien.

3. ¿Te gusta esta ciudad? ¡A mí me (lo dice en broma, encanta)!

4. Es mejor estar asegurado. Tienes que (sacar, invitar) seguro.

5. ¡Caramba! Estoy preocupado. El trabajo de mi hijo es muy (listo, peligroso).

6. Necesitan el rifle para (ir de caza, quedarse en casa).

7. No es tarde; es muy (temprano, diario).

8. Puse las cosas en (el maletero, la luz).

9. Voy a (anotar, sangrar) todo lo que dice el profesor.

10. Mi coche no (sucede, arranca). Van a tener que remolcarlo.

11. ¡Qué lío! Tenemos dos horas de atraso. ¡Pero yo no (sirvo, tengo la culpa)!

12. El coche necesita gasolina y (marca, aceite).

13. Voy a pagar (por ciento, en efectivo).

14. ¿Me vas a (trasbordar, mandar) los libros?

15. La casa de Estela está en un (cuero, barrio) muy elegante.

16. Es (un ladrón, extranjero). Robó todo el dinero.

17. No iba rápido; iba muy (invitado, despacio).

18. Arrime el carro a la (entrevista, acera).

19. El coche lo (denunció, atropelló).

20. ¡No grite! ¡Por favor! (¡Describa!, ¡Cálmese!)

21. Me voy a poner (la corbata, la chapa) roja.

22. El coche (almorzó, chocó) con el ómnibus.

23. No pude estudiar porque no tuve (tiempo, llanta).

24. Fue un viaje de tres meses; fue un viaje muy (abierto, largo).

25. Siempre (se quejan, escalan) porque tienen mucho trabajo.

C. Crucigrama (Lecciones 11–15): Use the clues provided below to complete the crossword puzzle on the opposite page.

HORIZONTAL

3. Si quieres fotografías, tenemos que comprar un rollo de _____ .
5. Compré el traje en el departamento de _____ .
9. Voy a _____ el tanque porque está vacío.
10. Es tarde; tengo que darme _____ .
11. Levantó el capó para revisar el _____ .
13. Cuando acampamos, siempre duermo en mi _____ de dormir.
15. Está muy cerca; está a la _____ de la esquina.
16. No puedo ir más tarde; tengo que ir ahora _____ .
19. Compré papel _____ para el baño.

21. El policía de _____ me dio una multa.
25. lentes
26. placa
27. El ascensor no funciona. Tomen la _____ mecánica.
28. ascensor
29. venta especial
30. No es moreno ni rubio; es _____ .
34. grúa
35. Para acampar, necesito una tienda de _____ .
36. Él vio el crimen; es un _____ .
38. suficiente

VERTICAL

1. socio
2. Tengo tos; necesito _____ para la tos.
4. Necesito medicina. Tengo _____ de garganta.
6. Vive en los Estados Unidos, pero no es americano; es _____ .
7. No paró en la _____ de parada.
8. Lo que el mecánico necesita para arreglar el coche son piezas de _____ .
12. Necesito el gato para cambiar la _____ pinchada.
14. Tengo que limpiar el piso porque está muy _____ .
17. Tengo pasta dentífrica, pero no tengo _____ de dientes.

18. No tengo cama; tengo que dormir en el _____ .
20. No puedo escribir porque no tengo papel de _____ .
22. Tuve que parar porque el _____ estaba en rojo.
23. conducir
24. estación de servicio
30. El salmón es un _____ .
31. Tiene sólo veinte años; es muy _____ .
32. No puedo ir de pesca porque no tengo mi _____ de pescar.
33. El fútbol es un _____ .
37. Estuve enferma _____ la noche.

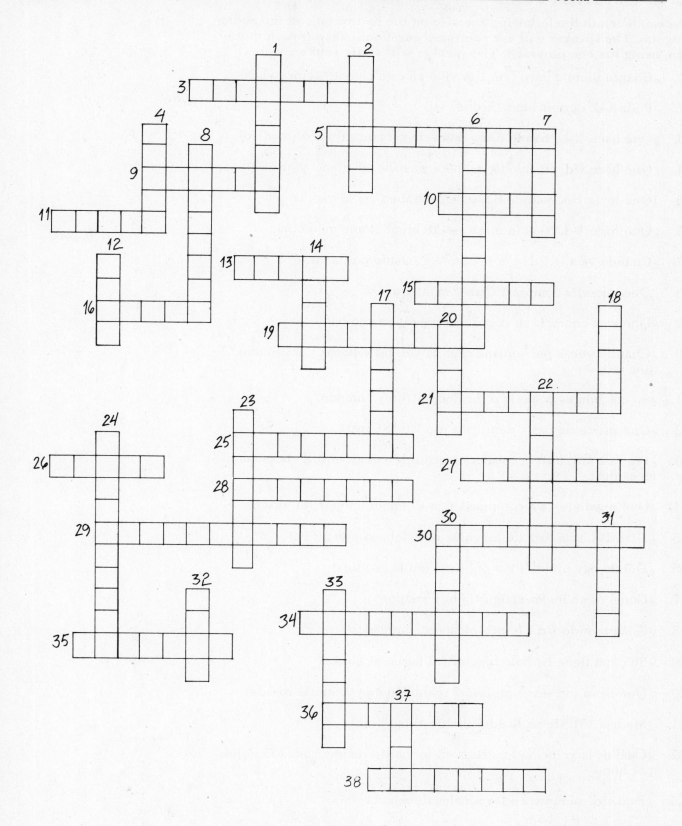

You can listen to the following exercise on the review tape of the audio program. The speaker will ask you some questions. Answer each question, using the cue provided. The speaker will verify your answer.

1. ¿Cuánto tiempo hace que Ud. vive en esta ciudad? (cinco años)

2. ¿Pudo Ud. dormir bien anoche? (sí)

3. ¿Qué hace Ud. cuando tiene dolor de garganta? (voy al médico)

4. ¿Qué hace Ud. cuando tiene dolor de cabeza? (tomo aspirinas)

5. ¿Qué toma Ud. cuando tiene tos? (jarabe para la tos)

6. ¿Qué hace Ud. cuando no se siente bien? (tomo medicina)

7. ¿Cuándo va a ir Ud. a la tienda? (el sábado por la tarde)

8. ¿Qué necesita comprar? (pan y mantequilla)

9. ¿Qué va a comprar su papá? (un traje y una corbata)

10. ¿Cuántas veces por semana cambia Ud. las sábanas y las fundas? (una vez)

11. ¿Su colchón es cómodo o incómodo? (muy cómodo)

12. ¿Qué marca de pasta dentífrica usa Ud.? (Crest)

13. ¿Prefiere Ud. usar la escalera mecánica o el ascensor? (la escalera mecánica)

14. ¿Qué regalo le va a comprar Ud. a su mejor amigo? (un disco)

15. ¿Hizo Ud. una lista de las cosas que debe comprar? (sí)

16. ¿Dónde hay un teléfono público? (en la esquina)

17. ¿Cómo es su mejor amigo? (alto y guapo)

18. ¿Cuánto mide Ud.? (cinco pies, diez pulgadas)

19. ¿Su papá tiene barba o bigote? (ni barba ni bigote)

20. ¿Qué lleva puesto el profesor? (pantalón gris y camisa rosada)

21. ¿Maneja Ud. sin su licencia de conducir? (no)

22. ¿Cuál es la velocidad máxima en un barrio residencial? (35 millas por hora)

23. ¿Para Ud. siempre en las señales de parada? (sí)

24. ¿Ud. prefiere ir a un partido de fútbol o ir de picnic? (ir de picnic)

25. ¿Le gustan los deportes? (sí, mucho)

26. ¿Qué deportes le gustan? (el fútbol americano y el básquetbol)

27. ¿Tiene Ud. coche? (sí)

28. ¿Qué hace Ud. cuando su coche no arranca? (llamo al club automovilístico)

29. ¿Qué hace Ud. cuando su coche está descompuesto? (lo llevo al mecánico)

30. ¿Qué cosas tiene Ud. en el portaguantes? (mapas)

31. ¿Ud. almuerza en la cafetería? (sí)

32. ¿Se está Ud. muriendo de hambre? (sí)

33. ¿Cuánto tiempo hace que Ud. empezó a estudiar español? (seis meses)

34. ¿Ha viajado Ud. por el sur de España alguna vez? (no, nunca)

35. Cuando uno viaja en tren, ¿es mejor tener una litera o dormir en el asiento? (tener una litera)

36. ¿Le dan a Ud. algún descuento cuando viaja? (no)

37. ¿Ha estado Ud. en México alguna vez? (sí)

38. ¿Ud. había tomado otra clase de español antes de tomar ésta? (sí)

39. ¿Está rota la ventana de su cuarto? (no)

40. ¿Prefiere Ud. un coche compacto de dos puertas o un coche grande de cuatro puertas? (un coche compacto de dos puertas)

41. ¿Prefiere Ud. un coche automático o un coche de cambios mecánicos? (un coche automático)

42. ¿Está asegurado su coche? (sí)

43. ¿Qué hace Ud. para divertirse? (voy al cine o al teatro)

44. ¿Prefiere esquiar o patinar? (patinar)

45. ¿Prefiere Ud. ir a una carrera de automóviles o ir a acampar? (ir a acampar)

46. ¿Qué tendrá que hacer Ud. mañana? (trabajar)

47. ¿Preferiría Ud. ir de pesca o quedarse en casa? (quedarme en casa)

48. ¿Le gustaría ir al cine o preferiría ir a cenar? (ir al cine)

49. ¿Le gustaría más montar a caballo o escalar una montaña? (montar a caballo)

50. Sus amigos han ido a pescar y han traído muchos pescados. ¿Se encargará Ud. de limpiarlos? (no)

3. PARA LEER... Y ENTENDER

You can listen to the following reading on the review tape of the audio program. Read the following story aloud, paying special attention to pronunciation and intonation. Make sure you understand and remember as much as you can.

Carmen y su esposo, Roberto, no pueden decidir qué van a hacer este fin de semana. A ella le gustaría ir a acampar y pescar en el lago y después montar a caballo, pero Roberto quiere ir a ver un partido de fútbol. A Carmen no le gusta el fútbol; prefiere el básquetbol y el tenis.

Roberto tiene una idea: "¿Te gustaría ir a patinar por la mañana?" Pero Carmen no quiere quedarse en casa por la tarde mientras Roberto va al partido con sus amigos.

Bueno... podría ir a patinar con Roberto por la mañana, y luego al cine con su amiga Teresa...

Carmen y Roberto han tomado una decisión... ¡Ah! ¡El teléfono! Roberto contesta.

—Hola. Sí... sí... pero... pero... pero... Bueno, está bien. Sí, yo podré ir a la oficina el sábado...

Roberto tendrá que trabajar el sábado porque su supervisor lo necesita. Carmen empieza a hacer planes para el fin de semana próximo.

Now answer the following questions about what you just heard.

1. ¿Qué no pueden decidir Carmen y su esposo?

2. ¿Qué le gusta hacer a Carmen?

3. ¿Qué le gustaría hacer a Roberto este fin de semana?

4. ¿Cuáles son los deportes favoritos de Carmen?

5. ¿Qué piensa Roberto que podrían hacer el sábado por la mañana?

6. ¿Carmen iría al partido de fútbol con Roberto?

7. ¿Con quiénes iría Roberto al partido?

8. ¿Con cuál de sus amigas le gustaría a Teresa ir al cine?

9. ¿Qué tendrá que hacer Roberto el sábado?

10. ¿Por qué tendrá que trabajar Roberto?

Lección

16

📼 *Buscando piso*

Beatriz y Pilar van a asistir a la universidad de Salamanca, pero no quieren vivir en la residencia universitaria. Ahora están buscando un piso y van a la calle Alcalá, donde hay muchos edificios de apartamentos. Las chicas quieren alquilar uno amueblado, pero no pueden porque son demasiado caros.

Mirando un piso desocupado:

BEATRIZ —Si alquilamos este piso tendremos que pintarlo y comprar cortinas nuevas.

PILAR —Eso no sería ningún problema. Si queremos pintarlo, el dueño del edificio nos dará toda la pintura necesaria.

BEATRIZ —El hombre que nos dio la llave, ¿es el dueño?

PILAR —No, ése es el encargado. El dueño es el señor con quien hablamos ayer por teléfono.

Beatriz entra en la cocina.

BEATRIZ —La cocina es chica, pero como no nos gusta cocinar, no importa.

PILAR —El piso es lindísimo, pero nos hacen falta muebles...

BEATRIZ —Yo quiero que mis padres me den mi cama, una mesita de noche y mi cómoda...

PILAR —¿Te van a dar tu juego de cuarto?

BEATRIZ —Sí, a pesar de que querían ponerlo en el cuarto de huéspedes...

PILAR —Yo creo que tus padres quieren que te quedes a vivir con ellos.

BEATRIZ —¡Claro que sí! Yo soy su única hija.

PILAR —¡Ellos son buenísimos contigo! ¿No abrieron una cuenta de ahorros y una cuenta corriente a tu nombre?

BEATRIZ —Sí... aquí tengo mi talonario de cheques. Hoy mismo podemos ir a comprar los muebles.

PILAR —Mis padres me van a regalar una mesa y cuatro sillas para el comedor.

BEATRIZ —Yo voy a pedirles a los míos que me regalen una cocina, porque ésta está muy vieja.

PILAR —Para la sala necesitamos un sofá, dos butacas, una mesa de centro y dos lámparas.

BEATRIZ —¡Y un tocadiscos! ¡Así podremos dar fiestas e[1] invitar a todos nuestros amigos!

---

[1] **E** is used instead of **y** (and) when it is placed in front of a word that begins with **i** or **hi**: **María e Isabel; padres e hijos**

221

PILAR —Va a ser muy divertido, pero te aconsejo que no hagas muchos planes porque tenemos que comprar libros y pagar la matrícula, y no queremos deudas...

BEATRIZ —¡Eres una aguafiestas! Podemos solicitar un préstamo en el banco.

PILAR —¿Estás loca? El banco no les va a prestar a dos estudiantes sin trabajo. Además, es mejor no tener deudas.

BEATRIZ —Bueno, debo admitir que, como siempre, tienes razón...

Searching for an apartment

Beatriz and Pilar are going to attend the University of Salamanca, but they don't want to live in the dorm. Right now they are looking for an apartment and they go to Alcalá Street, where there are many apartment buildings. The girls wanted to rent a furnished one (apartment) but they can't because they are too expensive.

Looking at a vacant apartment:

BEATRIZ: If we rent this apartment, we'll have to paint it and buy new curtains.

PILAR: That wouldn't be any problem. If we want to paint it, the owner of the building will give us all the paint we need.

BEATRIZ: Is the man who gave us the key the owner?

PILAR: No, that's the manager. The owner is the man with whom we spoke on the phone yesterday.

Beatriz goes into the kitchen.

BEATRIZ: The kitchen is small, but since we don't like to cook, it doesn't matter.

PILAR: The apartment is very pretty, but we need furniture.

BEATRIZ: I want my parents to give me my bed, a nightstand, and my chest of drawers.

PILAR: Are they going to give you your bedroom set?

BEATRIZ: Yes, in spite of the fact that they wanted to put it in the guest room . . .

PILAR: I think your parents want you to stay and live with them.

BEATRIZ: Of course! I'm their only child.

PILAR: They are extremely good to you. Didn't they open a savings account and a checking account in your name?

BEATRIZ: Yes, here's (I have) my checkbook. Today (This very day) we can go buy the furniture.

PILAR: My parents are going to give me a table and four chairs for the dining room.

BEATRIZ: I'm going to ask mine to give me a stove, because this one is very old.

PILAR: For the living room, we need a sofa, two armchairs, a coffee table, and two lamps.

BEATRIZ: And a record player! That way we'll be able to give parties and invite all our friends.

PILAR: It's going to be a lot of fun, but I advise you not to make many plans, because we have to buy books and pay tuition, and we don't want debts . . .

BEATRIZ: You're a party pooper! We can apply for a loan at the bank.

PILAR: Are you crazy? The bank is not going to lend money to two students without a job. Besides it's better not to have debts.

BEATRIZ: Well, I must admit that, as usual, you are right . . .

📼 Vocabulario

COGNADOS

el **banco** bank   **necesario(a)** necessary
la **lámpara** lamp   el **sofá** sofa

NOMBRES

el (la) **aguafiestas** party pooper
  la **butaca** armchair
  la **cocina** stove
  la **cómoda** chest of drawers, dresser
  la **cortina** curtain, drape
  el **cuarto para huéspedes** guest room
  la **cuenta** account
    —**corriente** checking account
    —**de ahorros** savings account
  la **deuda** debt
  el **edificio** building
    —**de apartamentos** apartment building
el (la) **encargado(a)** manager (of an apartment)
  el **juego de cuarto (de dormitorio)** bedroom set
  la **matrícula** tuition
  la **mesa** table
    —**de centro** coffee table
    —**(mesita) de noche** nightstand, night table
  los **muebles** furniture
  el **piso** (*Spain*), **apartamento** apartment
  la **pintura** paint
  el **préstamo** loan
  la **silla** chair
  el **talonario de cheques** checkbook
  el **tocadiscos** record player
  el **trabajo** work, job
el (la) **único(a) hijo(a)** only child

VERBOS

aconsejar to advise
admitir to admit
buscar to look for
cocinar to cook
entrar to enter, come in
pintar to paint
prestar to lend
regalar to give (as a gift)
solicitar to apply for

ADJETIVOS

amueblado(a) furnished
bueno(a) kind, good
desocupado(a) vacant
divertido(a) fun
lindo(a) pretty
loco(a) crazy

OTRAS PALABRAS Y EXPRESIONES

a pesar de que in spite of the fact that
¡Claro que sí! Of course!
como siempre as usual
No importa. It doesn't matter.

Notas culturales

1. The University of Salamanca, founded about 1218, is one of the oldest and most famous universities in the world. Besides the regular courses offered for Spanish students, it offers several classes designed for foreign students.
2. Most universities in Spanish-speaking countries do not have dormitory facilities. Instead, students live at home with their families or rent apartments or rooms in a *pensión*.

¿Cuál es la respuesta?

Match each question in column A with the best answer in column B.

A	B
1. ¿Dónde pusiste la lámpara?	____ a. No, no tiene muebles.
2. ¿Quién te dio la llave?	____ b. No, sólo una cómoda y una mesa de noche.
3. ¿Qué muebles necesitas para la sala?	____ c. No, no tengo el talonario de cheques aquí.
4. ¿Alquilaron ellos una casa?	____ ch. No, ninguno.
5. ¿Abriste una cuenta corriente?	____ d. No, lo alquilaron ayer.
6. ¿Él tiene razón?	____ e. Un sofá y dos butacas.
7. ¿Sabe cocinar bien tu hija?	____ f. Sí, son muy buenos conmigo.
8. ¿Va a pintar el cuarto para huéspedes?	____ g. ¡Claro que sí! A ella le gusta mucho.
9. ¿Compraron un juego de cuarto nuevo?	____ h. En la mesa de centro.
10. ¿El apartamento está desocupado?	____ i. Es muy lindo.
11. ¿Tiene hermanos?	____ j. Sí, un buen trabajo.
12. ¿Cuándo va a ir?	____ k. No, no viene, pero no importa.
13. ¿Le va a regalar el sofá a Elsa?	____ l. En un edificio de apartamentos.
14. ¿Cómo es el piso que alquilaste?	____ ll. No, es único hijo.
15. ¿Tienes muchas deudas?	____ m. No, de ahorros.
16. ¿Vas a pagar con un cheque?	____ n. Sí, pero no le gusta hacerlo.
17. ¿Dónde viven?	____ ñ. Sí, y ya compró todo lo necesario.
18. ¿Te van a dar todo lo necesario tus padres?	____ o. No, un piso.
19. ¿Tienes algún plan para hoy?	____ p. El encargado.
20. ¿Viene Carlos a la fiesta?	____ q. Hoy mismo.
21. ¿El departamento es amueblado?	____ r. No, pocas.
22. ¿Te hace falta algo?	____ s. Sí, como siempre.

¡Vamos a conversar!

**A. We want to know what is happening with Beatriz and Pilar.
Tell us:**

1. ¿A qué universidad van a asistir Beatriz y Pilar?

_____

2. ¿Por qué están buscando un piso?

_____

3. ¿Qué tendrán que hacer las chicas si alquilan el piso?

_____

4. ¿Van a tener que comprar ellas la pintura? ¿Por qué?

_____

5. ¿Hablaron las chicas por teléfono con el encargado?

_____

6. La cocina es chica, pero eso no importa. ¿Por qué?

_____

7. ¿Le gusta el piso a Pilar? ¿Qué dice ella del piso?

_____

8. ¿Qué quiere Beatriz que sus padres le den?

_____

9. ¿Por qué no quieren ellos darle su juego de cuarto?

_____

10. ¿Qué cree Pilar que quieren los padres de Beatriz?

_____

11. ¿Tiene muchos hermanos Beatriz?

_____

12. ¿Qué abrieron los padres de Beatriz para ella?

_____

13. ¿Qué pueden hacer Pilar y Beatriz hoy mismo?

_____

14. ¿Qué muebles le van a regalar a Pilar sus padres?

_____

15. ¿Por qué quiere Beatriz una cocina nueva?

_____

16. ¿Tienen las chicas todos los muebles para la sala?

_____

17. ¿Para qué quiere comprar Beatriz un tocadiscos?

_____

18. ¿Qué le aconseja Pilar a Beatriz?

_____

19. ¿Qué no quiere tener Pilar?

_____

20. ¿Por qué dice Beatriz que Pilar es una aguafiestas?

_____

B.   Divide into groups of two and ask each other the following questions using the *tú* form.

Pregúntele a su compañero(a) de clase...

1.   ...si vive en una casa o en un apartamento.

2.   ...qué muebles tiene en su cuarto.

3.   ...qué muebles tiene en la sala de su casa.

4.   ...si tiene lámparas en su mesa de noche.

5.   ...si necesita comprar cortinas nuevas.

6.   ...si sabe cocinar y si le gusta hacerlo.

7.   ...si piensa pintar su casa pronto.

8.   ...si tiene una cuenta de ahorros y una cuenta corriente. (¿En qué banco?)

9.   ...si necesita solicitar un préstamo para pagar la matrícula.

10.   ...si tiene deudas.

11.   ...si es hijo(a) único(a).

12.   ...si tiene planes para hoy.

¿Qué falta aquí?

Using your imagination and the vocabulary learned in this lesson, complete the missing lines of this conversation.

Jorge y Víctor están buscando un apartamento amueblado cerca de la universidad donde van a estudiar.

JORGE — _____

VÍCTOR —Sí, hay muchos apartamentos desocupados cerca de la universidad.

JORGE — _____

VÍCTOR —Bueno, admito que a mí también me gustó el apartamento que vimos ayer, pero es demasiado caro.

JORGE — _____

VÍCTOR —¡Estás loco! No debemos pedirles dinero a nuestros padres. Ya ellos van a pagar la matrícula.

JORGE — _____

VÍCTOR —A mí me gusta más el apartamento que está en la calle Bolívar, pero es pequeño. ¿Cuál prefieres tú?

JORGE — _____

VÍCTOR —¿El apartamento que está en el edificio donde vive Carlos? ¡Es muy feo!

JORGE — _____

VÍCTOR —Sí, es barato, pero no es cómodo.

¿Qué pasa aquí?

What is going on in pictures A through D on page 228?

A. 1. ¿A dónde va a entrar Rita?

_____

2. ¿Cómo se llama el edificio de apartamentos?

_____

3. ¿Con quién habla Rita?

_____

4. ¿Qué le da el encargado a Rita?

_____

B. 1. ¿Qué está haciendo José?

_____

228

2. ¿En qué habitación está José?

_____

3. ¿De qué color es la pintura?

_____

4. ¿Qué muebles hay en el cuarto?

_____

5. ¿Cómo está la ventana?

_____

C. 1. ¿Qué haría Mario con cien mil dólares?

_____

2. ¿Compraría Mario una casa en la ciudad?

_____

3. ¿A dónde querría ir Elena?

_____

4. ¿Por qué no puede ir?

_____

D. 1. ¿Cómo se llama el hombre con quien está hablando Adela?

_____

2. ¿De qué le habla Adela a Hugo?

_____

3. ¿Tiene Hugo dinero para alquilar el apartamento?

_____

4. ¿Puede pedirle dinero a su padre?

_____

Situaciones

What would you say in the following situations? What might the other person say?

1. Your friend is looking for an apartment. Tell her that there is a vacant apartment in a very modern apartment building on Juarez Street. Tell her also that you know the manager and that he says it is a very good apartment.

2. Someone asks you what furniture he needs for a living room and a bedroom. Tell him.

3. Tell someone you opened a savings account and a checking account. Add that you already have your checkbook.

4. Tell someone that in spite of the fact that you need money, you don't want to apply for a loan.

Y ahora, ¿qué?

Act out the following situations with a classmate.

1. Two friends look at a vacant apartment and make comments about it, including the furniture.

2. Two friends discuss how their parents have helped them out.

¿Qué dice aquí?

You work at an agency that rents apartments. Answer clients' questions using the information provided in the ads.

E—ALQUILERES

1. ¿En qué apartamento dan un mes de renta gratis? ¿Pueden vivir allí familias que tienen perros (*dogs*)? ¿Cómo lo sabe Ud.?

   _____

2. ¿Qué apartamentos quedan cerca de una escuela (*school*)? ¿Cuánto se debe pagar allí el primer mes?

   _____

3. No tengo coche. ¿Qué apartamento debo alquilar? ¿Por qué?

   _____

4. ¿Qué apartamento tiene lavaplatos (*dishwasher*) y parque para niños? ¿Puedo ir a verlo el domingo? ¿Por qué?

   _____

5. Tengo dos niños pequeños. A ellos les gusta nadar y a nosotros nos gusta jugar (*play*) al tenis. ¿Qué apartamento debo alquilar?

   _____

6. No tengo muebles y no quiero comprarlos. ¿Qué apartamento debo alquilar? ¿Por qué?

   _____

7. ¿En que apartamento están incluidos el gas y el aire acondicionado en el precio?

   _____

8. Y Ud., ¿cuál de los apartamentos alquilaría y por qué?

   _____

Una actividad especial

Four or five real estate agencies are set up in the classroom. Signs reading "Agencia de Bienes Raíces" should be provided. Each agency has two or more employees. The rest of the students are buyers: for example, two or three newlywed couples looking for a house or an apartment, or college students looking for an apartment to rent. Apartments may be furnished or unfurnished. Type, size, location, and price of the house or apartment should be discussed. The real estate agents should have a listing of available houses and apartments and should include as many pictures as possible.

17

📻 En el hospital

El señor Paz se cayó de una escalera de mano y ahora está en la sala de emergencia, hablando con la enfermera.

ENFERMERA	—Quítese la ropa y póngase esta bata, señor. ¿Es usted alérgico a alguna medicina?
SR. PAZ	—No, no soy alérgico a ninguna medicina.

Con la doctora:

DOCTORA	—¿Qué pasó, señor Paz? ¿Cómo se lastimó?
SR. PAZ	—Me caí de una escalera. Me golpeé la cabeza y me corté la frente.
DOCTORA	—Bueno, voy a lavar y desinfectar la herida. ¿Cuánto tiempo hace que le pusieron una inyección antitetánica?
SR. PAZ	—Hace cinco meses. Me duele el tobillo. Creo que me lo rompí o me lo torcí.
DOCTORA	—Vamos a hacerle una radiografía. Temo que haya fractura. (*Al rato, después de ver la radiografía.*) Desgraciadamente, Ud. se fracturó el tobillo. Voy a enyesárselo. Es necesario que use muletas por dos semanas.
SR. PAZ	—Muy bien, doctora. Ojalá que no me duela mucho. No me gusta tomar calmantes.

Con la recepcionista:

SR. PAZ	—Señorita, ¿podría darme un turno para la semana próxima?
RECEPCIONISTA	—Sí, señor. El lunes próximo a las tres de la tarde. ¿Tiene Ud. seguro médico?
SR. PAZ	—Sí, y espero que el seguro cubra todos los gastos.

Marta Soto vino a ver al médico porque no se sentía bien. Ahora habla con la enfermera.

ENFERMERA	—Voy a tomarle la temperatura y la presión. ¿Cuánto hace que está enferma?
SRA. SOTO	—Desde anteayer. Me pasé dos días vomitando y tengo diarrea y náusea.
ENFERMERA	—Tiene la presión alta y un poco de fiebre. ¿Qué otros síntomas tiene?
SRA. SOTO	—Estoy débil y me duele la espalda.
ENFERMERA	—¿Hay alguna persona diabética en su familia?

SRA. SOTO	—Yo soy diabética, y como estoy embarazada, eso me preocupa mucho.

Con el médico:

MÉDICO	—Abra la boca y saque la lengua. Ahora respire hondo. Otra vez.
SRA. SOTO	—Me duele el pecho cuando respiro y también me duelen los oídos.
MÉDICO	—Tiene una infección en los oídos. Voy a recetarle unas pastillas. Para la diarrea, tome una cucharada de este líquido cada cuatro horas.
SRA. SOTO	—¿Y para el dolor de oído, doctor?
MÉDICO	—Le voy a recetar un calmante. Vuelva mañana porque necesita unos análisis. Aquí tiene la orden.

❖ ❖ ❖

At the hospital

Mr. Paz fell off a ladder and now he is in the emergency room, talking with the nurse.

NURSE:	Take off your clothes and put on this robe, sir. Are you allergic to any medicine?
MR. PAZ:	No, I'm not allergic to any medicine.

With the doctor:

DOCTOR:	What happened, Mr. Paz? How did you get hurt?
MR. PAZ:	I fell off a ladder. I hit my head and I cut my forehead.
DOCTOR:	Okay, I'm going to wash and disinfect the wound. How long ago did they give you a tetanus shot?
MR. PAZ:	Five months ago. My ankle hurts. I think I broke it or twisted it.
DOCTOR:	We're going to take an X-ray. I'm afraid there may be a fracture. (*A while later after seeing the X-ray.*) Unfortunately, you broke your ankle. I'm going to put it in a cast. It's necessary that you use crutches for two weeks.
MR. PAZ:	Very well, doctor. I hope it doesn't hurt much. I don't like to take pain killers.

With the receptionist:

MR. PAZ:	Miss, could you give me an appointment for next week?
RECEPTIONIST:	Yes, sir. Next Monday at three o'clock in the afternoon. Do you have medical insurance?
MR. PAZ:	Yes, and I hope the insurance covers all the expenses.

Marta Soto came to see the doctor because she wasn't feeling well. Now she's talking with the nurse.

NURSE:	I'm going to take your temperature and your blood pressure. How long have you been sick?
MRS. SOTO:	Since the day before yesterday. I spent two days vomiting and I have diarrhea and nausea.

NURSE:	You have high blood pressure and a little fever. What other symptoms do you have?
MRS. SOTO:	I'm weak and my back hurts.
NURSE:	Is there any diabetic person in your family?
MRS. SOTO:	I'm a diabetic, and since I'm pregnant, that worries me very much.

With the doctor:

DOCTOR:	Open your mouth and stick out your tongue. Now take a deep breath. Again.
MRS. SOTO:	My chest hurts when I breathe, and my ears hurt too.
DOCTOR:	You have an ear infection. I'm going to prescribe some pills (for you). For the diarrhea, take a spoonful of this liquid every four hours.
MRS. SOTO:	And for the earache, doctor?
DOCTOR:	I'm going to prescribe a pain killer (for you). Come back tomorrow because you need some tests. Here's the order.

🔲 Vocabulario

COGNADOS

alérgico(a) allergic	el **líquido** liquid
diabético(a) diabetic	la **náusea** nausea
la **diarrea** diarrhea	la **orden** order
la **familia** family	el (la) **recepcionista** receptionist
la **fractura** fracture	el **síntoma** symptom
el **hospital** hospital	la **temperatura** temperature
la **infección** infection	
la **inyección** injection, shot	
—**antitetánica** tetanus shot	

NOMBRES

el **análisis** test
la **bata** gown, robe
el **calmante** pain killer
el **consultorio** doctor's office
la **cucharada** spoonful
el (la) **enfermero(a)** nurse
la **escalera (de mano)** ladder
la **fiebre** fever
el **gasto** expense
la **herida** wound
el (la) **médico(a)** (medical) doctor
las **muletas** crutches
el **oído** inner ear
el **pecho** chest
la **presión** (blood) pressure
la **radiografía** X-ray
la **sala de emergencia** emergency room
el **seguro médico** medical insurance
el **tobillo** ankle
el **turno**, la **cita** appointment

VERBOS

caerse to fall down
cubrir to cover
desinfectar to disinfect
enyesar to put in a cast
fracturar(se) to fracture, to break
golpear(se) to hit (oneself)
lastimar(se) to hurt (oneself)
quitarse to take off, to remove
recetar to prescribe
respirar to breathe
romper(se) to break
temer to fear
torcer (o:ue) to twist
vomitar to vomit

ADJETIVOS

alto(a) high
débil weak
embarazada pregnant
enfermo(a) sick, ill

anteayer   the day before yesterday
desgraciadamente   unfortunately
hacer una radiografía   to take an X-ray
poner una inyección   to give a shot
respirar hondo   to take a deep breath
sacar la lengua   to stick out one's tongue

El cuerpo humano (*The human body*)

Notas culturales

1. Health care has been socialized in the majority of Spanish-speaking countries, where medical treatment at government-sponsored hospitals is available either free of charge or at a nominal fee. Nationalized health insurance (often called *el seguro social*) pays all or most of the bill. A relatively small number of private clinics coexist with the state-run facilities, catering largely to the well-to-do.

2. Although medicine is quite advanced in big cities, there are few hospitals or doctors in rural areas of many Spanish-speaking countries. Many residents of these areas traditionally go to the nearest city or rely on *curanderos(as)* (herb doctors), who recommend and administer home remedies. Many women have their babies with the help of a *partera* (midwife).

¿Cuál es la respuesta?

Match each question in column A with the best answer in column B.

A

1. ¿Se cayó de la escalera?

2. ¿Te rompiste la pierna?

3. ¿Te fracturaste el tobillo?

4. ¿Van a desinfectarle la herida?

5. ¿Cómo vas a caminar?

6. ¿Se quitó Ud. la ropa?

7. ¿Te duele mucho la cabeza?

8. ¿Dónde está el doctor?

9. ¿Tiene seguro médico?

10. ¿Está embarazada?

11. ¿Qué te recetó?

12. ¿Tienes náusea?

13. ¿Cómo te sientes?

14. ¿Tiene fiebre?

15. ¿Hay alguien diabético en su familia?

16. ¿Me van a hacer análisis?

17. ¿Cuándo llegaron?

18. ¿Cuánto debo tomar?

B

_____ a. Sí, y cubre todos los gastos.

_____ b. Sí, y le van a poner una inyección antitetánica.

_____ c. En su consultorio.

_____ ch. Sí, va a tener un hijo en julio.

_____ d. Sí, necesito un calmante.

_____ e. Sí, creo que voy a vomitar.

_____ f. Sí, y tuvieron que enyesársela.

_____ g. Un poco débil.

_____ h. No, me lo torcí.

_____ i. Este líquido.

_____ j. Sí, y se lastimó el brazo.

_____ k. Sí, y me puse una bata.

_____ l. Con muletas.

_____ ll. Sí, mi papá.

_____ m. Anteayer.

_____ n. Dos cucharadas.

_____ ñ. Sí, aquí tiene la orden.

_____ o. Sí, tiene una temperatura muy alta.

¿Recuerda estas partes del cuerpo?

Write the name beside the corresponding number for the parts of the body shown in the picture.

1. _____	11. _____	21. _____
2. _____	12. _____	22. _____
3. _____	13. _____	23. _____
4. _____	14. _____	24. _____
5. _____	15. _____	25. _____
6. _____	16. _____	26. _____
7. _____	17. _____	27. _____
8. _____	18. _____	28. _____
9. _____	19. _____	
10. _____	20. _____	

¡Vamos a conversar!

A. Answer the following questions about the dialogue using complete sentences.

1. ¿De dónde se cayó el señor Paz?

   _____

2. ¿Qué se quitó y qué se puso el señor Paz?

   _____

3. ¿Qué se golpeó y qué se cortó el señor Paz?

   _____

4. ¿Qué tuvo que lavar y desinfectar la doctora?

   _____

5. ¿Cuánto tiempo hace que le pusieron una inyección anti-tetánica al señor Paz?

   _____

6. ¿Para qué le van a hacer una radiografía al señor Paz?

   _____

7. ¿Qué se fracturó el señor Paz y qué va a hacer la doctora?

   _____

8. ¿Qué tendrá que usar el señor Paz para caminar?

   _____

9. ¿Para cuándo tiene turno el señor Paz?

   _____

10. ¿Qué espera el señor Paz de su seguro?

    _____

11. ¿Por qué tuvo que ir la señora Soto al médico?

    _____

12. ¿Qué le toma la enfermera a la señora Soto?

    _____

13. ¿Cuánto tiempo hace que la señora Soto está enferma?

    _____

14. ¿Qué problemas médicos tiene la señora Soto?

_____

15. ¿Qué le duele a la señora Soto cuando respira y qué más le duele?

_____

16. ¿Qué le va a recetar el médico a la señora Soto para la infección de oído?

_____

17. ¿Qué debe tomar la señora Soto para la diarrea?

_____

18. ¿Por qué debe volver la señora Soto mañana?

_____

B. Now answer the following questions about yourself.

1. ¿Cómo se siente Ud. hoy?

_____

2. ¿Ud. tiene la presión alta, baja o normal?

_____

3. ¿Es Ud. alérgico(a) a alguna medicina?

_____

4. ¿Cuánto tiempo hace que le pusieron una inyección antitetánica?

_____

5. ¿Le hicieron una radiografía alguna vez?

_____

6. ¿Qué toma Ud. cuando le duele algo?

_____

7. ¿Cree Ud. que es una buena idea tener seguro médico?

_____

8. ¿Su seguro cubre todos los gastos?

_____

¿Qué falta aquí?

Using your imagination and the vocabulary learned in this lesson, complete the missing lines of this conversation.

Con el doctor, en la sala de emergencia:

DOCTOR —¿Qué le pasó, señor?

PEDRO —_____

DOCTOR —¿Cómo se lastimó la pierna?

PEDRO —_____

DOCTOR —¿Le duele mucho?

PEDRO —_____

DOCTOR —Entonces le haremos unas radiografías.

Después de ver las radiografías:

DOCTOR —Ud. tiene una fractura en la pierna. Tendré que enyesársela.

PEDRO —_____

DOCTOR —Sí, señor, va a tener que usar muletas para caminar.

PEDRO —_____

DOCTOR —Tendrá que usarlas por unas cuatro semanas.

En el consultorio del médico:

DOCTORA —_____

_____

PACIENTE —Me siento mal, me duele la espalda y tengo náuseas.

DOCTORA —_____

PACIENTE —Sí, tengo un poco de fiebre, y también tengo diarrea.

DOCTORA —_____

PACIENTE —Desde ayer.

¿Qué pasa aquí?

What is going on in pictures A through F on page 242?

A. 1. ¿A dónde han traído a Luis?

_____

2. ¿Qué le pasó a Luis?

_____

3. ¿Qué se cortó Luis?

_____

4. ¿Qué no quiere Luis que haga la enfermera?

_____

5. ¿Qué tipo de inyección cree Ud. que la enfermera le va a
poner a Luis?

_____

B. 1. ¿A dónde lleva la enfermera a José?

_____

2. ¿Qué se ha quitado José?

_____

3. ¿Qué lleva puesto ahora?

_____

4. ¿Qué le van a hacer a José?

_____

C. 1. ¿Dónde está Raúl?

_____

2. ¿Qué le pasó a Raúl?

_____

3. ¿Qué le hicieron a Raúl?

_____

4. ¿Qué tiene Raúl cerca de la cama?

_____

5. ¿Para qué es necesario que Raúl use muletas?

_____

D. 1. ¿Cree Ud. que Jorge está enfermo? ¿Por qué?

_____

2. ¿Qué le pasa?

_____

3. ¿Qué va a hacer Jorge?

_____

4. ¿A qué hora le dan turno a Jorge?

_____

5. ¿Quién es el doctor de Jorge?

_____

6. ¿Cuál es la dirección del doctor Peña?

_____

E. 1. ¿Qué se cortó Rosa?

_____

2. ¿Le duele mucho la rodilla?

_____

3. ¿Con qué le va a desinfectar la herida la enfermera?

_____

4. ¿Qué no va a necesitar Rosa?

_____

F. 1. ¿Qué problema tiene Juan?

_____

2. ¿Qué le va a recetar el doctor Miño?

_____

3. ¿Cuántas pastillas tiene que tomar al día?

_____

4. ¿Cuándo tiene que tomar Juan el jarabe?

_____

5. ¿Cuántas cucharadas de jarabe debe tomar al día?

_____

Situaciones

What would you say in the following situations? What might the other person say?

1. You are a doctor. Tell your patient that you have seen the X-ray and he/she has a fracture. Say that you will have to put the leg in a cast and add that he/she will have to use crutches.

2. You are a patient. Tell your doctor that you fell down and hit your arm, and that you think you broke your wrist because it hurts a lot.

3. You are a nurse. Tell your patient you're going to take his/her blood pressure and temperature. Ask if he/she is allergic to any medicine.

4. You are a doctor. Tell your patient that you are going to prescribe a pain killer for the pain and a liquid for the ear infection. Add that he/she should take a spoonful of the liquid every four hours.

Y ahora, ¿qué?

Act out the following situations with a classmate.

1. A doctor gives instructions to a patient who broke his/her leg.

2. A patient describes symptoms to his/her doctor.

¿Qué dice aquí?

Study the medical record below and then answer the questions on page 246.

PLANILLA

Favor de contestar las siguientes preguntas: *María Teresa Paz de Vega*

1. ¿Está siguiendo tratamiento médico? *Sí*

2. ¿Tiene Ud. algunas limitaciones o incapacidades físicas? *No, ninguna*

3. ¿Está recibiendo actualmente algún tratamiento por problemas mentales? *NO*

4. ¿Estuvo Ud. alguna vez en algún hospital para enfermos mentales o bajo tratamiento psiquiátrico por otros problemas? *No, nunca*

5. PARA MUJERES: Fecha de su última visita ginecólogo. *5 de junio 1991*

HISTORIA CLÍNICA

	SÍ	NO	Fecha y lugar del tratamiento
Hepatitis		✓	
Ataques		✓	
Epilepsia		✓	
Tuberculosis		✓	
Diabetes		✓	
Úlcera(s)	✓		*ENERO DE 1990 - HOSPITAL NACIONAL*
Aborto(s)		✓	
Aborto natural	*1*		*AGOSTO DE 1990 - MATERNIDAD PRIVADA*
Problemas alcohólicos		✓	
Abscesos		✓	
Enfermedades venéreas		✓	
Problemas dentales		✓	
Alergia(s)	✓		*SOY ALÉRGICA A LA PENICILINA*

Resumen: _____

_____

_____

_____

1. ¿Cómo se llama la paciente?

    _____

2. ¿Cuál es su apellido de soltera?

    _____

3. ¿La señora Vega tuvo alguna vez problemas mentales?

    _____

4. ¿Cuándo fue la última vez que la señora Vega habló con su gine-
    cólogo?

    _____

5. ¿Qué problemas no ha tenido la señora Vega?

    _____

    _____

6. ¿Qué pasó en enero de 1990 y dónde fue hospitalizada la
    señora Vega?

    _____

7. ¿Ha tenido la señora Vega algún aborto natural (*miscarriage*)?
    ¿Cuándo?

    _____

8. ¿A qué antibiótico es alérgica la señora Vega?

    _____

Una actividad especial

Transform the classroom into a hospital emergency room. Put up
different signs for the waiting room, the examining room, etc. There
will be at least six doctors and two receptionists on duty. The rest of
the students will be the patients. Some will have broken arms, legs,
etc., and some will have cuts and various aches and pains. Two or
three students could play the roles of children who are taken to the
emergency room by a parent. (Remember to use the *tú* form of the
verb when addressing a child.) The receptionist will get data from
the patients and will make appointments for them.

18

▣ ¡A trabajar!

Doña María, la sirvienta de los López, está enferma, y su hija Rosa ha venido a ayudar a Anita.

ROSA —¿Qué van a desayunar, señora? ¿Jamón con huevos?

ANITA —Sí. Por favor, haz jamón con huevos para Daniel, y a mí tráeme una taza de chocolate y dos tostadas con mantequilla y jalea o mermelada.

ROSA —¿Cómo preparo los huevos? ¿Fritos, revueltos o pasados por agua?

ANITA —Revueltos. Y trae una jarra de jugo de naranja. Gracias.

Después del desayuno:

ANITA —(*A Daniel.*) Oye, cariño, necesito que me ayudes. Limpia el garaje, ¿quieres?

DANIEL —Voy a barrer la terraza primero. Dame la escoba y el recogedor.

ANITA —No te olvides de arreglar el televisor.

DANIEL —Dudo que yo pueda arreglarlo, Anita. Para eso necesitamos a alguien que sepa lo que está haciendo. ¡Llama a un técnico!

ANITA —Entonces saca la basura. La lata de la basura está en la cocina, debajo del fregadero.

DANIEL —Bueno.

ANITA —(*Llama a la criada.*) ¡Rosita! Sacude los muebles y limpia los ceniceros... y después friega las ollas y la sartén, por favor.

ROSA —Bueno. ¿No tengo que ir a la panadería y a la carnicería?

ANITA —No, ve al supermercado después. La lista de lo que necesitamos está en la mesita de noche, debajo de la lámpara.

ROSA —Señora, el tocadiscos está encendido. ¿Lo apago?

ANITA —No, no lo apagues. Súbele el volumen. ¡Ah! Enchufa la plancha. Voy a planchar.

ROSA —¿Pongo el pavo en el horno, señora?

ANITA —No, yo lo hago después. Oye, ¿conoces a alguien que pueda arreglar el televisor?

ROSA —Sí, mi vecino puede arreglárselo. También puede arreglar la tostadora que está descompuesta.

DANIEL —(*Desde el garaje.*) ¡Anita! ¿Qué hace el extinguidor de incendios en el garaje? ¡Debería estar en la cocina!

ANITA —Bueno, tráelo. Pero no entres ahora porque el piso de la cocina está mojado. Ah, no... ya está seco. Ven.

Más tarde:

ROSA —Señora, ya pelé las papas y las herví. ¿Qué hago ahora?
ANITA —Pon la mesa, por favor.

La lista de cosas que Rosa debe comprar:

remolachas	mayonesa
salsa de tomate	maní
verduras congeladas	pepinos
carne picada	limón
espinacas	ajo
aceitunas	apio

Las cosas que Rosa necesita para poner la mesa:

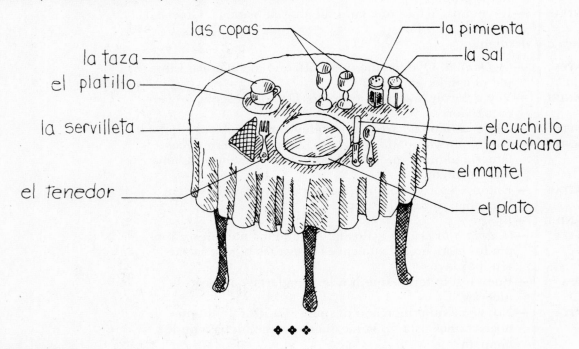

♦♦♦

To work!

Doña María, the maid who works for the Lopez family, is sick, and her daughter Rosa has come to help Anita.

ROSA: What are you going to have for breakfast, madam? Ham and eggs?

ANITA: Yes. Please make ham and eggs for Daniel, and bring me a cup of (hot) chocolate and two pieces of toast with butter and jam or marmalade.

ROSA: How shall I prepare the eggs? Fried, scrambled, or soft-boiled?

ANITA: Scrambled. And bring a pitcher of orange juice. Thanks.

After breakfast:

ANITA: (*To Daniel.*) Listen, love, I need you to help me. Clean the garage, would you?

DANIEL: I'm going to sweep the terrace first. Give me the broom and the dustpan.

ANITA: Don't forget to fix the TV set.

DANIEL: I doubt that I can fix it, Anita. For that we need someone who knows what he's doing. Call a technician!

ANITA: Then take out the trash. The trash can is in the kitchen, under the sink.

DANIEL: Okay.

ANITA: (*She calls the maid.*) Rosita! Dust the furniture and clean the ashtrays . . . and afterwards wash the pots and the frying pan, please.

ROSA: Okay. Don't I have to go to the bakery and to the butcher shop?

ANITA: No, go to the supermarket later. The list of things we need is on the night table, under the lamp.

ROSA: Madam, the record player is on. Shall I turn it off?

ANITA: No, don't turn it off. Turn the volume up. Oh! Plug the iron in. I'm going to iron.

ROSA: Shall I put the turkey in the oven, madam?

ANITA: No, I'll do it later. Listen, do you know anybody who can fix the TV set?

ROSA: Yes, my neighbor can fix it for you. He can also fix the toaster, which isn't working.

DANIEL: (*From the garage.*) Anita! What's the fire extinguisher doing in the garage? It should be in the kitchen!

ANITA: Okay. Bring it (in). But don't come in now because the kitchen floor is wet. Oh, no . . . it's already dry. Come.

Later:

ROSA: Madam, I already peeled the potatoes and boiled them. What shall I do now?

ANITA: Set the table, please.

The list of things that Rosa must buy:

beets	mayonnaise
tomato sauce	peanuts
frozen vegetables	cucumbers
ground meat	lemon
spinach	garlic
olives	celery

📇 Vocabulario

COGNADOS

el **limón** lemon
la **mayonesa** mayonnaise

la **mermelada** marmalade
el **volumen** volume

NOMBRES

la **aceituna** olive
el **ajo** garlic
el **apio** celery
la **basura** trash
la **carne picada, el picadillo** ground meat
la **carnicería** butcher shop
el **cenicero** ashtray
la **escoba** broom
la **espinaca** spinach
el **extinguidor de incendios** fire extinguisher
el **fregadero** kitchen sink
el **horno** oven
la **jalea** jam
la **jarra** pitcher, jug
la **lata de la basura** trash can
el **maní, cacahuate** (*Méx.*) peanut
la **olla** pot
la **panadería** bakery
la **plancha** iron
el **recogedor** dustpan
la **remolacha** beet
la **salsa de tomate** tomato sauce
la **sartén** frying pan
el (la) **sirviente(a)** servant
el (la) **técnico(a)** technician
la **tostada** slice of toast
la **tostadora** toaster
el (la) **vecino(a)** neighbor
la **verdura** vegetable

VERBOS

apagar to turn off, to put out (a fire)
barrer to sweep
desayunar to have breakfast
dudar to doubt
enchufar to plug in
fregar (e:ie) to wash, to scrub
hervir (e:ie) to boil
olvidar(se) (de) to forget
pelar to peel

ADJETIVOS

congelado(a) frozen
encendido(a) turned on (electricity)
mojado(a) wet
revuelto(a) scrambled
seco(a) dry

OTRAS PALABRAS Y EXPRESIONES

cariño, amor love (term of endearment)
debajo de under
pasado por agua soft-boiled
sacar la basura to take out the trash
sacudir los muebles to dust the furniture
subir el volumen to turn up the volume

Notas culturales

1. Traditionally, men in Spanish-speaking countries generally don't help with housework, but now that is changing, especially among young people.
2. *-ito* and *-ita* are suffixes often added to names to form the diminutive which expresses affection. The name *Anita*, for example, is the same as *Ana* and not, as thought in the United States, a different name: *Rosa/Rosita; Luis/Luisito*, and so on.

¿Cuál es la respuesta?

Match each question in column A with the best answer in column B.

A

1. ¿Qué vegetales necesitas?

2. ¿Dónde compraste pan?

3. ¿Qué va a desayunar?

4. ¿Dónde está la lata de la basura?

5. ¿Qué necesitas para barrer la cocina?

6. ¿Hiciste las tostadas?

7. ¿Quién sacó la basura?

8. ¿Quiere los huevos fritos o pasados por agua?

9. ¿Qué compraste en la carnicería?

10. ¿Tienes un cenicero?

11. ¿Está encendido?

12. ¿Quieres ensalada de remolacha?

13. ¿Con qué lo apagaron?

14. ¿Enchufó ella la plancha?

15. ¿Fregó Ana la sartén?

16. ¿Qué le pusiste a las verduras?

17. ¿Todavía está mojado el piso?

18. ¿Pelaste las papas?

19. ¿Dónde pusiste el pavo?

20. ¿Vas a servir las verduras ahora?

B

____ a. No, las ollas.

____ b. No, no fumo.

____ c. La escoba y el recogedor.

____ ch. No, no tengo tostadora.

____ d. No, ya está seco.

____ e. No, no va a planchar ahora.

____ f. En la panadería.

____ g. En el horno.

____ h. No puedo. Están congeladas.

____ i. Con el extinguidor de incendios.

____ j. Chocolate y tostadas con jalea.

____ k. Mantequilla.

____ l. No, me olvidé.

____ ll. La sirvienta.

____ m. No, apagado.

____ n. Apio, pepino y espinacas.

____ ñ. No, de pepino con mayonesa.

____ o. Picadillo.

____ p. No, los prefiero revueltos.

____ q. Debajo del fregadero.

¡Vamos a conversar!

A. Answer these questions about the dialogue using complete sentences.

1. ¿Por qué vino Rosa a ayudar a los López?

_____

2. ¿Qué va a desayunar Daniel?

_____

3. ¿Con qué va a comer Anita las tostadas?

_____

4. ¿Qué van a tomar Anita y Daniel?

_____

5. ¿Qué necesita Daniel para barrer la terraza?

_____

6. Daniel dice que él no puede arreglar el televisor. ¿A quién
   va a llamar?

_____

7. ¿Qué quiere Anita que haga Rosa?

_____

8. ¿Va a ir Rosa a la panadería y a la carnicería?

_____

9. ¿Debe apagar el tocadiscos Rosa?

_____

10. ¿Por qué quiere Anita que Rosa enchufe la plancha?

_____

11. ¿Conoce Rosa a alguien que pueda arreglar el televisor?

_____

12. ¿Qué más puede arreglar el vecino de Rosa?

_____

13. ¿Dónde está el extinguidor de incendios?

_____

14. ¿Está mojado el piso de la cocina?

_____

15. ¿Qué necesita Rosa para poner la mesa?

_____

16. ¿Qué debe comprar Rosa en el supermercado en el
    departamento de verduras?

_____

B. **Divide into groups of two and ask each other the following questions, using the *tú* form.**

Pregúntele a su compañero(a) de clase...

1. ...qué desayunó hoy.

2. ...a qué hora toma el desayuno generalmente.

3. ...si prefiere comer huevos fritos o revueltos.

4. ...si le gustan las tostadas con mantequilla de maní.

5. ...qué mermelada prefiere.

6. ...si le gusta el pavo o prefiere el pollo.

7. ...si le gusta más la ensalada de lechuga o de pepino.

8. ...si cuando va de compras lleva una lista de las cosas que necesita.

9. ...si compra el pan en la panadería o en el supermercado.

10. ...si cree que es peligroso dejar el horno encendido cuando no hay nadie en la casa.

11. ...si tiene un extinguidor de incendios en su coche.

12. ...si deja la plancha enchufada cuando no la está usando.

¿Qué falta aquí?

Using your imagination and the vocabulary learned in this lesson, complete the missing lines of this conversation.

Con Juana, la sirvienta:

SEÑORA —_____

SIRVIENTA —Sí, señora. Ya barrí la terraza.

SEÑORA —_____

SIRVIENTA —No, todavía no he sacado la basura; la voy a sacar más tarde.

SEÑORA —_____

SIRVIENTA —Está debajo del fregadero.

SEÑORA —_____

SIRVIENTA —Sí, señora. En seguida lo apago.

SEÑORA —_____

SIRVIENTA —No puedo poner la mesa. No sé dónde están las servilletas.

SEÑORA — _____

SIRVIENTA —No, no están en la cocina.

SEÑORA — _____

SIRVIENTA —¡Ah, sí, es verdad! Están debajo del mantel.

SEÑORA — _____

SIRVIENTA —Voy a sacudir los muebles y después voy a enchufar la
plancha para planchar.

¿Qué pasa aquí?

What is going on in pictures A through F on page 255?

A. 1. ¿Qué está haciendo Lisa?

_____

    2. ¿Qué quiere Lisa que haga su hermano José?

_____

    3. ¿Qué va a necesitar José para hacerlo?

_____

    4. ¿Qué quiere hacer José?

_____

    5. ¿Qué cree Ud. que está tomando José?

_____

    6. ¿Cree Ud. que José quiere limpiar el garaje ahora? ¿Por qué?

_____

B. 1. ¿En qué parte de la casa está Rita?

_____

    2. ¿Qué cree Ud. que estaba haciendo Rita?

_____

    3. ¿A quién llama Rita?

_____

    4. ¿Quién cree Ud. que es Pepito?

_____

    5. ¿Qué quiere Rita que haga Pepito?

_____

6. ¿Dónde está la lata de basura?

_____

C. 1. ¿Qué quiere la señora Mena que haga la sirvienta?

_____

2. ¿Dónde están los platos?

_____

3. ¿Qué quiere hacer la criada primero?

_____

4. ¿Qué cree Ud. que va a hacer la criada?

_____

D. 1. ¿Está encendido o apagado el tocadiscos?

_____

2. ¿Cree Ud. que el señor Ortiz quiere que los niños le suban o le bajen el volumen al tocadiscos?

_____

3. ¿Qué tiene el niño en la mano?

_____

4. ¿Cree Ud. que los niños están escuchando música clásica o lo duda?

_____

E. 1. ¿Para cuántas personas está puesta la mesa?

_____

2. Nombre las cosas que hay en la mesa:

a. _____   f. _____

b. _____   g. _____

c. _____   h. _____

d. _____   i. _____

e. _____   j. _____

3. Julio no toma vino. ¿Cómo lo sabemos?

_____

4. ¿Qué le hace falta a Rosa?

_____

5. ¿Qué le hace falta a Julio?

_____

F. 1. ¿Qué está haciendo la señora Miño?

_____

2. ¿Para cuántas personas prepara la señora Miño la comida?

_____

3. ¿Qué va a hacer la señora Miño con las papas?

_____

4. ¿Hay alguien ayudando a la señora Miño?

_____

Situaciones

What would you say in the following situations? What might the other person say?

1. A young person comes to help you with the housework. Tell him/her to do the following:
   a. Make ham and scrambled eggs.
   b. Bring you three pieces of toast with butter and jam.
   c. Sweep the garage.
   d. Take out the trash.
   e. Dust the furniture.
   f. Go to the bakery and the butcher shop.
   g. Put the turkey in the oven.
   h. Bring the fire extinguisher to the kitchen.
   i. Peel four potatoes.
   j. Set the table.

2. You are going to fix breakfast for a friend. Find out if he/she wants you to serve fried or soft-boiled eggs, and whether he/she wants jam or marmalade with the toast. Ask him/her to bring the pitcher of orange juice to the table.

3. Tell your spouse you want him/her to help you. Be affectionate! Tell him/her to ask a friend whether he/she knows anybody who can fix the record player.

4. Your friend is going shopping. Tell him/her to bring you frozen vegetables, mayonnaise, a lemon, garlic, olives, celery, beets, and tomato sauce. Tell him/her not to forget anything.

5. Your friend wants to eat Mexican food. Say that you also feel like eating Mexican food, but there isn't any restaurant in this city that serves good Mexican food.

6. Tell a child to stay in his or her bedroom because the kitchen floor isn't dry yet.

Y ahora, ¿qué?

Act out the following situations with a classmate.

1. Two roommates are doing chores around the house and telling each other what things need to be done.

2. Two roommates are preparing a shopping list. (Include vocabulary from other lessons.)

¿Qué dice aquí?

Read the ad on page 259 and then answer the questions based on the information provided.

1. Si necesito ayuda para la limpieza de la casa, ¿a quién puedo llamar?

   _____

2. En la casa, ¿qué limpian los empleados de Sirvientes por Hora?

   _____

3. Además de limpiar, ¿qué más hacen ellos?

   _____

4. ¿Pueden ayudar a preparar las comidas? ¿Cómo lo sabe Ud.?

   _____

5. Si deseo tener un estimado del costo total, ¿qué debo hacer?

   _____

6. ¿De qué otra forma puedo pagar por el trabajo?

   _____

7. ¿A qué teléfono debo llamar para solicitar los servicios de la agencia?

   _____

8. ¿Qué días y a qué horas puedo llamar?

   _____

¿Viene a visitarla su suegra?
¿Viene a cenar el jefe?

¿Quiere impresionar a sus visitantes y no tiene tiempo para limpiar, cocinar y arreglar la casa?

SIRVIENTES POR HORA
Esa es la solución para su problema.

SIRVIENTES POR HORA le ofrece lo siguiente:
- Limpieza total de la casa
    Alfombra, baños, cocina
    Puertas y ventanas
    Cortinas, cristales
- Sacudimos los muebles, fregamos la loza
- Lavamos y planchamos su ropa
- Tenemos cocineros expertos y sirvientes profesionales.

Llámenos y le daremos un estimado del costo total del trabajo o, si prefiere, pague por horas.

SIRVIENTES POR HORA
Teléfono 234-5691

Esperamos su llamada de lunes a sábado de 9 a 5.

Una actividad especial

The classroom turns into several homes. The instructor and several students are the fathers or the mothers, while other students play the roles of children. The fathers or mothers tell the children what to do or what to tell a brother or sister to do. The child will then do it, and then report back to "Dad" or "Mom"—e.g., *"Ya lavé los platos. ¿Qué hago ahora?"* Bring tablecloths, silverware, dusters, brooms, etc., to help the dramatization seem as real as possible.

¡VAMOS A LEER!

Noticias internacionales

Naciones Unidas Septiembre 20

La Unión Soviética y Vietnam sufrieron ayer una gran derrota° diplomática cuando la Asamblea General de las Naciones Unidas rehusó° expulsar° a la delegación de Camboya.

derrota defeat
rehusó (it) refused to / **expulsar** to expel

Caracas Septiembre 22

El Ministro de Energía de Venezuela informó que la ayuda financiera de la OPEP (Organización de Países Explotadores de Petróleo)° a las naciones subdesarrolladas° es ocho veces mayor que la ayuda que dan los países industrializados.

petróleo oil / **subdesarrolladas** underdeveloped

San Salvador Septiembre 25

Tres personas murieron anoche en un atentado° contra° la estación de policía. Los terroristas escaparon en un automóvil.

atentado attempt / **contra** against

México Septiembre 28

Aumenta la inflación mundial.° La inflación en los países industrializados aumentó el 20% en junio. La mayor inflación tuvo lugar en la Argentina.

mundial worldwide

After reading the international news, answer the following questions.

1. ¿Qué países sufrieron una gran derrota en las Naciones Unidas?

_____

2. ¿Qué rehusó hacer la Asamblea General?

_____

3. ¿Qué informó el Ministro de Energía de Venezuela?

_____

4. ¿Qué quiere decir OPEP?

_____

5. ¿Qué pasó anoche en San Salvador?

_____

6. ¿Arrestaron a los terroristas?

_____

7. ¿Cuánto aumentó la inflación en los países industrializados?

_____

8. ¿Qué país tiene la mayor inflación?

_____

19

🖥 En la Universidad de Miami

Magali y Ángel son dos estudiantes universitarios que viven y estudian en Miami. Magali nació en Cuba y se crió en la Florida y Ángel es de Nicaragua. Los dos están tomando juntos una clase de cibernética en la Universidad de Miami. Ahora están charlando en la cafetería.

MAGALI —Espero que nos haya ido bien en el examen. Yo estudié mucho, pero...

ÁNGEL —Yo lo encontré bastante difícil... Y mañana tengo un examen parcial en mi clase de estadística.

MAGALI —Yo pienso tomar esa clase en cuanto termine con todos los requisitos generales.

ÁNGEL —¿Cuál es tu especialización?

MAGALI —Ciencias económicas, a menos que cambie de idea...

ÁNGEL —Tú tienes una beca, ¿no? ¿Qué promedio tienes que mantener?

MAGALI —Un promedio de B más, por lo menos.

ÁNGEL —Yo quiero solicitar una beca, pero, para que me la den, voy a tener que mejorar mis notas.

MAGALI —¿Qué otras clases estás tomando este trimestre?

ÁNGEL —Contabilidad, química y física. Catorce unidades en total.

MAGALI —No son asignaturas fáciles. Debe ser difícil sacar buenas notas... ¿Estudias mucho?

ÁNGEL —¡Sí! Todos los días, en cuanto llego a casa, empiezo a estudiar.

MAGALI —¡Pobrecito! ¿Y tu vida social? ¡Debe ser un desastre!

ÁNGEL —¡Y va a ser así hasta que me gradúe!

MAGALI —Es una lástima que no hayas podido conseguir una beca este año...

ÁNGEL —Sí, porque mis padres tienen que sacrificarse mucho para que yo pueda estudiar.

MAGALI —¿Por qué no hablas con tu consejero? A lo mejor pueden darte un préstamo que no tendrás que pagar hasta que termines tu carrera.

ÁNGEL —Yo ya solicité uno, pero dudo que la solicitud haya llegado a tiempo para que me lo den el próximo trimestre, así que yo voy a tener que pagar la matrícula.

MAGALI —¡Ojalá que sí! Y me voy, que ya empieza mi clase de arte y no quiero llegar tarde.

❖ ❖ ❖

At the University of Miami

Magali and Ángel are two college students who live and study in Miami. Magali was born in Cuba and was raised in Florida and Ángel is from Nicaragua. Both are taking a computer science class (together) at the University of Miami. Now they are chatting in the cafeteria.

MAGALI:	I hope we did well on the test. I studied a lot, but . . .
ÁNGEL:	I found it quite difficult . . . . And tomorrow I have a midterm in my statistics class.
MAGALI:	I plan to take that class as soon as I finish with all the general requirements.
ÁNGEL:	What is your major?
MAGALI:	Economics, unless I change my mind . . .
ÁNGEL:	You have a scholarship, right? What grade-point average do you have to maintain?
MAGALI:	An average of B plus, at least.
ÁNGEL:	I want to apply for a scholarship, but in order for them to give it to me, I'm going to have to improve my grades.
MAGALI:	What other classes are you taking this quarter?
ÁNGEL:	Accounting, chemistry, and physics. Fourteen units in all.
MAGALI:	They're not easy subjects. It must be difficult to get good grades . . . . Do you study a lot?
ÁNGEL:	Yes! Every day, as soon as I get home, I start studying.
MAGALI:	Poor thing! And your social life? It must be a disaster!
ÁNGEL:	And it's going to be like that until I graduate!
MAGALI:	It's a pity that you haven't been able to get a scholarship this year . . .
ÁNGEL:	Yes, because my parents have to sacrifice a lot so I can study.
MAGALI:	Why don't you speak with your adviser? Maybe they can give you a loan that you won't have to pay until you finish your schooling.
ÁNGEL:	I already applied for one, but I doubt that the application (has) arrived in time for them to give it to me next quarter, so I'm going to have to pay tuition.
MAGALI:	I hope it has! And (now) I'm leaving because my art class is starting and I don't want to be late.

🖭 Vocabulario

COGNADOS

el **arte** art	el **examen** exam
el **desastre** disaster	**general** general
la **estadística** statistics	**social** social

NOMBRES

la **asignatura, materia** subject (in school)
la **beca** scholarship
la **carrera** career, schooling
la **cibernética, informática** computer science
el (la) **consejero(a)** adviser
la **especialización** major (in school) specialization
el **examen parcial (de mitad de curso)** midterm examination

la **física** physics
la **nota** grade
el **promedio** grade-point average
la **química** chemistry
el **requisito** requirement
la **solicitud** application
el **trimestre** quarter (in school)
la **unidad**, el **crédito** unit, credit
la **vida** life

ADJETIVOS

difícil   difficult
fácil   easy
juntos(as)   together
universitario(a)   university

VERBOS

conseguir (e:i)   to get, to obtain
criarse   to be raised
charlar, platicar (*Mex.*)   to chat
encontrar (o:ue)   to find
graduarse   to graduate
mantener (conj. like **tener**)   to maintain, to keep
mejorar   to improve
nacer   to be born
sacrificar(se)   to sacrifice (oneself)

OTRAS PALABRAS Y EXPRESIONES

a lo mejor, quizás   maybe, perhaps
a menos que   unless
a tiempo   on time
así   like this, like that
así que   so
cambiar de idea   to change one's mind
en cuanto, tan pronto como   as soon as
en total   in all
Es una lástima.   It's a pity.
irle bien a uno   to do well
llegar tarde   to be late
llegar temprano   to be early
Me voy.   I'm leaving.
Ojalá que sí.   I hope so.
para que   so that, in order that
¡Pobrecito(a)!   Poor thing!
por lo menos   at least
sacar una nota   to get a grade
todos los días   every day

Notas culturales

1. The concept of a "major," as it exists in American colleges and universities, does not exist in most universities in the Spanish-speaking world. Spanish and Latin American students usually fulfill their general academic requirements in high school and begin specialized studies immediately upon entering the appropriate *facultad* of the university (e.g., *La Facultad de Medicina, la Facultad de Ingeniería, la Facultad de Arquitectura*, etc.). The curriculum in each *facultad* is quite rigidly focused and rarely includes elective courses.
2. Most universities in Spanish-speaking countries use a grading system (*el sistema de calificaciones*) based on numbers rather than letters. The numerical system varies from country to country. Latin American grades usually range from 1 to 5; Spanish grades usually range from 1 to 10. The standard minimum passing grade normally ranges from 3 to 6.

¿Cuál es la respuesta?

Match each question in column A with the best answer in column B.

A

1. ¿Cuál es tu asignatura favorita?
2. ¿Qué promedio mantienes?
3. ¿Cuándo te gradúas?
4. ¿Te van a dar la beca?
5. ¿Cómo es tu vida social?

B

_____ a. ¡Un desastre!
_____ b. Sí, de mitad de curso.
_____ c. No, es facilísimo.
_____ ch. No, trimestres.
_____ d. Por lo menos cien dólares.

(continuado)

265

6. ¿Estudias química? _____ e. B+. A lo mejor me dan una beca...

7. ¿Tienes un examen mañana? _____ f. No, cambió de idea.

8. ¿Sacas buenas notas? _____ g. En 1973.

9. ¿Cuántas unidades tomas? _____ h. La cibernética.

10. ¿En esa universidad tienen semestres? _____ i. Charlando.

11. ¿Cuándo lo vas a terminar? _____ j. En Buenos Aires.

12. ¿Es difícil? _____ k. Sí. ¡Pobrecito!

13. ¿Cómo te fue? _____ l. ¡Ojalá que sí!

14. ¿Cuánto dinero necesitas? _____ ll. Sí, vamos juntos.

15. ¿En qué año naciste? _____ m. Sí, es mi especialización.

16. ¿Dónde te criaste? _____ n. El año próximo.

17. ¿Vas con Carlos? _____ ñ. Sí, porque estudio muchísimo.

18. Va a tomar física, ¿verdad? _____ o. Bastante mal, así que tendré que estudiar más.

19. ¿Qué estaban haciendo? _____ p. Quince en total.

20. ¿Está enfermo? _____ q. Sí, la mandé ayer.

21. ¿Son estudiantes universitarios? _____ r. Sí, asisten a la Universidad de Guadalajara.

22. ¿Ya enviaste la solicitud? _____ s. Esta tarde.

¡Vamos a conversar!

A. Answer the following questions based on the dialogue.

1. ¿Quiénes son Magali y Ángel?

_____

2. ¿Son norteamericanos? ¿De dónde son?

_____

3. ¿Qué clase toman juntos?

_____

4. ¿Magali está segura de que le fue bien en el examen?

_____

5. ¿Fue fácil el examen para Ángel?

   _____

6. ¿Cree Ud. que Ángel va a tener que estudiar esta noche?
   ¿Por qué?

   _____

7. ¿Cuándo piensa Magali tomar estadística?

   _____

8. ¿Qué promedio tiene que mantener Magali para no perder la
   beca?

   _____

9. ¿Qué van a tener que hacer Ángel para que le den una beca?

   _____

10. ¿Ángel está tomando más o menos de quince unidades?

   _____

11. ¿Por qué tiene que estudiar mucho Ángel?

   _____

12. ¿Hasta cuándo va a ser la vida social de Ángel un desastre?

   _____

13. ¿Qué dice Magali que es una lástima?

   _____

14. ¿Cree Ud. que los padres de Ángel tienen mucho dinero?
    ¿Cómo lo sabe?

   _____

15. Si le dan un préstamo a Ángel, ¿cuándo tendrá que pagarlo?

   _____

16. Ángel ya solicitó un préstamo, pero, ¿qué duda?

   _____

17. ¿Qué tendrá que pagar Ángel si no le dan el préstamo?

   _____

18. ¿A dónde va a ir Magali ahora?

   _____

B. **Now answer the following questions about yourself.**

1. ¿Dónde nació Ud. y dónde se crió?

   _____

2. De las clases que Ud. está tomando, ¿el español es la más fácil o la más difícil?

   _____

3. ¿Tiene Ud. beca?

   _____

4. ¿Qué promedio mantiene Ud.?

   _____

5. ¿Qué hace Ud. todos los días en cuanto llega a su casa?

   _____

6. ¿Cómo es su vida social?

   _____

7. ¿Cuándo espera graduarse Ud.?

   _____

8. ¿Tiene Ud. un consejero? (¿Quién es?)

   _____

9. ¿Cuánto cuesta la matrícula en esta universidad?

   _____

10. ¿A dónde va Ud. después de la clase de español?

   _____

¿Qué falta aquí?

Using your imagination and the vocabulary learned in this lesson, complete the missing lines of this conversation.

ERNESTO —_____

CARMEN —Estoy tomando estadística, informática, física y administración de empresas.

ERNESTO —_____

CARMEN —Mantengo un promedio de A menos.

ERNESTO —_____

CARMEN —Sí, tengo una beca muy buena; paga la matrícula y los libros.

ERNESTO —_____

CARMEN —Administración de empresas. A menos que cambie de
idea...

ERNESTO —_____

CARMEN —Me gradúo el año próximo, ¿y tú?

ERNESTO —_____

¿Qué pasa aquí?

What is going on in pictures A through D?

A. 1. ¿Qué asignaturas están tomando Daniel y Rafael?

   _____

   2. ¿Cómo les fue en el examen a cada uno?

   _____

   3. ¿Qué nota sacó cada uno?

   _____

   4. ¿Cree Daniel que puede conseguir una beca?

   _____

   5. ¿Qué va a tener que hacer para pagar la matrícula?

   _____

B. 1. ¿Cuál era la especialización de Julia?

   _____

   2. ¿En qué año pensaba graduarse?

   _____

   3. ¿Cambió de idea Julia? ¿Cómo?

   _____

   _____

   4. ¿Cuál era su especialización cuando se graduó?

   _____

   5. ¿Cuántos años más tuvo que estudiar?

   _____

C. 1. ¿En qué país nació José Luis? ¿En qué año?

   _____

   2. ¿Dónde se crió?

   _____

   3. ¿Cuántos años tenía cuando fue a vivir en Argentina?

   _____

   4. ¿A qué universidad asiste ahora?

   _____

   5. ¿Qué carrera está estudiando, medicina o ingeniería?

   _____

D. 1. ¿Cómo son las notas de Marisa?

_____

2. ¿Qué va a tener que hacer para mejorarlas?

_____

3. ¿Cómo va a ser su vida social por el resto del semestre?

_____

4. ¿Quién va a ayudar a Marisa a estudiar?

_____

5. ¿Cuántas clases está tomando Marisa en total?

_____

Situaciones

What would you say in the following situations? What might the other person say?

1. You are discussing an exam with a classmate. Ask how he/she did in the exam and say that you found it quite easy.

2. Find out the following about a classmate:
   a. how many units he/she is taking;
   b. whether or not he/she has taken all the requirements;
   c. whether or not he/she has an adviser (and who the adviser is);
   d. when he/she is graduating.

3. You are talking to a friend who is not doing his/her best in school. Say that his/her parents have to sacrifice a lot so that he/she can attend the university.

4. Tell a friend that you are leaving because you don't want to be late to your computer science class.

Y ahora, ¿qué?

Act out the following situations with a classmate.

1. Two students are discussing their classes, exams, grades, favorite subjects, etc.

2. Two students are discussing the price of tuition, possibilities of getting a scholarship, applying for a loan, etc.

¿Qué dice aquí?

Answer the questions on page 273 according to the ad below.

1. Según el aviso, ¿son iguales todas las universidades?

   _____

2. Si alguien quiere ser abogado (*lawyer*), ¿qué tipo de licenciatura puede obtener en el Centro Universitario?

   _____

3. ¿Qué puede estudiar alguien que está interesado(a) en computadoras?

   _____

4. Si a una persona le interesan los negocios, ¿qué puede estudiar?

   _____

5. Si alguien quiere obtener más información sobre estos programas, ¿a qué dirección debe escribir?

   _____

6. ¿Cuántos centros tiene la universidad y en qué lugares están?

   _____

7. ¿A Ud., qué tipo de licenciatura le gustaría conseguir? ¿Por qué?

   _____

Una actividad especial

This is registration day! The class will be divided into advisers, fiscal office personnel, and students trying to register. Students will first talk to an adviser about their classes, requirements, number of units, etc. They will then pay their tuition at the fiscal office. Here they will discuss price per unit, special fees, mode of payment, etc. Class schedules and other necessary props should be provided.

Lección

20

🔲 *Un caso perdido*

Esta mañana, cuando Pablo se subió en la balanza para pesarse, vio que había aumentado tres kilos. Por eso se decidió a ir a ver a su amiga Sonia, que es dietista.

PABLO —Necesito perder quince kilos y necesito perderlos pronto. Además, quiero convertirme en un hombre atlético para el mes que viene.

SONIA —¡Eres muy optimístico, hombre! ¿Qué quieres? ¿Un milagro? ¿Y por qué para el mes que viene?

PABLO —Porque Ariel y yo vamos a ir a Viña del Mar y allí espero conocer a la mujer de mis sueños. Tienes que ayudarme.

SONIA —Si quieres perder peso tienes que hacer ejercicio y ponerte a dieta.

PABLO —¿Dieta? Creo que ya las he probado todas. Si pudiera dejar de comer totalmente, lo haría.

SONIA —¡No exageres! Necesitas tener una dieta balanceada que contenga proteínas, carbohidratos, vitaminas y grasas.

PABLO —¿Grasa? ¡No, mujer! Yo ya tengo bastante grasa en el cuerpo. ¡No necesito más!

SONIA —No puedes eliminarla totalmente de tu dieta, pero debes consumir menos calorías y, como te dije, hacer mucho ejercicio.

PABLO —Mi hermana me sugirió que tomara una clase de danza aeróbica.

SONIA —¡Buena idea! Y además puedes caminar o correr diariamente, levantar pesas y practicar algún deporte como la natación o el tenis...

PABLO —¡Caramba! Si yo hiciera todo eso no tendría tiempo para trabajar. ¡Viviría en el gimnasio!

SONIA —Escoge lo que más te guste. Lo importante es que quemes muchas calorías.

PABLO —Mucha gente pierde peso y después engorda otra vez. No me gustaría que eso me pasara a mí.

SONIA —No te preocupes de eso todavía. A ver... Vamos a planear tu dieta y tu programa de ejercicios ahora mismo.

PABLO —¡Buena idea! Pero yo tengo hambre. ¿Por qué no comemos un pedazo de torta mientras hablamos?

SONIA —(*Enojada.*) ¿Torta? ¿Qué pasó con todos tus buenos propósitos?

PABLO —No es fácil cambiar los malos hábitos. ¡Ten paciencia! Ah, ¿tienes helado de chocolate o de vainilla?

SONIA —¡Eres un caso perdido!

A lost cause

This morning when Pablo got on the scale to weigh himself, he saw that he had gained three kilos. That's why he decided to go see his friend Sonia, who is a dietician.

PABLO: I need to lose fifteen kilos and I need to lose them soon. What's more, I want to turn into an athletic man by next month.

SONIA: You're very optimistic, man! What do you want? A miracle? And why by next month?

PABLO: Because Ariel and I are going to go to Viña del Mar and there I hope to meet the woman of my dreams. You have to help me.

SONIA: If you want to lose weight, you have to exercise and go on a diet.

PABLO: Diet? I think I've already tried them all. If I could stop eating, totally, I would do it.

SONIA: Don't exaggerate! You need a balanced diet, which has (contains) proteins, carbohydrates, vitamins, fats.

PABLO: Fat? No, woman! I already have enough fat in my body. I don't need (any) more!

SONIA: You can't eliminate it completely from your diet, but you must consume fewer calories and, as I told you, do a lot of exercise.

PABLO: My sister suggested that I take an aerobic dance class.

SONIA: Good idea! And besides, you can walk or run daily, lift weights and play some sport like swimming or tennis . . .

PABLO: Gee! If I did all that I wouldn't have time to work! I would live at the gym!

SONIA: Choose whatever you like best. The important thing is that you burn a lot of calories.

PABLO: Many people lose weight and then gain it again. I wouldn't like that to happen to me.

SONIA: Don't worry about that yet. Let's see . . . . Let's plan your diet and your exercise program right now.

PABLO: Good idea! But, I'm hungry. Why don't we have (eat) a piece of cake while we talk?

SONIA: (*Angry.*) Cake? What happened with all your good intentions?

PABLO: It's not easy to change bad habits. Have patience! Oh, do you have chocolate or vanilla ice cream?

SONIA: You're a lost cause!

🖭 Vocabulario

COGNADOS

atlético(a) athletic	el **kilo, kilogramo** kilogram
balanceado(a) balanced	**optimista** optimist
el **carbohidrato** carbohydrate	el **programa** program
la **dieta** diet	la **proteína** protein
el (la) **dietista** dietician	el **tenis** tennis
el **gimnasio** gymnasium	la **vitamina** vitamin
el **hábito** habit	

NOMBRES

la **balanza** scale
el **cuerpo** body
la **danza aeróbica** aerobic dance
la **grasa** fat
el **milagro** miracle
la **mujer** woman
la **natación** swimming
el **pedazo, trozo** piece
el **propósito** intention
el **sueño** dream

VERBOS

aumentar to increase
conocer (a) to meet
consumir to consume
contener (conj. like **tener**) to contain
convertirse (e:ie) (en) to turn into, to become
eliminar to eliminate
engordar, aumentar de peso to gain weight
escoger, elegir (e:i) to choose, to select
pesar(se) to weigh (oneself)
planear to plan
probar (o:ue) to try
quemar to burn
subirse (a) to get on
sugerir (e:ie) to suggest

ADJETIVO

enojado(a), enfadado(a) angry

OTRAS PALABRAS Y EXPRESIONES

a ver... let's see . . .
como as
dejar de + infinitive to stop (doing something)
diariamente daily
el mes que viene next month, the coming month
hacer ejercicio to (do) exercise
levantar pesas to lift weights
lo importante the important thing(s)
mientras while
perder peso, adelgazar to lose weight
ponerse a dieta to go on a diet
por eso that's why, therefore
practicar un deporte to play a sport
pronto soon
totalmente completely, totally
un caso perdido a lost cause

Nota cultural

In Spanish-speaking countries, the metric system is used for weights and measures. A kilogram is equivalent to 2.2 pounds; a kilometer is equivalent to 0.6 miles; a liter is equivalent to 1.76 pints or .22 gallons.

¿Cuál es la respuesta?

Match each question in column A with the best answer in column B.

A

1. ¿Qué tengo que hacer para adelgazar?

2. ¿Qué deporte practican?

3. ¿Adelgazaste?

4. ¿Para qué tengo que hacer ejercicio?

5. ¿Engordó mucho?

B

_____ a. El mes que viene.

_____ b. Sí, dame un pedazo.

_____ c. No, estamos cansados.

_____ ch. Por lo menos, mil diariamente.

_____ d. No, tres veces por semana.

(continuado)

6. ¿Cuándo empezamos el programa?   _____ e. La mujer de mis sueños.

7. ¿Van diariamente?   _____ f. Va a hacer ejercicio.

8. ¿Tienes tiempo hoy?   _____ g. Está en el baño.

9. ¿Quieres torta?   _____ h. La natación.

10. ¿Qué estás planeando?   _____ i. Una de danza aeróbica.

11. ¿Uds. quieren ir a correr?   _____ j. Todavía no.

12. ¿Qué le sugieres?   _____ k. No, estoy muy ocupada.

13. ¿Dónde está tu balanza?   _____ l. En el gimnasio.

14. ¿Quién es Elsa?   _____ ll. Sí, perdí dos kilos.

15. ¿Ya terminaste?   _____ m. Que coma menos.

16. ¿Qué va a hacer Alicia?   _____ n. Las grasas.

17. ¿Qué clase van a tomar Uds.?   _____ ñ. Para quemar calorías.

18. ¿Dónde haces ejercicio?   _____ o. Ponerte a dieta.

19. ¿Cuántas calorías debo consumir?   _____ p. Sí, aumentó 10 kilos.

20. ¿Qué debo eliminar de mi dieta?   _____ q. Mi programa de ejercicios.

¡Vamos a conversar!

A. **We want to know what is happening to Pablo. Tell us.**

1. ¿Qué hizo Pablo esta mañana y qué vio?

   _____

2. ¿Qué decidió hacer y por qué?

   _____

3. ¿Cuánto peso quiere perder Pablo?

   _____

4. ¿Para cuándo necesita perderlo y por qué?

   _____

5. ¿Por qué dice Sonia que Pablo quiere un milagro?

   _____

6. ¿Qué tiene que hacer Pablo para perder peso?

_____

7. ¿Ha estado Pablo a dieta muchas veces?

_____

8. ¿Qué contiene una dieta balanceada?

_____

9. ¿Qué haría Pablo si pudiera?

_____

10. ¿Por qué dice Pablo que no necesita comer grasa?

_____

11. ¿Qué le sugirió a Pablo su hermana?

_____

12. ¿Qué otras cosas dice Sonia que puede hacer Pablo?

_____

13. ¿Qué dice Pablo que pasaría si él hiciera todo eso?

_____

14. ¿Qué problema tiene mucha gente que pierde peso?

_____

15. ¿Qué quiere planear Sonia?

_____

16. ¿Por qué está enojada Sonia?

_____

17. ¿Qué dice Pablo que no es fácil?

_____

18. ¿Qué cree Sonia de Pablo? ¿Por qué?

_____

B. Divide into groups of two and ask each other the following questions using the *tú* form.

Pregúntele a su compañero(a) de clase...

1. ...si está a dieta.

2. ...si su dieta es balanceada.

3. ...qué quiere eliminar totalmente de su dieta.

4. ...si tiene una balanza en el baño.

5. ...si prefiere un pedazo de torta, o helado.

6. ...si, como ejercicio, prefiere caminar o correr.

7. ...si practica algún deporte. ¿Cuál?

8. ...si es optimista o pesimista.

9. ...si conoce a alguno dietista.

10. ...si ya ha conocido al hombre (a la mujer) de sus sueños.

¿Qué falta aquí?

Using your imagination and the vocabulary learned in this lesson, complete the missing lines of this conversation.

DIETISTA —_____

TERESA —Peso 85 kilos y el médico me dijo que perdiera peso.

DIETISTA —_____

TERESA —Sí, como mucha mantequilla y también queso.

DIETISTA —_____

TERESA —No, no practico ningún deporte. No me gusta hacer ejercicio.

DIETISTA —_____

TERESA —No, no tengo tiempo para ir a un gimnasio.

DIETISTA —_____

TERESA —Bueno, voy a tratar de hacer ejercicio en mi casa.

DIETISTA —_____

TERESA —¿Qué es una dieta balanceada?

DIETISTA —_____

TERESA —¿Puedo comer todo lo que yo quiera?

DIETISTA —_____

TERESA —¿Sólo 1200 calorías por día? ¡Es muy poco!

DIETISTA —_____

TERESA —Bueno, si voy a perder peso, haré lo que Ud. dice.

¿Qué pasa aquí?

What is going on in pictures A through C?

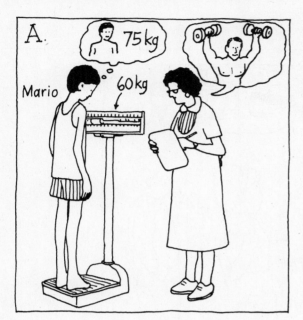 

A. 1. ¿Cuánto pesa Mario ahora?

_____

2. ¿Cuánto pesaba antes?

_____

3. ¿Aumentó de peso o adelgazó?

_____

4. ¿Cuánto peso perdió?

_____

5. ¿Qué le sugirió la dietista que hiciera?

_____

B. 1. ¿A quién conoce Hugo hoy?

_____

2. ¿Piensa Olga que Hugo es el hombre de sus sueños?

_____

3. Y, ¿qué cree Ud. que piensa Hugo de Olga?

_____

4. ¿A dónde planea ir Hugo con Olga?

_____

5. ¿A dónde planea ir Olga con Hugo?

_____

C. 1. ¿Qué deportes cree Andrés que Julio debe practicar?

_____

2. ¿Qué quiere hacer Julio?

_____

3. ¿Qué le dice Andrés a Ana?

_____

4. ¿Qué quiere comer Ana?

_____

5. ¿Qué quiere hacer Ana?

_____

6. ¿Cree Ud. que Ana se preocupa por el peso? ¿Por qué?

_____

Situaciones

What would you say in the following situations. What might the other person say?

1. Tell a dietician that you want to lose weight, at least ten pounds (*libras*). Ask what he/she suggests that you do.

282

2. You are a dietician. Tell your client that he/she should have a balanced diet, drink a lot of water, and exercise daily.

3. You are giving some advice about types of exercise. Talk about sports that burn a lot of calories.

4. Tell your friend about the man/woman of your dreams. Describe him/her in detail and say whether or not you have met him/her yet.

Y ahora, ¿qué?

Act out the following situations with a classmate.

1. A dietician and his/her client are discussing good habits that promote health.

2. Two friends are discussing favorite sports and types of exercise and making plans for a vacation.

¿Qué dice aquí?

You have a friend that wants to get some exercise. Give her the information she needs based on the ads below and on page 284.

1. ¿Cuánto debo pagar por un año en el Gimnasio para Damas?

2. ¿Qué recibo si pago por un año?

   _____

3. ¿Qué equipo tienen en el Gimnasio para Damas?

   _____

4. ¿Dónde está situado el Gimnasio para Damas?

   _____

5. En el Prince Health Spa, ¿qué me dan si firmo por un año?

   _____

6. ¿Qué tipo de ejercicio puedo practicar en el Prince Health Spa?

   _____

7. ¿Qué puedo recibir en este gimnasio si presento el anuncio (ad)?

   _____

8. ¿A cuál de los dos gimnasios puedo ir con mi esposo?

   _____

9. ¿Qué gimnasio y qué ejercicio escogería Ud.? ¿Por qué?

   _____

Una actividad especial

The class will work together in small groups to try to come up with
dos and don'ts for good health. Each group will write its ideas on
the board, and the class will choose the ten best suggestions in each
category.

Repaso

LECCIONES 16–20

1. PRÁCTICA DE VOCABULARIO

A. **Circle the word or phrase that does not belong in each group.**

1. cuenta corriente   talonario de cheques   matrícula

2. préstamo   cocina   deuda

3. mesa de centro   butaca   pintura

4. regalar   fracturarse   enyesar

5. médico   enfermero   encargado

6. golpearse   pintar   caerse

7. ojos   nariz   rodilla

8. pie   pierna   lengua

9. taza   ajo   plato

10. servilleta   mantel   espalda

11. cuchillo   tenedor   corazón

12. pimienta   cuello   sal

13. basura   aceituna   recogedor

14. apio   espinaca   sartén

15. pepino   remolacha   cenicero

16. barrer   fregar   apagar

17. olvidar   cocinar   hervir

18. frito   encendido   revuelto

19. materia   aguafiestas   asignatura

20. informática   química   cibernética

21. charlan   platican   nacen

22. mantiene   acaba   termina

23. juntos   fácil   difícil

24. tan pronto como   en cuanto   para que

25. aumentar de peso   subirse   engordar

B. **Circle the word or phrase that best completes each sentence.**
Then read the sentence aloud.

1. Vive en un (juego de cuarto, edificio de apartamentos).

2. Yo (presto, admito) que no me hace falta dinero.

3. No tiene hermanos; es (un aguafiestas, hijo único).

4. No tengo dinero para comprar el coche. Voy a pedir un (piso, préstamo).

5. No quiero ir mañana; quiero ir (hoy mismo, además).

6. Si necesitas dinero, yo te lo puedo (aconsejar, prestar).

7. Si no puedes ir a clase, (no importa, como siempre) porque puedes estudiar conmigo.

8. Quítese la ropa y póngase esta (bata, herida).

285

9. Le van a (poner una inyección, hacer una radiografía) para ver si hay fractura.

10. Yo creo que me torcí (los gastos, el tobillo).

11. ¿(Te lastimaste, Te quitaste) cuando te caíste?

12. ¿Tienes un extinguidor de (hornos, incendios)?

13. Voy a poner el pan en la (verdura, tostadora).

14. No puedo cocinar porque no tengo (vecinos, ollas).

15. ¿Puedes (apagar, fregar) el televisor, por favor?

16. (Enchufa, Pela) la plancha, por favor.

17. Está (encendida, embarazada). Va a tener el bebé en julio.

18. Respire (anteayer, hondo) por favor.

19. No puede trabajar porque tiene fiebre y está muy (congelado, débil).

20. Abra la boca y saque la (nariz, lengua).

21. Es un estudiante excelente. Tiene una (vida, beca) en la Universidad de California.

22. Tengo que estudiar para el examen parcial porque quiero sacar una buena (solicitud, nota).

23. Yo nací en Asunción pero me (crié, desperté) en Buenos Aires.

24. Yo no quería ir a la fiesta pero (encontré, cambié) de idea y fui.

25. Me (fue, gradué) muy bien en el examen de física.

26. Necesito por lo (mejor, menos) cien dólares.

27. Se subió a la balanza para (pesarse, convertirse).

28. Vamos de vacaciones el mes que (viene, va).

29. Si quieres perder (milagros, peso), tienes que ponerte a dieta.

30. Ayer conocí al hombre de mis (grasas, sueños).

31. Mi deporte favorito es la (pesa, natación).

32. ¡Eres un caso (apagado, perdido)!

**C. Match column A with the best completing phrase in column B.
Then read the sentences aloud.**

A

1. ¿Tú crees que va a ser divertido?
2. ¿Quién es ese señor?
3. ¿Qué compraron Uds.?
4. ¿Qué te hace falta para la ensalada?
5. ¿Para qué necesitas dinero?
6. ¿Tienes hermanos?
7. ¿Te duele el estómago?
8. ¿Dónde está el doctor?
9. ¿Ana se rompió el brazo?
10. ¿Qué te golpeaste?
11. ¿Trajiste las cucharas?
12. ¿Por qué no comes espinaca?
13. ¿Quien fregó los platos?
14. ¿Quieres un sándwich de atún o de mantequilla de maní y jalea?
15. ¿Dónde está la lata de la basura?
16. ¿Para qué necesitas la escoba?
17. ¿Cuál es tu especialización?
18. ¿Qué promedio tienes?
19. ¿Llegaste a tiempo?
20. ¿Te vas a poner a dieta?

B

____ a. Para pagar la matrícula.
____ b. Desgraciadamente, sí.
____ c. No, me olvidé de traerlas.
____ ch. Prefiero huevos fritos.
____ d. La sirvienta.
____ e. Para barrer la cocina.
____ f. Un juego de cuarto.
____ g. La química.
____ h. No, ya habían salido.
____ i. Debajo del fregadero.
____ j. ¡Claro que sí! ¡Divertidísimo!
____ k. Sí, porque quiero perder peso.
____ l. No, soy hija única.
____ ll. B + .
____ m. En su consultorio.
____ n. Es el encargado.
____ ñ. La cabeza.
____ o. Sí, necesito un calmante.
____ p. No me gustan las verduras.
____ q. Tomates.

D. Crucigrama (Lecciones 16–20). Use the clues provided below to complete the crossword puzzle on page 289.

HORIZONTAL

2. Tengo una A y una C; mi _____ es B.
5. verdura de color morado (*purple*)
6. dinero que se paga para tomar una clase
7. Se usa para barrer.
8. opuesto de "difícil"
9. Necesito _____ de tomate.
10. Aumenta de peso.
11. *celery*, en español
12. Voy a restaurantes porque no me gusta _____ .
13. Tomo una clase de danza _____ .
14. oficina del médico
17. Compré un _____ de cuarto ayer.
18. Generalmente trabaja en un hospital.
19. opuesto de "morir"
20. conversar
21. que no está ocupado
23. lugar donde se compra pan
24. Nunca quiere hacer nada que sea divertido; es un _____ .
26. lo que se toma para el dolor
27. lo que se saca en una clase
28. *unfortunately*, en español
29. todos los días
30. parte del brazo
31. carne picada
33. parte de la pierna
34. lo que usamos para pesarnos
35. *miracle*, en español
36. Esta persona puede ayudarnos a perder peso.

VERTICAL

1. ayuda financiera que se le da a un buen estudiante
3. dar un préstamo
4. Podemos sentarnos en una.
5. lo que se usa para recoger (*pick up*) la basura
6. Necesito una _____ de centro.
12. Tengo una cuenta de ahorros y una cuenta _____ .
13. _____ el televisor porque no le gustaba el programa.
15. No tengo _____ médico.
16. opuesto de "ponerse"
22. piso
23. sal y _____
25. Le pusieron una inyección _____ .
32. tan pronto como = en _____

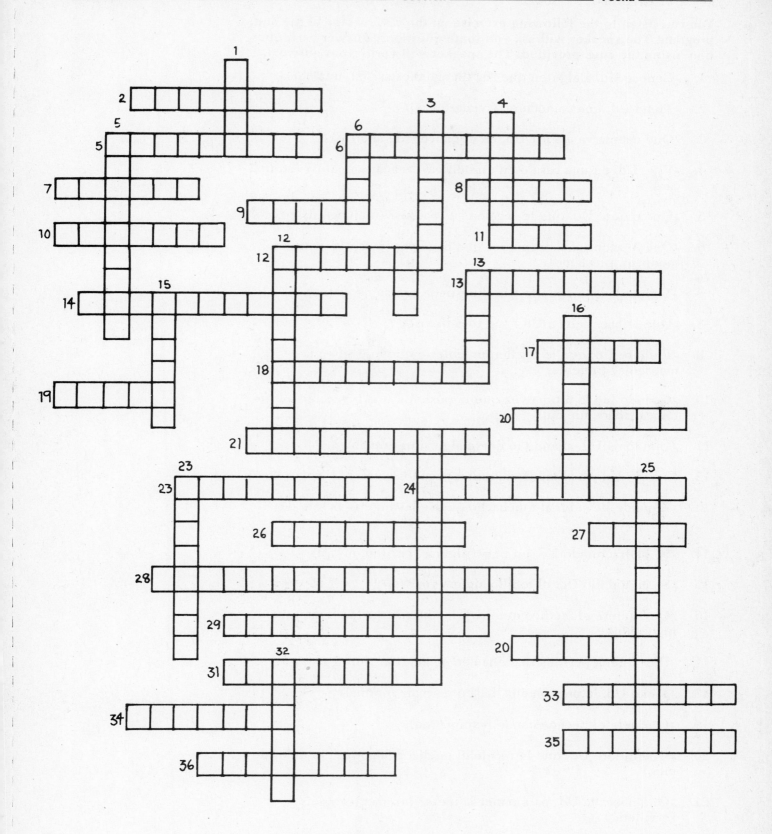

🔊 2. PRÁCTICA ORAL

You can listen to the following exercise on the review tape of the audio program. The speaker will ask you some questions. Answer each question, using the cues provided. The speaker will verify your answers.

1. ¿Conoce Ud. a alguien que sea un aguafiestas? (sí, una chica)

2. ¿Tiene Ud. una cómoda en su cuarto? (sí)

3. ¿Qué cuenta va a abrir Ud. en el banco? (de ahorros)

4. ¿Vive Ud. en una casa o en un edificio de apartamentos? (en una casa)

5. ¿Qué quiere Ud. que le regalen sus padres? (un juego de cuarto)

6. ¿Qué le aconsejan sus padres que haga para pagar la matrícula? (pedir un préstamo)

7. ¿Tienen Uds. un cuarto para huéspedes en su casa? (no)

8. ¿Qué le hace falta a Ud.? (un tocadiscos)

9. ¿Prefiere Ud. que le regalen muebles o que le paguen la matrícula? (muebles)

10. ¿Cuándo fue la última vez que le pusieron una inyección antitetánica? (hace un año)

11. ¿Qué toma Ud. cuando le duele algo? (un calmante)

12. Cuando Ud. va al médico, ¿quién paga los gastos? (el seguro)

13. ¿A dónde llevaron al muchacho que se lastimó? (a la sala de emergencia)

14. ¿Se ha fracturado Ud. un brazo alguna vez? (no, nunca)

15. ¿Se ha torcido Ud. el tobillo alguna vez? (sí)

16. ¿Qué quiere el médico que haga la enfermera? (ponerme una inyección)

17. ¿Hay alguna persona diabética en su familia? (no)

18. ¿Tiene Ud. la presión alta, baja o normal? (normal)

19. ¿Le duele el pecho cuando respira? (no)

20. ¿Qué quiere Ud. que le recete el médico? (algo para el dolor de oído)

21. ¿Qué necesita Ud. para poner la mesa? (un mantel y seis servilletas)

22. ¿Qué le va a poner a la salsa? (ajo)

23. ¿Qué quiere su mamá que Ud. haga? (fregar los platos)

24. ¿Qué quiere Ud. que haga su amigo? (sacar la basura)

25. ¿Qué quiere Ud. que haga yo? (pelar las papas)

26. ¿Dónde quiere Ud. que ponga la lata de la basura? (debajo del fregadero)

27. ¿Adónde va a ir para comprar el pan? (a la panadería)

28. ¿Prefiere comer huevos fritos o pasados por agua? (fritos)

29. ¿Ud. quiere que yo apague el televisor o que le suba el volumen? (apagarlo)

30. ¿Prefiere Ud. que le sirvan carne picada o bistec? (bistec)

31. ¿Qué quiere el profesor que hagan los estudiantes? (estudiar para el examen)

32. ¿Cuál es su asignatura favorita? (la física)

33. ¿Qué clase le dijo su consejero que tomara? (cibernética)

34. ¿Qué promedio tiene Ud. en sus clases? (una B más)

35. ¿Qué requisitos está Ud. tomando este semestre? (matemáticas y química)

36. ¿Qué nota espera Ud. sacar en esta clase? (una A)

37. ¿Cuántas unidades está Ud. tomando este semestre? (quince)

38. ¿Qué va a hacer Ud. tan pronto como llegue a su casa? (llamar a mi amigo)

39. ¿Ud. cree que esta clase es fácil o difícil? (fácil)

40. ¿Sus padres se sacrificaban para que Ud. estudiara? (sí)

41. ¿Cómo le fue en el examen de español? (bien)

42. ¿Cuándo fue la última vez que Ud. se pesó? (la semana pasada)

43. ¿Ha conocido Ud. a la mujer o al hombre de sus sueños? (sí)

44. ¿Piensa Ud. ponerse a dieta? (sí)

45. ¿Hace Ud. ejercicio todos los días? (no)

46. Si Ud. pudiera dejar de comer totalmente, ¿lo haría? (¡no!)

47. ¿Tiene Ud. una dieta balanceada? (sí)

48. ¿Qué le sugirió su amigo que hiciera? (tomar una clase de danza aeróbica)

49. ¿Tendría Ud. tiempo para ir al gimnasio todos los días? (no)

50. ¿Cree Ud. que es fácil cambiar los malos hábitos? (no)

📷 3. PARA LEER... Y ENTENDER

You can listen to the following reading on the review tape of the audio program. Read it aloud, paying special attention to pronunciation and intonation. Make sure you understand and remember as much as you can.

Marisa y Elena son dos amigas que asisten a la Universidad de California. Los padres de Marisa querían que ella viviera con ellos, pero ella prefirió vivir en un edificio de apartamentos que está cerca de la universidad. Elena y Marisa decidieron alquilar juntas un apartamento amueblado. Compraron solamente una butaca muy linda para la sala, y pintaron la cocina.

Ayer Elena se cayó y se torció el tobillo. Marisa la llevó a la sala de emergencia y el doctor le hizo una radiografía. No le enyesó la pierna, pero le recetó un calmante para el dolor. Cuando volvieron a casa, Marisa tuvo que ayudar a Elena porque a la pobre chica le dolía mucho el tobillo.

Elena se acostó y durmió por dos horas. Marisa fregó los platos, barrió la cocina, sacudió los muebles y después preparó unos sándwiches de mantequilla de maní y jalea para las dos. Elena comió dos sándwiches porque tenía mucha hambre, pero después dijo que quería perder peso y que se pondría a dieta... empezando mañana... o la semana próxima... o el mes que viene...

Now answer the following questions about what you just heard.

1. ¿A qué universidad asisten Marisa y Elena?

2. ¿Qué querían los padres de Marisa que hiciera ella?

3. ¿Qué prefirió hacer Marisa?

4. ¿Qué decidieron hacer Marisa y Elena?

5. ¿Qué mueble tuvieron que comprar las chicas?

6. ¿Qué cuarto del apartamento pintaron?

7. ¿Cómo se torció Elena el tobillo?

8. ¿A dónde la llevó Marisa?

9. ¿Qué hizo el médico?

10. ¿Le enyesó la pierna?

11. ¿Qué le recetó?

12. Marisa tuvo que ayudar a Elena cuando llegaron al apartamento. ¿Por qué?

13. ¿Qué hizo Elena en el apartamento?

14. ¿Qué fregó y qué barrió Marisa?

15. ¿Qué hizo con los muebles?

16. ¿Qué preparó para comer?

17. ¿Cuántos sándwiches comió Elena?

18. ¿Qué dijo Elena después de comer los sándwiches?

19. ¿Qué dijo Elena que haría para perder peso?

20. ¿Elena dijo que empezaría su dieta hoy mismo o el mes que viene?

Appendix A

Introduction to Spanish Sounds
(*recorded on cassette*)

Each Spanish sound will be explained briefly and examples will be given for practice. Repeat each Spanish word after the speaker, imitating as closely as possible the correct pronunciation.

The Vowels

1. The Spanish **a** has a sound similar to the English *a* in the word *father.* Repeat:

   Ana   casa   banana   mala   dama   mata

2. The Spanish **e** is pronounced like the English *e* in the word *eight.* Repeat:

   este   René   teme   deme   entre   bebe

3. The Spanish **i** is pronounced like the English *ee* in the word *see.* Repeat:

   sí   difícil   Mimí   ir   dividir   Fifí

4. The Spanish **o** is similar to the English *o* in the word *no,* but without the glide. Repeat:

   solo   poco   como   toco   con   monólogo

5. The Spanish **u** is similar to the English *ue* sound in the word *Sue.* Repeat:

   Lulú   un   su   universo   murciélago

The Consonants

1. The Spanish **p** is pronounced like the English *p* in the word *spot.* Repeat:

   pan   papá   Pepe   pila   poco   pude

2. The Spanish **c** in front of **a, o, u, l,** or **r** sounds similar to the English *k.* Repeat:

   casa   como   cuna   clima   crimen   cromo

3. The Spanish **q** is only used in the combinations **que** and **qui** in which the **u** is silent, and also has a sound similar to the English *k.* Repeat:

   que   queso   Quique   quinto   quema   quiso

4. The Spanish **t** is pronounced like the English *t* in the word *stop.* Repeat:

   toma   mata   tela   tipo   atún   Tito

5. The Spanish **d** at the beginning of an utterance or after **n** or **l** sounds somewhat similar to the English *d* in the word *David.* Repeat:

   día   dedo   duelo   anda   Aldo

   In all other positions, the **d** has a sound similar to the English *th* in the word *they.* Repeat:

   medida   todo   nada   Ana dice   Eva duda

6. The Spanish **g** also has two sounds. At the beginning of an utterance and in all other positions, except before **e** or **i**, the Spanish **g** sounds similar to the English *g* in the word *sugar*. Repeat:

    goma   gato   tengo   lago   algo   aguja

In the combinations **gue** and **gui**, the **u** is silent. Repeat:

    Águeda   guineo   guiso   ligue   la guía

7. The Spanish **j**, and **g** before **e** or **i**, sounds similar to the English *h* in the word *home*. Repeat:

    jamás   juego   jota   Julio   gente   Genaro   gime

8. The Spanish **b** and the **v** have no difference in sound. Both are pronounced alike. At the beginning of the utterance or after **m** or **n**, they sound similar to the English *b* in the word *obey*. Repeat:

    Beto   vaga   bote   vela   también   un vaso

Between vowels, they are pronounced with the lips barely closed. Repeat:

    sábado   yo voy   sabe   Ávalos   Eso vale

9. In most Spanish-speaking countries, the **y** and the **ll** are similar to the English *y* in the word *yet*. Repeat:

    yo   llama   yema   lleno   ya   lluvia   llega

10. The Spanish **r** (**ere**) is pronounced like the English *tt* in the word *gutter*. Repeat:

    cara   pero   arena   carie   Laredo   Aruba

The Spanish **r** in an initial position and after **l**, **n**, or **s**, and **rr** (**erre**) in the middle of a word are pronounced with a strong trill. Repeat:

    Rita   Rosa   torre   ruina   Enrique   Israel
    perro   parra   rubio   alrededor   derrama

11. The Spanish **s** sound is represented in most of the Spanish-speaking world by the letters **s**, **z**, and **c** before **e** or **i**. The sound is very similar to the English sibilant *s* in the word *sink*. Repeat:

    sale   sitio   solo   seda   suelo
    zapato   cerveza   ciudad   cena

In most of Spain, the **z**, and **c** before **e** or **i**, is pronounced like the English *th* in the word *think*. Repeat:

    zarzuela   cielo   docena

12. The letter **h** is silent in Spanish. Repeat:

    hilo   Hugo   ahora   Hilda   almohada   hermano

13. The Spanish **ch** is pronounced like the English *ch* in the word *chief*. Repeat:

    muchacho   chico   coche   chueco   chaparro

14. The Spanish **f** is identical in sound to the English *f*. Repeat:

    famoso   feo   difícil   fuego   foto

15. The Spanish **l** is pronounced like the English *l* in the word *lean*. Repeat:

    dolor   ángel   fácil   sueldo   salgo   chaval

16. The Spanish **m** is pronounced like the English *m* in the word *mother*. Repeat:

    mamá   moda   multa   médicio   mima

17. In most cases, the Spanish **n** has a sound similar to the English *n*. Repeat:

    nada   norte   nunca   entra   nene

    The sound of the Spanish **n** is often affected by the sounds that occur around it. When it appears before **b**, **v**, or **p**, it is pronounced like the English *m*. Repeat:

    invierno   tan bueno   un vaso   un bebé   un perro

18. The Spanish **ñ (eñe)** has a sound similar to the English *ny* in the word *canyon*. Repeat:

    muñeca   leña   año   señorita   piña   señor

19. The Spanish **x** has two pronunciations, depending on its position. Between vowels, the sound is similar to the English *ks*. Repeat:

    examen   boxeo   éxito   exigente

    Before a consonant, the Spanish **x** sounds like the English *s*. Repeat:

    expreso   excusa   extraño   exquisito

Linking

In spoken Spanish, the various words in a phrase or sentence are not pronounced as isolated elements, but are combined. This is called *linking*.

1. The final consonant of a word is pronounced together with the initial vowel of the following word. Repeat:

    Carlos anda   un ángel   el otoño   unos estudiantes

2. The final vowel of a word is pronounced together with the initial vowel of the following word. Repeat:

    su esposo   la hermana   ardua empresa   la invita

3. When the final vowel of a word and the initial vowel of the following word are identical, they are pronounced slightly longer than one vowel. Repeat:

    Ana alcanza   me espera   mi hijo   lo olvida

    The same rule applies when two identical vowels appear within a word. Repeat:

    cooperación   crees   leemos   coordinación

4. When the final consonant of a word and the initial consonant of the following word are the same, they are pronounced as one consonant with slightly longer-than-normal duration. Repeat:

    el lado   un novio   Carlos salta   tienes sed   al leer

Appendix B

Spanish Pronunciation

The Alphabet

Letter	Name	Letter	Name	Letter	Name	Letter	Name
a	a	g	ge	m	eme	rr	erre
b	be	h	hache	n	ene	s	ese
c	ce	i	i	ñ	eñe	t	te
ch	che	j	jota	o	o	u	u
d	de	k	ka	p	pe	v	ve
e	e	l	ele	q	cu	w	doble ve
f	efe	ll	elle	r	ere	x	equis
						y	y griega
						z	zeta

Vowels

There are five distinct vowels in Spanish: **a, e, i, o,** and **u.** Each vowel has only one basic, constant sound. The pronunciation of each vowel is constant, clear, and brief. The length of the sound is practically the same whether it is produced in a stressed or unstressed syllable.[1]

While producing the sounds of the English stressed vowels that most closely resemble the Spanish ones, the speaker changes the position of the tongue, lips, and lower jaw, so that the vowel actually starts as one sound and then *glides* into another. In Spanish, however, the tongue, lips, and jaw keep a constant position during the production of the sound.

English: ban*a*na   **Spanish:** ban*a*na

The stress falls on the same vowel and syllable in both Spanish and English, but the English stressed *a* is longer than the Spanish stressed **a.**

English: ban*a*na   **Spanish:** ban*a*na

Note also that the English stressed *a* has a sound different from the other *a*'s in the word, while the Spanish **a** sound remains constant.

a in Spanish sounds similar to the English *a* in the word *father.*

   alta   casa   palma   Ana
   cama   Panamá   alma   apagar

e is pronounced like the English *e* in the word *eight.*

   mes   entre   este   deje
   ese   encender teme   prender

i has a sound similar to the English *ee* in the word *see.*

   fin   ir   sí   sin   dividir   Trini   difícil

---

[1] In a stressed syllable, the prominence of the vowel is indicated by its loudness.

299

o is similar to the English *o* in the word *no*, but without the glide.

toco	como	poco	roto
corto	corro	solo	loco

u is pronounced like the English *oo* sound in the word *shoot*, or the *ue* sound in the word *Sue*.

su	Lulú	Úrsula	cultura
un	luna	sucursal	Uruguay

Diphthongs and Triphthongs

When unstressed **i** or **u** falls next to another vowel in a syllable, it unites with that vowel to form what is called a *diphthong*. Both vowels are pronounced as one syllable. Their sounds do not change; they are only pronounced more rapidly and with a glide. For example:

traiga	Lidia	treinta	siete	oigo	adiós
Aurora	agua	bueno	antiguo	ciudad	Luis

A *triphthong* is the union of three vowels: a stressed vowel between two unstressed ones (**i** or **u**) in the same syllable. For example: Paraguay, estudiéis.

NOTE: Stressed **i** and **u** do not form diphthongs with other vowels, except in the combinations **iu** and **ui**. For example: rí-o, sa-bí-ais.

In syllabication, diphthongs and triphthongs are considered a single vowel; their components cannot be separated.

Consonants

p Spanish **p** is pronounced in a manner similar to the English *p* sound, but without the puff of air that follows after the English sound is produced.

pesca	pude	puedo	parte	papá
postre	piña	puente	Paco	

k The Spanish **k** sound, represented by the letters **k, c** before **a, o, u** or a consonant, and **qu**, is similar to the English *k* sound, but without the puff of air.

casa	comer	cuna	clima	acción	que
quinto	queso	aunque	kiosko	kilómetro	

t Spanish **t** is produced by touching the back of the upper front teeth with the tip of the tongue. It has no puff of air as in the English *t*.

todo	antes	corto	Guatemala	diente
resto	tonto	roto	tanque	

d The Spanish consonant **d** has two different sounds depending on its position. At the beginning of an utterance and after **n** or **l**, the tip of the tongue presses the back of the upper front teeth.

día	doma	dice	dolor	dar
anda	Aldo	caldo	el deseo	un domicilio

In all other positions the sound of **d** is similar to the *th* sound in the English word *they*, but softer.

medida	todo	nada	nadie	medio
puedo	moda	queda	nudo	

g   The Spanish consonant **g** is similar to the English *g* sound in the word *guy* except before **e** or **i**.

goma	glotón	gallo	gloria	lago	alga
gorrión	garra	guerra	angustia	algo	Dagoberto

j   The Spanish sound **j** (or **g** before **e** and **i**) is similar to a strongly exaggerated English *h* sound.

gemir	juez	jarro	gitano	agente
juego	giro	bajo	gente	

b, v   There is no difference in sound between Spanish **b** and **v**. Both letters are pronounced alike. At the beginning of an utterance or after **m** or **n**, **b** and **v** have a sound identical to the English *b* sound in the word *boy*.

vivir	beber	vamos	barco	enviar
hambre	batea	bueno	vestido	

When pronounced between vowels, the Spanish **b** and **v** sound is produced by bringing the lips together but not closing them, so that some air may pass through.

sábado	autobús	yo voy	su barco

y, ll   In most countries, Spanish **ll** and **y** have a sound similar to the English sound in the word *yes*.

el llavero	trayecto	su yunta	milla
oye	el yeso	mayo	yema
un yelmo	trayectoria	llama	bella

NOTE: When it stands alone or is at the end of a word, Spanish **y** is pronounced like the vowel **i**.

rey	hoy	y	doy	buey
muy	voy	estoy	soy	

r   The sound of Spanish **r** is similar to the English *dd* sound in the word *ladder*.

crema	aroma	cara	arena	aro
harina	toro	oro	eres	portero

rr   Spanish **rr** and also **r** in an initial position and after **n**, **l**, or **s** are pronounced with a very strong trill. This trill is produced by bringing the tip of the tongue near the alveolar ridge and letting it vibrate freely while the air passes through the mouth.

rama	carro	Israel	cierra	roto
perro	alrededor	rizo	corre	Enrique

s   Spanish **s** is represented in most of the Spanish world by the letters **s**, **z**, and **c** before **e** or **i**. The sound is very similar to the English sibilant *s* in the word *sink*.

sale	sitio	presidente	signo
salsa	seda	suma	vaso
sobrino	ciudad	cima	canción
zapato	zarza	cerveza	centro

h   The letter **h** is silent in Spanish.

hoy	hora	hilo	ahora
humor	huevo	horror	almohada

ch   Spanish **ch** is pronounced like the English *ch* in the word *chief.*

hecho	chico	coche	Chile
mucho	muchacho	salchicha	

f   Spanish **f** is identical in sound to the English *f.*

difícil	feo	fuego	forma
fácil	fecha	foto	fueron

l   Spanish **l** is similar to the English *l* in the word *let.*

dolor	lata	ángel	lago	sueldo
los	pelo	lana	general	fácil

m   Spanish **m** is pronounced like the English *m* in the word *mother.*

mano	moda	mucho	muy
mismo	tampoco	multa	cómoda

n   In most cases, Spanish **n** has a sound similar to the English *n.*

nada	nunca	ninguno	norte
entra	tiene	sienta	

The sound of Spanish **n** is often affected by the sounds that occur around it. When it appears before **b**, **v**, or **p**, it is pronounced like an **m**.

tan bueno	toman vino	sin poder
un pobre	comen peras	siguen bebiendo

ñ   Spanish **ñ** is similar to the English *ny* sound in the word *canyon.*

señor	otoño	ñoño	uña
leña	dueño	niños	años

x   Spanish **x** has two pronunciations depending on its position. Between vowels the sound is similar to English *ks.*

examen	exacto	boxeo	éxito
oxidar	oxígeno	existencia	

When it occurs before a consonant, Spanish **x** sounds like *s.*

expresión	explicar	extraer	excusa
expreso	exquisito	extremo	

NOTE: When **x** appears in México or in other words of Mexican origin, it is pronounced like the Spanish letter **j**.

Rhythm

Rhythm is the variation of sound intensity that we usually associate with music. Spanish and English each regulate these variations in speech differently, because they have different patterns of syllable length. In Spanish the length of the stressed and unstressed syllables remains almost the same, while in English stressed syllables are considerably longer than unstressed ones. Pronounce the following Spanish words, enunciating each syllable clearly.

es-tu-dian-te	bue-no	Úr-su-la
com-po-si-ción	di-fí-cil	ki-ló-me-tro
po-li-cí-a	Pa-ra-guay	

Because the length of the Spanish syllables remains constant, the greater the number of syllables in a given word or phrase, the longer the phrase will be.

Linking

In spoken Spanish, the different words in a phrase or a sentence are not pronounced as isolated elements but are combined together. This is called *linking*.

Pepe come pan.		Pe-pe-co-me-pan
Tomás toma leche.	⟹	To-más-to-ma-le-che
Luis tiene la llave.		Luis-tie-ne-la-lla-ve
La mano de Roberto.		La-ma-no-de-Ro-ber-to

1. The final consonant of a word is pronounced together with the initial vowel of the following word.

Carlos anda		Car-lo-san-da
un ángel	⟹	u-nán-gel
el otoño		e-lo-to-ño
unos estudios interesantes		u-no-ses-tu-dio-sin-te-re-san-tes

2. A diphthong is formed between the final vowel of a word and the initial vowel of the following word. A triphthong is formed when there is a combination of three vowels (see rules for the formation of diphthongs and triphthongs on page 300).

su hermana		suher-ma-na
tu escopeta		tues-co-pe-ta
Roberto y Luis	⟹	Ro-ber-toy-Luis
negocio importante		ne-go-cioim-por-tan-te
lluvia y nieve		llu-viay-nie-ve
ardua empresa		ar-duaem-pre-sa

3. When the final vowel of a word and the initial vowel of the following word are identical, they are pronounced slightly longer than one vowel.

A-n*a*l-can-za	Ana alcanza	tie-n*e*-so	tiene eso
l*o*l-vi-do	lo olvido	Ad*a*-tien-de	Ada atiende

The same rule applies when two identical vowels appear within a word.

cr*e*s	crees
T*e*-rán	Teherán
c*o*r-di-na-ción	coordinación

4. When the final consonant of a word and the initial consonant of the following word are the same, they are pronounced as one consonant with slightly longer than normal duration.

e-*la*-do	el lado	tie-ne-*s*ed	tienes sed
Car-lo-*s*al-ta	Carlos salta		

Intonation

Intonation is the rise and fall of pitch in the delivery of a phrase or a sentence. In general, Spanish pitch tends to change less than English, giving the impression that the language is less emphatic.

As a rule, the intonation for normal statements in Spanish starts in a low tone, raises to a higher one on the first stressed syllable, maintains that tone until the last stressed syllable, and then goes back to the initial low tone, with still another drop at the very end.

Tu amigo viene mañana.	José come pan.
Ada está en casa.	Carlos toma café.

Syllable Formation in Spanish

General rules for dividing words into syllables:

Vowels

1. A vowel or a vowel combination can constitute a syllable.

    a-lum-no   a-bue-la   Eu-ro-pa

2. Diphthongs and triphthongs are considered single vowels and cannot be divided.

    bai-le   puen-te   Dia-na   es-tu-diáis   an-ti-guo

3. Two strong vowels (**a, e, o**) do not form a diphthong and are separated into two syllables.

    em-ple-ar   vol-te-ar   lo-a

4. A written accent on a weak vowel (**i** or **u**) breaks the diphthong, thus the vowels are separated into two syllables.

    trí-o   dú-o   Ma-rí-a

Consonants

1. A single consonant forms a syllable with the vowel that follows it.

    po-der   ma-no   mi-nu-to

    NOTE: **ch, ll,** and **rr** are considered single consonants: **a-ma-ri-llo, co-che, pe-rro.**

2. When two consonants appear between two vowels, they are separated into two syllables.

    al-fa-be-to   cam-pe-ón   me-ter-se   mo-les-tia

    EXCEPTION: When a consonant cluster composed of **b, c, d, f, g, p,** or **t** with **l** or **r** appears between two vowels, the cluster joins the following vowel: **so-bre, o-tros, ca-ble, te-lé-gra-fo.**

3. When three consonants appear between two vowels, only the last one goes with the following vowel.

    ins-pec-tor   trans-por-te   trans-for-mar

    EXCEPTION: When there is a cluster of three consonants in the combinations described in rule 2, the first consonant joins the preceding vowel and the cluster joins the following vowel: **es-cri-bir, ex-tran-je-ro, im-plo-rar, es-tre-cho.**

Accentuation

In Spanish, all words are stressed according to specific rules. Words that do not follow the rules must have a written accent to indicate the change of stress. The basic rules for accentuation are as follows.

1. Words ending in a vowel, **n,** or **s** are stressed on the next-to-the-last syllable.

    hi-jo   **ca**-lle   **me**-sa   fa-**mo**-sos
    flo-**re**-cen   **pla**-ya   **ve**-ces

2. Words ending in a consonant, except **n** or **s**, are stressed on the last syllable.

    ma-**yor**   a-**mor**   tro-pi-**cal**   na-**riz**   re-**loj**   co-rre-**dor**

3. All words that do not follow these rules must have the written accent.

ca-**fé**	**lá**-piz	**mú**-si-ca	sa-**lón**
án-gel	**lí**-qui-do	fran-**cés**	**Víc**-tor
sim-**pá**-ti-co	rin-**cón**	a-**zú**-car	**dár**-se-lo
sa-**lió**	**dé**-bil	e-**xá**-me-nes	**dí**-me-lo

4. Pronouns and adverbs of interrogation and exclamation have a written accent to distinguish them from relative pronouns.

¿**Qué** comes?	*What are you eating?*
La pera que él no comió.	*The pear that he did not eat.*
¿**Quién** está ahí?	*Who is there?*
El hombre a quien tú llamaste.	*The man whom you called.*
¿**Dónde** está?	*Where is he?*
En el lugar donde trabaja.	*At the place where he works.*

5. Words that have the same spelling but different meanings take a written accent to differentiate one from the other.

el	*the*	él	*he, him*	te	*you*	té	*tea*
mi	*my*	mí	*me*	si	*if*	sí	*yes*
tu	*your*	tú	*you*	mas	*but*	más	*more*

Appendix C

Answer key to the *Crucigramas*

Lecciones 1–5. *Horizontal:* 2. revista, 4. gratis, 5. tarjeta, 7. oficina, 10. puesto, 11. avenida, 12. habitación, 14. madre, 16. servicio, 18. matrimonial, 21. guapo, 23. semana, 24. todo, 25. puedo, 27. televisor, 28. vacaciones, 29. adelantado, 30. compañera. *Vertical:* 1. chico, 3. estacionamiento, 6. papá, 8. lejos, 9. derecha, 11. abrazo, 13. vista, 15. bonita, 17. barato, 19. llave, 20. pensión, 22. alberca, 25. periódico, 26. firmar.

Lecciones 6–10. *Horizontal:* 3. durazno, 5. pasaporte, 6. mesa, 7. pastel, 9. salsa, 11. ají, 12. aterrizar, 15. rico, 16. pedir, 17. documento, 19. aspiradora, 21. café, 23. afortunadamente, 24. bandeja, 25. chica, 27. ve, 28. torta, 29. volar, 30. naranja, 35. vuelta, 36. largo, 37. huevo, 38. papa, 39. ganga, 41. espejo, 42. manzana, 45. sandía, 46. medida, 47. camarón. *Vertical:* 1. mantequilla, 2. matriculé, 3. docena, 4. perdón, 5. pasado, 8. pedido, 10. pasajero, 12. alquila, 13. amarillo, 14. dama, 18. chaqueta, 20. pasillo, 21. cebolla, 22. está, 23. azafata, 25. cepillarme, 26. falda, 31. nublado, 32. uvas, 33. puerta, 34. viajar, 36. lechuga, 37. hermosa, 40. fecha, 43. asiento, 44. mareo.

Lecciones 11–15. *Horizontal:* 3. película, 5. caballeros, 9. llenar, 10. prisa, 11. motor, 13. bolsa, 15. vuelta, 16. mismo, 19. higiénico, 21. tránsito, 25. anteojos, 26. chapa, 27. escalera, 28. elevador, 29. liquidación, 30. pelirrojo, 34. remolcador, 35. campaña, 36. testigo, 38. bastante. *Vertical:* 1. miembro, 2. jarabe, 4. dolor, 6. extranjero, 7. señal, 8. repuesto, 12. goma, 14. sucio, 17. cepillo, 18. suelo, 20. carta, 22. semáforo, 23. manejar, 24. gasolinera, 30. pescado, 31. joven, 32. caña, 33. deporte, 37. toda.

Lecciones 16–20. *Horizontal:* 2. promedio, 5. remolacha, 6. matrícula, 7. escoba, 8. fácil, 9. salsa, 10. engorda, 11. apio, 12. cocinar, 13. aeróbica, 14. consultorio, 17. juego, 18. enfermero, 19. nacer (vivir), 20. charlar, 21. desocupado, 23. panadería, 24. aguafiestas, 26. calmante, 27. nota, 28. desgraciadamente, 29. diariamente, 30. muñeca, 31. picadillo, 33. rodilla, 34. balanza, 35. milagro, 36. dietista. *Vertical:* 1. beca, 3. prestar, 4. butaca, 5. recogedor, 6. mesa, 12. corriente, 13. apagó, 15. seguro, 16. quitarse, 22. apartamento, 23. pimienta, 25. antitetánica, 32. cuanto.

Spanish-English Vocabulary

A

a   to

¿A cómo está el cambio?   What's the rate of exchange?

a... cuadras (de)   blocks (*from*)

a la derecha   to the right

a la izquierda   to the left

a la vuelta de la esquina   around the corner

a lo mejor   maybe, perhaps

a menos que   unless

a pesar de que   in spite of the fact that

a pie   on foot

a plazo fijo   time certificate, for a specified time

¿A qué hora?   At what time?

a sus órdenes   at your service

a tiempo   on time

a veces   sometimes

a ver...   let's see . . .

abierto   open

abogado(a) (*m. & f.*)   lawyer

abrazo (*m.*)   hug, embrace

abrigo (*m.*)   coat

abril   April

abrir   to open

abrocharse el cinturón   fasten your seat belts

absurdo(a)   absurd

abuela (*f.*)   grandmother

abuelo (*m.*)   grandfather

aburrirse   to get bored

acabar   to finish

—de   to have just

acampar   to camp

accidente (*m.*)   accident

aceite (*m.*)   oil

aceituna (*f.*)   olive

aceptar   to accept

acera (*f.*)   sidewalk

acerca de   about

aconsejar   to advise

acordarse (de) (o:ue)   to remember

acostar(se) (o:ue)   to put to bed, to go to bed

acostumbrarse(a)   to get used to

acumulador (*m.*)   battery

adelgazar   to lose weight

además (de)   besides

adentro   inside

adicional   additional

Adios.   Goodbye.

administración de empresas (*f.*)   business administration

admitir   to admit

¿Adónde?   Where (*to*)?

aduana (*f.*)   customs

aerolínea (*f.*)   airline

aeropuerto (*m.*)   airport

afeitar(se)   to shave

afortunadamente   fortunately, luckily

afuera   out, outside

agencia (*f.*)   agency

—de viajes   travel agency

agente (*m. & f.*)   agent

agosto   August

agua (*f.*)   water

—mineral (*f.*)   mineral water

aguacero (*m.*)   rainshower

aguafiestas (*m. & f.*)   party pooper

ahora   now

—mismo   right now

ahorrar   to save

aire (*m.*)   air

—acondicionado (*m.*)   air conditioning

ají (*m.*)   bell pepper

ajo (*m.*)   garlic

al   to the

al final   at the end

al lado de   next to

al rato   later, a while later

alberca (*f.*)   swimming pool (*Mex.*)

albóndiga (*f.*)   meatball

alegrarse (de)   to be glad

alérgico(a)   allergic

algo   something

—más   anything else

alguien   someone, somebody

algún(a)   some, any

alguna vez   ever

almohada (*f.*)   pillow

almorzar   to have lunch

almuerzo (*m.*)   lunch

alquilar to rent
alrededor de about
alto(a) high, tall
alto stop
altura (*f.*) altitude, height
allá over there
allí there
amable kind
amarillo(a) yellow
ambos(as) both
ambulancia (*f.*) ambulance
amenazar to threaten
amigo(a) (*m. & f.*) friend
amor (*m.*) love
amueblado(a) furnished
análisis test
anestesia (*f.*) anesthesia
andén (*m.*) (*railway*) platform
angosto(a) narrow
anillo (*m.*) ring
animal (*m.*) animal
animalito (*m.*) pet
aniversario (*m.*) anniversary
anoche last night
anotar to write down
anteayer the day before yesterday
anteojos (*m.*) eyeglasses
  —**de sol** (*m.*) sunglasses
anterior previous
antes (de) before
antibiótico (*m.*) antibiotic
anuncio (*m.*) ad
año (*m.*) year
apagar to turn off, to put out (*a fire*), to stop (*a motor*)
aparcar to park
apartamento (*m.*) apartment
apellido (*m.*) surname, last name
apenas hardly
apio (*m.*) celery
aprender to learn
apretar (e:ie) to squeeze; to be too tight
apurarse to hurry up
aquí here
árabe Arab, Arabic
árbol (*m.*) tree
arete (*m.*) earring
argentino(a) Argentinian
arrancar to start (*a motor*)
arreglar to fix
arriba upstairs
arrimar el carro to pull over (*a car*)
arroz (*m.*) rice

—**con leche** (*m.*) rice pudding
—**con pollo** (*m.*) chicken and rice
arte (*m.*) art
artículo (*m.*) article
arvejas (*f.*) peas
asado(a) roasted
asalto (*m.*) round (*boxing*)
ascensor (*m.*) elevator
asegurado(a) insured
así like this, like that
así que so
asiento (*m.*) seat
  —**de pasillo** aisle seat
  —**de ventanilla** window seat
asignatura (*f.*) subject (*in school*)
asistir to attend
aspiradora (*f.*) vacuum cleaner
aspirina (*f.*) aspirin
atención (*f.*) attention
atender (e:ie) to wait on
atentado (*m.*) attempt
aterrizar to land (*a plane*)
atlético(a) athletic
atropellar to run over
atún (*m.*) tuna fish
aumentar to increase
  —**de peso** to gain weight
aunque even though
auto (*m.*) car
autobús (*m.*) bus
automático(a) automatic
autopista (*f.*) freeway
auxiliar de vuelo (*m. & f.*) flight attendant
¡Auxilio! Help!
avenida (*f.*) avenue
avión (*m.*) plane
aviso (*m.*) ad
¡Ay! Ouch!
ayer yesterday
ayudar to help
azafata (*f.*) female flight attendant, stewardess
azúcar (*m.*) sugar
azul blue

B

bacalao (*m.*) cod
bailar to dance
baile (*m.*) dance
bajar to go down, to descend
bajo(a) short (*height*), low
balanceado(a) balanced
balanza (*f.*) scales
banco (*m.*) bank

bandeja (*f.*) tray
banqueta sidewalk (*Mex.*)
bañadera (*f.*) bathtub
bañar(se) to bathe
baño (*m.*) bathroom
barato(a) inexpensive, cheap
barba (*f.*) beard
barbería (*f.*) barbershop
barbero(a) barber
barrer to sweep
barrio (*m.*) neighborhood
básquetbol (*m.*) basketball
bastante quite, enough
basura (*f.*) trash
bata (*f.*) gown, robe
batería (*f.*) battery
beber to drink
beca (*f.*) scholarship
biblioteca (*f.*) library
bicicleta (*f.*) bicycle
bien (*m.*) good
bien good, well, fine
  —cocido(a) well done
bienvenido(a) welcome
biftec (*m.*) steak
bigote (*m.*) moustache
billete (*m.*) ticket
billetera (*f.*) wallet
bisté (*m.*) steak
blanco(a) white
blanco y negro black and white
  (*film*)
blanquillo (*m.*) egg (*Mex.*)
blusa (*f.*) blouse
boca (*f.*) mouth
boda (*f.*) wedding
boleto (*m.*) ticket
bolsa (*f.*) bag, purse
  —de dormir (*f.*) sleeping bag
  —de hielo (*f.*) ice pack
bolso de mano (*m.*) (*hand*)bag,
  carry-on bag (*luggage*)
bombero (*m.*) fireman
bombones (*m.*) candy, bonbons
bonito(a) pretty
bota (*f.*) boot
botar to throw away, to get
  rid of
botella (*f.*) bottle
botones (*m.*) bellboy
brazo (*m.*) arm
brillante (*m.*) diamond
brindis (*m.*) toast
bróculi (*m.*) broccoli
broma (*f.*) joke
bronceador (*m.*) suntan lotion
budín (*m.*) pudding

¡Buen provecho! Good appetite!
¡Buen viaje! (*Have a*) nice trip!
Buenas noches. Good evening.
  —tardes. Good afternoon.
bueno (*adv.*) well, okay, sure
bueno(a) (*adj.*) good, kind, nice
Buenos días. Good morning.
buscar to look for
butaca (*f.*) armchair

C

caballero (*m.*) gentleman
caballo (*m.*) horse
cabeza (*f.*) head
cacahuate (*m.*) peanut (*Mex.*)
cada each, every
cadera (*f.*) hip
caerse to fall down
café (*adj.*) brown
cafetería (*f.*) cafeteria
café (*m.*) coffee; cafe
caja (*f.*) cash register, box
cajero(a) (*m. & f.*) cashier
calcetines (*m.*) socks
caldo (*m.*) broth
calefacción (*f.*) heating
calidad (*f.*) quality
caliente hot
calmante (*m.*) pain killer
calmar(se) to calm (*down*)
caloría (*f.*) calorie
calzar to wear a certain shoe
  size
calzoncillo (*m.*) men's shorts
  (*underwear*)
calle (*f.*) street
cama (*f.*) bed (*m.*)
  —chica twin bed
  —doble double bed
  —individual twin bed
  —matrimonial double bed
  —personal twin bed
cámara fotográfica (*f.*) camera
camarero(a) waiter (*waitress*)
camarón (*m.*) shrimp
cambiar to change, to exchange
  —de idea to change one's
    mind
  —un cheque to cash a check
cambio (*m.*) change; exchange
caminando on foot
caminar to walk
camión (*m.*) truck, bus (*Mex.*)
camioneta (*f.*) station wagon
camisa (*f.*) shirt
camiseta (*f.*) T-shirt
camisón (*m.*) nightgown

campeón(-ona) (*m. & f.*) champion

cancelar to cancel

cangrejo (*m.*) crab

cansado(a) tired

caña de pescar (*f.*) fishing pole

capó (*m.*) hood

cara (*f.*) face

¡Caramba! Gosh!

carbohidrato (*m.*) carbohydrate

carburador (*m.*) carburetor

cariño love (*term of endearment*)

cariñosamente with love, affectionately

carne (*f.*) meat
—**picada** (*f.*) ground meat

carnicería (*f.*) butcher shop

caro(a) expensive

carta (*f.*) letter

cartera (*f.*) purse; wallet

carrera (*f.*) career
—**de automóviles** (*f.*) auto race

carretera (*f.*) highway

carro (*m.*) car

casa (*f.*) house, home

casado(a) married

casar(se) (con) to get married, to marry

casero(a) homemade

casi almost
—**crudo(a)** almost raw; rare (*meat*)

casita (*f.*) little house

caso (*m.*) case; cause

catedral (*f.*) cathedral

cebolla (*f.*) onion

ceda el paso yield

celebrar to celebrate

cena (*f.*) dinner, supper

cenar to have supper (*dinner*)

cenicero (*m.*) ashtray

centavo cent, penny

centro (*m.*) downtown (*area*), center city

cepillar(se) to brush (*oneself*)
—**los dientes** to brush one's teeth

cepillo de dientes (*m.*) toothbrush

cereal (*m.*) cereal

cerca near
—**de aquí** near here

cerradura (*f.*) lock

cerrar (e:ie) to close

certificado(a) registered

cerveza (*f.*) beer

cibernética (*f.*) computer science

cicatriz (*f.*) scar

cielo (*m.*) sky

ciencias económicas (*f.*) economics

cigarrillo (*m.*) cigarette

cilindro (*m.*) cylinder

cinco five

cincuenta fifty

cine (*m.*) movie theater

cintura (*f.*) waist

cinturón (*m.*) belt
—**de seguridad** (*m.*) seat belt

cita (*f.*) appointment, rendezvous

ciudad (*f.*) city

ciudadano(a) citizen

claro(a) clear

Claro que si. Of course.

clase (*f.*) class, kind, type

cliente (*m. & f.*) client

club automovilístico (*m.*) auto club

cobija (*f.*) blanket

cobrar to charge; to collect
—**un cheque** to cash a check

coche (*m.*) car
—**cama** (*m.*) sleeper car (Pullman)
—**comedor** (*m.*) dining car

cocina (*f.*) kitchen; stove

cocinar to cook

coco (*m.*) coconut

coctel (*m.*) cocktail

codo (*m.*) elbow

cola (*f.*) line (*of people*)

colchón (*m.*) mattress

colonia (*f.*) cologne

color (*m.*) color

colorado(a) red

collar (*m.*) necklace

comedor (*m.*) dining room

comenzar (e:ie) to begin, to start

comer to eat

comida (*f.*) food; meal(s)

como since, being that; like, as
—**siempre** as always, as usual

¿Cómo es? What is he (*she, it*) like?

¿Cómo esta usted? How are you?

cómoda (*f.*) chest of drawers, dresser

comodidad (*f.*) comfort, convenience

cómodo(a) comfortable
compacto(a) compact
compañero(a) (*m. & f.*) class-mate
  —de clase (*m. & f.*) classmate
  —de cuarto (*m. & f.*) roommate
compañía (*f.*) company
competencia (*f.*) competition, athletic meet
comprar to buy
comprobante (*m.*) claim check, claim ticket
con with
  ¿—cuánta anticipación? How far in advance?
  —destino a... with destination to . . .
  —mucho gusto with (much) pleasure
  —una condición on one condition
  —vista a... with a view to . . .
concierto (*m.*) concert
condición (*f.*) condition
conducir to drive
conductor(a) (*m. & f.*) driver
confirmar to confirm
congelado(a) frozen
conjunto (*m.*) outfit
  —de pantalón y chaqueta pantsuit
conmigo with me
conocer to know, to be acquainted, familiar with
conseguir (e:i) to get, to obtain
consejero(a) adviser
consultorio (*m.*) doctor's office
consumir to consume
contabilidad (*f.*) accounting
contener (*conj. like* tener) to contain
continuar to continue
contra against
contrato (*m.*) contract
convenir (e:ie) to be advisable
conversar to talk, to converse
convertirse (e:ie) (en) to turn into, to become
cooperación (*f.*) cooperation
copa (*f.*) wine glass
corazón (*m.*) heart
corbata (*f.*) tie
cordero (*m.*) lamb
cordialmente cordially
correo (*m.*) mail, post office
correr to run
corriente current

cortar to cut
cortarse el pelo to get a hair cut
cortina (*f.*) curtain
corto(a) short
cosa (*f.*) thing
costar (o:ue) to cost
crédito (*m.*) credit
creer to believe, to think
crema (*f.*) cream
  —de afeitar (*f.*) shaving cream
Creo que sí. I think so.
criada (*f.*) maid
criarse to be raised
crudo(a) raw
cruzar to cross
cuadro (*m.*) painting
¿Cuáles? Which? (*pl.*)
cualquier cosa anything
¿Cuándo? When?
¿Cuánto(a)? How much?
¿Cuánto es? How much is it?
¿Cuánto mide Ud.? How tall are you?
¿Cuánto tiempo? How long?
cuarenta forty
cuarto (*m.*) room
  —de baño (*m.*) bathroom
  —para huéspedes (*m.*) guest room
cubrir to cover
cuchara (*f.*) spoon
cucharada (*f.*) spoonful
cucharadita (*f.*) teaspoonful
cuchillo (*m.*) knife
cuello (*m.*) neck
cuenta (*f.*) account, check, bill
  —corriente (*f.*) checking account
  —de ahorros (*f.*) savings account
cuero (*m.*) leather
cuerpo (*m.*) body
cuidado (*m.*) care, caution
cuidar to take care of
  —la línea to watch one's figure
culpa (*f.*) blame, guilt
cultura (*f.*) culture
cumpleaños (*m.*) birthday
curso (*m.*) course
curva (*f.*) curve

CH

champaña (*m.*) champagne
champú (*m.*) shampoo

chapa (f.) license plate
chaqueta (f.) jacket
charlar to talk, to chat
Chau. Bye.
cheque (m.) check
—de viajero (m.) traveler's
check
chícharos (m.) peas
chico(a) (adj.) small, little
chica (n.) (f.) girl, young woman
chico (n.) (m.) boy, young man
chileno(a) Chilean
chocar (con) to collide (with)
chocolate (m.) chocolate
chuleta (f.) chop

D

dama (f.) lady
danza aeróbica (f.) aerobic
dance
dar to give
darse prisa to hurry
de from, of, about
—cambios mecánicos stan-
dard shift (car)
—estatura mediana (of) medium height
—ida one way
—ida y vuelta round trip
—modo que so (that)
—nada. You're welcome. (It's
nothing.)
—niño(a) as a child
—vestir dressy
debajo de under
deber must, should; to owe
débil weak
decidir to decide
decir (e:i) to say, to tell
—algo en broma to joke, to
kid
—que sí (no) to say yes (no)
declarar to declare
dedo (m.) finger
—del pie toe
dejar to leave (behind); to let,
allow
—de with infinitive to stop
(doing something)
deleitarse to delight in
delgado(a) thin, slim
delicioso(a) delicious
delito (m.) crime, offense
demasiado(a) too, too much
dentro de in, within
denunciar to report (a crime)
departamento (m.) department

depender (de) to depend (on)
deporte (m.) sport
depositar to deposit
derecha (f.) right (direction)
derrota (f.) defeat
desaparecer to disappear
desastre (m.) disaster
desayunar to have breakfast
desayuno (m.) breakfast
descansar to rest
descomponerse to break down
(car)
descompuesto(a) broken (down),
out of order
desconocido(a) (m. & f.)
stranger
describir to describe
descuento (m.) discount
desde from, since
desear to want, to wish
desgraciadamente unfortunately
desinfectar to disinfect
desinflado(a) flat
desocupado(a) vacant
desocupar to check out, to vacate
desodorante (m.) deodorant
despacio slow, slowly
despacho de boletos (m.) ticket
office
despegar to take off (a plane)
despertar(se) (e:ie) to wake up
después (de) after, later, afterwards
desvío (m.) detour
detergente (m.) detergent
detrás de behind
deuda (f.) debt
devolver (o:ue) to return, to
give back
día (m.) day
—del santo (m.) saint's day
diabetes (f.) diabetes
diabético(a) diabetic
diamante (m.) diamond
diario(a) daily
diario (m.) newspaper
diariamente daily
diarrea (f.) diarrhea
diciembre December
diecinueve nineteen
diente (m.) tooth
dieta (f.) diet
dietista (m. & f.) dietician
diez ten
difícil difficult
dinero (m.) money

dirección (*f.*) address
directo(a) direct
disco (*m.*) record
discoteca (*f.*) discotheque
divertido(a) fun, amusing
divertirse (e:ie) to have fun, to
  have a good time
doblar to turn, to fold
doce twelve
docena (*f.*) dozen
doctor(a) doctor, M.D.
documento (*m.*) document
dólar (*m.*) dollar
doler (o:ue) to hurt, to ache
dolor (*m.*) pain
  —de garganta (*m.*) sore throat
domicilio (*m.*) address
¿Dónde? Where?
dormir (o:ue) to sleep
dormitorio (*m.*) bedroom
dos two
ducha (*f.*) shower
ducharse to shower
dudar to doubt
dueño(a) (*m. & f.*) owner
durante during
durar to last
durazno (*m.*) peach

E

económico(a) economic
echar al correo to mail
edad (*f.*) age
edificio (*m.*) building
  —de apartamentos (*m.*) apart-
    ment building
eficiente efficient
ejercicio (*m.*) exercise
él he
el mes que viene (*m.*) next
  month, the coming month
eléctrico(a) electric
elegante elegant
elegir (e:i) to choose, to select
elevador (*m.*) elevator
eliminar to eliminate
ellos(as) (*m. & f.*) they
embarazada pregnant
empanizado(a) breaded
empatar to tie (*the score*)
empezar (e:ie) to begin, to start
empleado(a) (*m. & f.*) clerk
emplear to hire, to employ
en on, in, at
  —casa at home
  —cuanto as soon as
  —efectivo in cash

—punto sharp, on the dot
  (*time*)
—regla in order
—ruta en route
—seguida right away
—total in all
enamorado(a) in love
encantarle a uno to love
encargado(a) manager, person
  in charge
encargarse (de) to take charge
  (*of*)
encendido(a) on (*electricity*)
encontrar (o:ue) to find
enchufar to plug in
enero January
enfadado(a) angry
enfermedad (*f.*) disease,
  sickness
enfermero(a) nurse
enfermo(a) sick
engordar to gain weight
enojado(a) angry
ensalada (*f.*) salad
enseñar to show, to teach
entender (e:ie) to understand
entonces then, in that case
entrar to enter, to go in
entregar to deliver
entremeses (*m.*) appetizers
entrevista (*f.*) interview
enviar to send
envolver (o:ue) to wrap
  —para regalo to gift-wrap
enyesar to put in a cast
época (*f.*) time
equipaje (*m.*) luggage
equipo (*m.*) team
Es verdad. It's true.
escala (*f.*) stopover
escalar to climb
escalera (*f.*) stair
  —de mano (*f.*) ladder
  —mecánica (*f.*) escalator
escoba (*f.*) broom
escoger to choose, to select
escuela (*f.*) school
escuchar to listen (to)
eso that
  —es todo. That's all.
  —incluye... That includes . . .
espalda (*f.*) back
España Spain
español (*m.*) Spanish (*language*)
español(a) (*m. & f.*) Spaniard;
  (*adj.*) Spanish
especial special

especialidad (f.) specialty

especialización (f.) major, specialization

espejo (m.) mirror

espejuelos (m.) eyeglasses

esperar to wait (for)

espinaca (f.) spinach

esposa (f.) wife

esposo (m.) husband

esquiar to ski

esquina (f.) corner

esta noche tonight

esta vez this time

estación (f.) station

—de servicio service station

—de trenes (f.) railroad station

estacionar to park (a car)

estadística (f.) statistics

estado civil (m.) marital status

Estados Unidos United States

estampilla (f.) stamp

estar to be

—de acuerdo to agree

—de moda to be in style

—de vacaciones to be on vacation

—seguro(a) to be sure

estatura height

este (m.) east

estimado (m.) estimate

estómago (m.) stomach

estudiante (m. & f.) student

estudiar to study

estupendo(a) great, fantastic

etiqueta (f.) label

evitar to avoid

exagerar to exaggerate

examen (m.) exam, examination, test

—parcial (de mitad de curso) (m.) midterm exam

exceso (m.) excess

—de equipaje (m.) excess luggage

exclusivo(a) exclusive

excursión (f.) excursion, tour

expreso (m.) express (train)

expreso(a) express

expulsar to expel

exquisito(a) exquisite

exterior exterior

extinguidor de incendios (m.) fire extinguisher

extra extra

extraer (conj. like traer) to extract

extranjero(a) foreigner

F

fácil easy

falda (f.) skirt

familia (f.) family

fantástico(a) fantastic

farmacia (f.) pharmacy

favor de please

febrero February

fecha (f.) date

felicidades (f.) congratulations

feliz happy

feo(a) ugly, bad-looking

ferrocarril (m.) railroad

fideos (m.) noodles

fiebre (f.) fever

fiesta (f.) party

—de cumpleaños (f.) birthday party

fila (f.) row, line

fin (m.) end

—de semana (m.) weekend

firmar to sign

física (f.) physics

flan (m.) custard

foto (f.) photo

fotografía (f.) photography, photograph

fractura (f.) fracture

fracturar(se) to fracture

francés(a) French

frazada (f.) blanket

fregadero (m.) kitchen sink

fregar (e:ie) to wash, to scrub

freír to fry

freno (m.) brake

frente (f.) forehead

fresas (f.) strawberries

frío(a) cold

frito(a) fried

fruta (f.) fruit

frutería (f.) fruit store

fuego (m.) fire

fumador(a) (m. & f.) smoker

fumar to smoke

funcionar to work, to function

funda (f.) pillowcase

fútbol (m.) soccer, football

G

gafas (f.) eyeglasses

—de sol (f.) sunglasses

galletas (f.) crackers

ganga (f.) bargain

ganador(a) (m. & f.) winner

garaje (m.) garage

316

garantía (*f.*)   guarantee
garganta (*f.*)   throat
gaseosa (*f.*)   soda pop, soft
  drink
gasolina (*f.*)   gasoline
gasolinera (*f.*)   service station
gastar   to spend
gasto (*m.*)   expense
gato(a) (*m. & f.*)   cat
gato (*m.*)   jack
gelatina (*f.*)   gelatine
general   general
gente (*f.*)   people
gerente (*m. & f.*)   manager
gimnasio (*m.*)   gymnasium
golpear(se)   to hit (*oneself*)
goma (*f.*)   tire
  —pinchada (*f.*)   flat tire
gordo(a)   fat
grabadora (*f.*)   tape recorder
Gracias.   Thank you.
graduación (*f.*)   graduation
graduarse   to graduate
grande   big
grasa (*f.*)   fat
gratis   free
gris   grey
gritar   to shout, to scream
grúa (*f.*)   tow truck
guajalote (*Mex.*)   turkey
guapo(a)   handsome, beautiful
guía para turistas (*f.*)   tourist
  guide
guisado (*m.*)   stew
guisantes (*m.*)   peas
guiso (*m.*)   stew
gustar   to like, to be pleasing (*to*)

H

habitación (*f.*)   room
hábito (*m.*)   habit
hablar   to speak, to talk
hacer   to do, to make
  —cola   to stand in line
  —(unas) compras   to do (some)
    shopping
  —ejercicio   to exercise
  —escala   to make a stopover
  —falta   to need, to lack
  —juego   to match
  —la cama   to make the bed
  —planes   to make plans
  —reservaciones   to make
    reservations
  —una radiografía   to take an
    X-ray

hacerle bien a uno   to do one
  (some) good
hacia   toward
hambre (*f.*)   hunger
hamburguesa (*f.*)   hamburger
harina (*f.*)   flour
hasta (que)   until
Hasta luego.   I'll see you later.
hasta llegar   until you arrive
hay   there is, there are
hay que   one must, it is necessary to
helado (*m.*)   ice cream
herida (*f.*)   wound
hermoso(a)   beautiful
hervir (e:ie)   to boil
higiénico(a)   hygienic
hija (*f.*)   daughter
hijo (*m.*)   son
hogar (*m.*)   home
Hola.   Hello., Hi.
hombre (*m.*)   man
hombro (*m.*)   shoulder
hondo(a)   deep
hora (*f.*)   hour
horario (*m.*)   schedule, timetable
horno (*m.*)   oven
horóscopo (*m.*)   horoscope
hospital (*m.*)   hospital
hotel (*m.*)   hotel
hoy   today
  —mismo   this very day
huésped (*m. & f.*)   guest
huevo (*m.*)   egg
  —duro   hard-boiled egg
humo (*m.*)   smoke
humano(a)   human

I

idea (*f.*)   idea
identificación (*f.*)   identification
importante   important
incendio (*m.*)   fire
  —premeditado (*m.*)   arson
incluir   to include
incómodo(a)   uncomfortable
infección (*f.*)   infection
influencia (*f.*)   influence
información (*f.*)   information
informática (*f.*)   computer
  science
inglés (*n.*) (*m.*)   English (*language*)
inicial (*f.*)   initial
inmigración (*f.*)   immigration
instrumento (*m.*)   instrument
inteligente   intelligent

interior interior
internacional international
interesado(a) interested
intersección (*f.*) intersection
invierno (*m.*) winter
invitación (*f.*) invitation
invitado(a) invited
invitado(a) (*m. & f.*) guest
invitar to invite
inyección (*f.*) shot
  —antitetánica (*f.*) tetanus shot
ir to go
  —a to be going to (*with infinitive*)
  —de caza to go hunting
  —de compras to go shopping
  —de excursión to go on a tour
  —de pesca to go fishing
  —de picnic to go on a picnic
  —zigzagueando to weave (*car*)
irle bien a uno to do well
itinerario (*m.*) schedule, timetable, itinerary
izquierda (*f.*) left

J

¡Ja! Ha!
jabón (*m.*) soap
jalea (*f.*) jam
jamón (*m.*) ham
jarabe (*m.*) syrup
  —para la tos (*m.*) cough syrup
jardín (*m.*) garden
jarra (*f.*) pitcher
jefe(a) (*m. & f.*) boss, chief
joven (*m. & f.*) young man, young woman
joven young
juego de cuarto (dormitorio) (*m.*) bedroom set
jueves (*m.*) Thursday
juez (*m.*) judge
jugar to play
jugo (*m.*) juice
  —de naranja (*m.*) orange juice
  —de tomate (*m.*) tomato juice
julio July
junio June
junta (*f.*) meeting
juntos(as) together

K

kilo (*m.*) kilo
kilogramo (*m.*) kilogram
kilómetro (*m.*) kilometer

kiosco (*m.*) kiosk, magazine stand

L

laboratorio de lenguas (*m.*) language laboratory
ladrón(ona) (*m. & f.*) thief, robber
lago (*m.*) lake
lámpara (*f.*) lamp
langosta (*f.*) lobster
largo(a) long
lástima (*f.*) pity
lastimar(se) to get hurt
lata de la basura (*f.*) trash can
Latinoamérica Latin America
latinoamericano(a) Latin American
lavado (*m.*) shampoo
lavadora (*f.*) washer
lavar(se) to wash (*oneself*)
lavar en seco to dry-clean
leche (*f.*) milk
lechería (*f.*) dairy store
lechón (*m.*) suckling pig
lechuga (*f.*) lettuce
leer to read
lejía (*f.*) bleach
lejos far (*away*)
  —de aquí far (*away*) from here
lengua (*f.*) tongue; language
lentes (*m.*) eyeglasses
levantar(se) to raise, to get up
  —pesas to lift weights
ley (*f.*) law
  —de tránsito (*tráfico*) (*f.*) traffic law
libra (*f.*) pound
libre available, vacant, free
libro (*m.*) book
licencia (*f.*) license
  —para conducir (*manejar*) driver's license
límite (*m.*) limit
limón (*m.*) lemon
limonada (*f.*) lemonade
limpiaparabrisas (*m.*) windshield wiper
limpiar to clean
  —en seco to dry-clean
limpieza (*f.*) cleaning
lindo(a) pretty
línea (*f.*) line
liquidación (*f.*) sale
líquido (*m.*) liquid

lista (*f.*) list
listo(a) ready
litera (*f.*) berth
  —alta (*f.*) upper berth
  —baja (*f.*) lower berth
literatura (*f.*) literature
lo importante the important
  thing(s)
  —necessario the necessary
    thing(s)
  —que what, that, which
Lo siento. I'm sorry.
loco(a) crazy
luego later, then
lugar (*m.*) place
  —de nacimiento (*m.*) place of
    birth
lugares de interés (*m.*) places of
  interest
luna de miel (*f.*) honeymoon
lunes (*m.*) Monday
luz (*f.*) light

LL

llamada (*f.*) call
llamar to call
  —por teléfono to call on the
    phone
llanta (*f.*) tire
llave (*f.*) key
llegar to arrive, to become
  —tarde (temprano) to be late
    (early)
llenar to fill
llevar to take, to carry
  —a alguien to give someone a
    ride
  —puesto(a) to wear
llevarse to take away
llover (o:ue) to rain
lluvia (*f.*) rain

M

madre (*f.*) mother
maduro(a) ripe
magnífico(a) magnificent, great
maleta (*f.*) suitcase
maletero (*m.*) trunk (*of a car*)
malo(a) bad
mamá (*f.*) mom, mother
mandar to send
manejar to drive
  —con cuidado to drive care-
    fully
maní (*m.*) peanut
mano (*f.*) hand

manta (*f.*) blanket
mantel (*m.*) tablecloth
mantener (*conj. like* **tener**) to
  maintain, to keep
mantequilla (*f.*) butter
manzana (*f.*) apple
mañana (*f.*) morning; tomorrow
mapa (*m.*) map
maquillaje (*m.*) makeup
máquina de afeitar razor, shaver
maravilloso(a) marvelous
marca (*f.*) brand
mareado(a) dizzy, airsick,
  seasick
mareo (*m.*) dizziness, airsickness, seasickness
margarina (*f.*) margarine
marisco (*m.*) shellfish (*pl.* seafood)
marrón brown
martes (*m.*) Tuesday
marzo March
más more
  —o menos more or less;
    approximately
  —tarde later
matemáticas (*f.*) mathematics
materia (*f.*) subject (*in school*)
matrícula (*f.*) tuition
matricularse to register (*for
  school*)
matrimonio (*m.*) married couple
máximo(a) maximum
mayo May
mayonesa (*f.*) mayonnaise
mayor older
la mayoría (de) the majority (*of*)
mecánico(a) mechanic
mecanógrafo(a) (*m. & f.*) typist
media (*f.*) stocking
media hora half an hour
mediano(a) medium, average
medianoche (*f.*) midnight
medicina (*f.*) medicine
médico(a) (*m. & f.*) medical
  doctor
medio(a) half
medida (*f.*) size
mediodía (*m.*) noon
medir (e:i) to measure
mejor better, best
mejorar to improve
mejorarse to get better, to
  improve (*health*)
melocotón (*m.*) peach
melón de agua (*m.*) watermelon

menor younger
menos less, least
menú (*m.*) menu
mercado (*m.*) market
mermelada (*f.*) marmalade
mes (*m.*) month
mesa (*f.*) table
 —de centro (*f.*) coffee table
 —de noche (*f.*) night table,
  night stand
mesero(a) waiter (waitress)
mesita (*f.*) lap table
 —de noche (*f.*) night table,
  night stand
mexicano(a) Mexican
miembro (*m.*) member
mientras while
 —tanto in the meantime
mi my
mil a thousand
milagro (*m.*) miracle
milanesa (*f.*) breaded veal
 cutlet
milla (*f.*) mile
millaje (*m.*) mileage
mineral (*m.*) mineral
minuto (*m.*) minute
mirar(se) to look at (*oneself*)
mismo(a) same
mitad (*f.*) half
mixto(a) mixed
mochila (*f.*) backpack, knapsack
moderno(a) modern
modista (*m. & f.*) dressmaker
mojado(a) wet
moler (o:ue) to grind
momento (*m.*) moment
moneda (*f.*) money, currency
montaña (*f.*) mountain
montar a caballo to ride a horse
montar en bicicleta to ride a
 bicycle
monumento (*m.*) monument
morado(a) purple
moreno(a) dark-skinned, olive-
 skinned
morir (o:ue) to die
morirse (o:ue) de hambre to
 starve
mostaza (*f.*) mustard
mostrador (*m.*) counter
mostrar (o:ue) to show
motocicleta (moto) (*f.*) motorcycle
motor (*m.*) motor, engine
mozo (*m.*) waiter

muchacha (*f.*) girl, young
 woman
muchacho (*m.*) boy, young man
Muchas gracias. Thank you very
 much.
mucho(a) much, a lot
¿Mucho gusto? How do you do?
mudarse to move (*i.e.,* from one
 house to another)
muebles (*m.*) furniture
muerto(a) dead
mujer (*f.*) woman
muletas (*f.*) crutches
multa (*f.*) (*traffic*) fine, ticket
mundial worldwide
muñeca (*f.*) wrist
museo (*m.*) museum
musical musical
músico musician
muy very

N

nacer to be born
nacional national
nacionalidad (*f.*) nationality
nada nothing
 —más nothing else
nadar to swim
nadie nobody, no one
naranja (*f.*) orange
nariz (*f.*) nose
natación (*f.*) swimming
nativo(a) native
náusea (*f.*) nausea
navajita (*f.*) razor blade
Navidad (*f.*) Christmas
necesario(a) necessary
necesitar to need
negocio (*m.*) business
negro(a) black
neumático (*m.*) tire
niña (*f.*) girl (*child*)
niño (*m.*) boy (*child*)
no no, not
 —fumar no smoking
 —funciona. It's out of order.,
  It doesn't work.
 —hay apuro (prisa). There's
  no hurry.
 —importa. It doesn't matter.
 —sirve. It's no good., It's
  useless.
nocaut (*m.*) knockout (*boxing*)
noche (*f.*) night
nombre (*m.*) name
noreste (*m.*) northeast

normal   normal
noroeste (*m.*)   northwest
norte (*m.*)   north
norteamericano(a)   (*North*)
  American
nota (*f.*)   grade
noticia(s) (*f.*)   news
  —policiales (*f.*)   police news
novela (*f.*)   novel
noventa   ninety
novia (*f.*)   girlfriend
noviembre   November
novio (*m.*)   boyfriend
nublado   cloudy
nuestro(a)   our
nueve   nine
nuez (*m.*)   nut
número (*m.*)   number
nunca   never

O

o   or, either
objeto (*m.*)   object
ochenta   eighty
ocho   eighty
octubre   October
ocupación (*f.*)   occupation
ocupado(a)   busy
ocurrir   to occur, to happen
oeste (*m.*)   west
oficial de guardia (*m.*)   officer on
  duty
oficina (*f.*)   office
oficina de cambio (*f.*)   money
  exchange office
oficina de correos (*f.*)   post
  office
oficina de turismo (*f.*)   tourist
  office
oído (*m.*)   ear; hearing
Ojalá que sí.   I hope so.
ojo (*m.*)   eye
olvidar(se) (de)   to forget
olla (*f.*)   pot
ómnibus (*m.*)   bus
once   eleven
operador(a) (*m. & f.*)   operator
operar   to operate
optimista (*m. & f.*)   optimist
orden (*m.*)   order
oreja (*f.*)   ear
orgullo (*m.*)   pride
oro (*m.*)   gold
orquesta (*f.*)   orchestra
ostra (*f.*)   oyster
otra vez   again

otro(a)   other, another
¡Oye!   Listen!

P

paciencia (*f.*)   patience; too bad
  (*as one-word remark*)
padre (*m.*)   father
padres (*m.*)   parents
pagar   to pay
  —por adelantado   to pay in
    advance
país (*m.*)   country
paisaje (*m.*)   landscape
palabra (*f.*)   word
pan (*m.*)   bread
  —rallado (*m.*)   bread crumbs
panadería (*f.*)   bakery
pantalones (*m.*)   pants, trousers
pantimedia(s) (*f.*)   pantyhose
pañuelo (*m.*)   handkerchief
papa (*f.*)   potato
  —al horno   baked potato
papá (*m.*)   dad, father
papas fritas (*f.*)   French fries
papel (*m.*)   paper
  —de carta (*m.*)   writing paper
  —higiénico (*m.*)   toilet paper
paquete (*m.*)   package
par (*m.*)   pair
para   in order to, for, to
  —acá   toward here, on the
    way here
  —que   so that, in order to
¿Para qué?   What for?
parabrisas (*m.*)   windshield
parar   to stop
parecer   to seem, to appear
parque (*m.*)   park
parte (*f.*)   part
partido (*m.*)   game, match
pasado(a)   last
pasado mañana   the day after
  tomorrow
pasado por agua   soft-boiled
pasaje (*m.*)   ticket
pasajero(a) (*m. & f.*)   passenger
pasaporte (*m.*)   passport
pasar   to happen
  —por   to go through, to go by
  —la aspiradora   to vacuum
  —el tiempo   to pass the time
  —une película   to show a
    film
pasillo (*m.*)   hall, hallway; aisle
pasta dentífrica (*f.*)   toothpaste
pastel (*m.*)   pie

pastilla (f.) pill
patata (f.) potato
patinar to skate
pato (m.) duck
pavimento (m.) pavement
pavo (m.) turkey
peatón (m.) pedestrian
pecho (m.) chest
pedazo (m.) piece
pedido (m.) order
pedir (e:i) to ask for, to request, to order
pedir turno to make an appointment
peinar(se) to comb (oneself)
peine (m.) comb
pelar to peel
pelea (f.) fight
película (f.) film, movie
—en blanco y negro (f.) black-and-white film, movie
—en colores (f.) color film, movie
peligro (f.) danger
peligroso(a) dangerous
pelirrojo(a) redheaded
pelo (f.) hair
peluquería (f.) beauty parlor
peluquero(a) (m. & f.) hairdresser
penicilina (f.) penicillin
pensar (e:ie) to think; to plan, to intend (with infinitive)
pensión (f.) boarding house
pepino (m.) cucumber
pequeño(a) small, little
pera (f.) pear
perder (e:ie) to lose
perder el conocimiento to be unconscious, to lose consciousness
Perdón. Excuse me., Pardon me.
perfumería (f.) perfume and toiletry shop
periódico (m.) newspaper
permanente (f.) permanent (hair)
permiso (m.) permit
pero but
persona (f.) person
perro(a) (m. & f.) dog
pesar(se) to weigh (oneself)
pesas (f.) weight
pescadería (f.) fish store
pescado (m.) fish

pescar to fish
peseta (f.) currency of Spain
peso (m.) weight
peso (m.) currency of Colombia, Chile, Cuba, Mexico, the Dominican Republic, and Uruguay
pesos ligeros (m.) lightweights (boxing)
petróleo (m.) oil
picadillo (m.) ground meat
picnic (m.) picnic
pie (m.) foot
pierna (f.) leg
pieza de respuesto (f.) spare part
pijama (m.) pajama
piloto (m. & f.) pilot
pimienta (f.) pepper
pintar to paint
pintor(a) (m. & f.) painter
pintura (f.) paint
piña (f.) pineapple
piscina (f.) swimming pool
piso (m.) floor, story; apartment (Spain)
placa (f.) license plate
plan (m.) plan
plancha (f.) iron
planchar to iron
planear to plan
planilla (f.) form
planta baja (f.) ground floor
plata (f.) silver
plátano (m.) plantain, banana
platicar to talk, to chat
platillo (m.) saucer
plato (m.) dish, plate
playa (f.) beach
plaza (f.) plaza, town or village square
pluma (f.) pen
pobrecito(a) (m. & f.) poor thing
poco(a) little (quantity)
pocos(as) few
poder (o:ue) to be able (to)
policía (m. & f.) police officer
—de tránsito (tráfico) (m. & f.) traffic officer
polvo (m.) powder
pollo (m.) chicken
poner(se) to put (on), to place
—a dieta to go on a diet
—la mesa to set the table
—una inyección to give a shot

—una multa   to give a ticket
popular   popular
por   for, by; per; at (*with time*)
  —adelantado   in advance
  —aquí   around here; this way
  —ciento   percent
  —cuestiones de negocios   for business reasons
  —eso   that's why, therefore
  —día   a (*per*) day
  —favor   please
  —fin   at last, finally
  —lo menos   at least
  —noche   a (*per*) night
  —si acaso   just in case
  —suerte   luckily
¿Por qué?   Why?
porque   because
portaguantes (*m.*)   glove compartment
postre (*m.*)   dessert
practicar   to practice
  —un deporte   to play a sport
precio (*m.*)   price
preferir (e:ie)   to prefer
preguntar   to ask (*a question*)
premeditado(a)   premeditated
prender fuego a   to set fire to
preocupado(a)   worried
preocuparse   to worry
preparar   to prepare
preparar(se)   to get ready
presidente (*m. & f.*)   president
presión (*f.*)   (*blood*) pressure
préstamo (*m.*)   loan
prestar   to lend
  —atención   to pay attention
primer día de clases (*m.*)   first day of classes
primer piso (*m.*)   first floor
primera clase (*f.*)   first class
primero(a)   first
primo(a)   cousin
prisa (*f.*)   haste
privado(a)   private
probador (*m.*)   fitting room
probar(se) (o:ue)   to try; to try on
problema (*m.*)   problem
profesor(a) (*m. & f.*)   professor
prognóstico (*m.*)   forecast
programa (*m.*)   program
prohibido(a)   prohibited
promedio (*m.*)   grade-point average
pronto   soon
propina (*f.*)   tip

propósito (*m.*)   intention
próspero(a)   prosperous
proteína (*f.*)   protein
próximo(a)   next
público(a)   public
puente (*m.*)   bridge
puerta (*f.*)   door, gate (*at an airport*)
  —de salida (*f.*)   boarding gate
pues   well; for, because
puesto de revistas (*m.*)   magazine stand
pulgada (*f.*)   inch
pulsera (*f.*)   bracelet
puré de papas (*m.*)   mashed potatoes

Q

que   that
¿Qué?   What?
  ¡—bueno!   That's good!
  ¡—casualidad!   What a coincidence!
  ¿—hay de nuevo?   What's new?
  ¿—hora es?   What time is it?
  ¡—lástima!   What a pity!
  ¡—lío!   What a mess!
  ¿—número calza?   What size shoe do you wear?
  ¿—tal?   How's it going?
que viene   next
quedar   to be located; to fit
quedarle chico (*a uno*)   to be too small
  —grande (*a uno*)   to be too big
quedarse   to stay, to remain
  —en casa   to stay home
quejarse   to complain
quemadura (*f.*)   burn
quemar   to burn
querer (e:ie)   to want, to wish, to love
querido(a)   dear
queso (*m.*)   cheese
química (*f.*)   chemistry
quinientos(as)   five hundred
quiosco (*m.*)   kiosk; magazine stand
quitar(se)   to take away, to take off, to remove
quizás   perhaps, maybe

R

radiador (*m.*)   radiator
radiografía (*f.*)   X-ray

rápido (*m.*) express (*train*)
rápido (*adv.*) fast
rápido(a) (*adj.*) fast
raza (*f.*) race
razonable reasonable
rebajado(a) reduced
recepcionista (*m. & f.*)
  receptionist
recetar to prescribe
recibir to receive
recogedor (*m.*) dustpan
recoger to pick up
recordar (o:ue) to remember
referencia (*f.*) reference
refresco (*m.*) soda, soft drink
refrigerador (*m.*) refrigerator
regalar to give (*a gift*)
regalo (*m.*) gift
registro (*m.*) register
rehusar to refuse
reloj (*m.*) watch, clock
  —de pulsera (*m.*) wristwatch
relleno(a) stuffed
remolacha (*f.*) beet
remolcador (*m.*) tow truck
remolcar to tow
repollo (*m.*) cabbage
requisito (*m.*) requirement
res (*m.*) beef
reservación (*f.*) reservation
reservar to reserve
residencia universitaria (*f.*)
  dormitory
residencial residential
respirar to breathe
  —hondo to take a deep breath
restaurante (*m.*) restaurant
reunión (*f.*) meeting
revelar to develop (*film*)
revisar to check
revista (*f.*) magazine
revuelto(a) scrambled
rico(a) tasty, delicious
ridículo(a) ridiculous
río (*m.*) river
robar to steal, to rob
robo (*m.*) robbery
rodilla (*f.*) knee
rojo(a) red
rollo de película (*m.*) roll of film
romper(se) to break
ron (*m.*) rum
ropa (*f.*) clothes
  —interior (*f.*) underwear
  —para damas (*f.*) ladies'
    clothing
  rosado(a) pink

roto(a) broken, torn
rubio(a) blond(e)

S

sábado (*m.*) Saturday
sábana (*f.*) sheet
saber to know (*a fact*)
sabroso(a) tasty, delicious
sacar to take out
  —la basura to take out the
    trash
  —la lengua to stick out one's
    tongue
  —pasaje to buy (*get*) a ticket
  —seguro to take out
    insurance
  —una nota to get a grade
sacrificar(se) to sacrifice
  (*oneself*)
sacudir los muebles to dust the
  furniture
sal (*f.*) salt
sala (*f.*) room, living room
  —de emergencia (*f.*) emer-
    gency room
salchicha (*f.*) sausage
salida (*f.*) exit
salir to go out, to leave
salmón (*m.*) salmon
salón de belleza (*m.*) beauty
  parlor
salón de estar (*m.*) family room
salsa (*f.*) sauce
  —de tomate (*f.*) tomato sauce
salud (*f.*) health
¡Salud! Cheers!
sandalia (*f.*) sandal
sandía watermelon
sándwich (*m.*) sandwich
sangrar to bleed
sartén (*f.*) frying pan
sastre (*m.*) tailor
se alquila for rent
se vende for sale
secador (*m.*) (*hair*) dryer
secadora (*f.*) (*clothes*) dryer
sección (*f.*) section
  —de (no) fumar (*f.*) (*no*)
    smoking section
seco(a) dry
sed (*f.*) thirst
seguir (e:i) to follow, to continue
  —derecho to continue (*to go*)
    straight ahead
segundo(a) second
seguro (*m.*) insurance

—médico (*m.*) medical insurance

seguro(a) sure, certain

seis six

seiscientos six hundred

sello (*m.*) stamp

semáforo (*m.*) traffic light

semana (*f.*) week

semestre (*m.*) semester

sentar(se) (e:ie) to seat, to sit down

sentir(se) (e:ie) to feel

señal (*f.*) sign, signal

  —de parada (*f.*) stop sign

  —de tráfico (*f.*) traffic sign

señor (*m.*) Mr., sir, gentleman

señora (*f.*) Mrs., madam, lady

señorita (*f.*) Miss, young lady

septiembre September

ser to be

servicio (*m.*) service

  —de habitación room service

servilleta (*f.*) napkin

servir (e:i) to serve

si if, whether

sí yes

siempre always

siesta (*f.*) nap

siete seven

silla (*f.*) chair

simpático(a) nice, charming, fun to be with

sin without

síntoma (*m.*) symptom

sirviente(a) (*m. & f.*) servant

sobre (*m.*) envelope

sobre on, on top of

  —todo especially, above all

social social

socio(a) (*m. & f.*) member

¡Socorro! Help!

sofá (*m.*) sofa

solamente only

soleado(a) sunny

solicitar to apply for

solicitud (*f.*) application

solo(a) alone

sólo only

soltero(a) single

sopa (*f.*) soup

sortija (*f.*) ring

sospechar to suspect

su your (*formal form*)

subir to climb, to go up, to get on or in, to board (*a plane*)

  —el volumen to turn up the volume

subdesarrollado(a) underdeveloped

subterráneo (*m.*) subway

suceder to happen

sucio(a) dirty

suegra (*f.*) mother-in-law

suegro (*m.*) father-in-law

sueldo (*m.*) salary

suelo (*m.*) ground, floor

sueño (*m.*) dream

suerte (*f.*) luck

suéter (*m.*) sweater

suficiente enough, sufficient

sugerir (e:ie) to suggest

supermercado (*m.*) supermarket

supersticioso(a) superstitious

suponer (*conj. like* **poner**) to suppose

sur (*m.*) south

sureste (*m.*) southeast

suroeste (*m.*) southwest

suyo(a) his, hers, one's

T

talonario de cheques (*m.*) checkbook

talla (*f.*) size

taller de mecánica (*m.*) repair shop

también too, also

tampoco neither, either

tan so, such a

tan... como as . . . as

tan pronto como as soon as

tanque (*m.*) tank

tarde late

tarde (*f.*) afternoon

tarifa (*f.*) rate

tarjeta (*f.*) card

  —de crédito (*f.*) credit card

  —postal (*f.*) postcard

tatuaje (*m.*) tatoo

taxi (*m.*) taxi

taza (*f.*) cup

té (*m.*) tea

teatro (*m.*) theater

técnico(a) (*m. & f.*) technician

teléfono (*m.*) telephone

televisor (*m.*) TV set

temer to fear

temperatura (*f.*) temperature

temprano early

tenedor (*m.*) fork

tener to have, to hold

  —algo que declarar to have something to declare

  —calor to be hot

—... **de atraso** to be (*time quantity*) behind (*schedule*)

—**frío** to be cold

—**hambre** to be hungry

—**la culpa** to be at fault, to be guilty

—**lugar** to take place

—**paciencia** to be patient

—**que** to have to (*with infinitive*)

—**razón** to be right

—**retraso** to be . . . behind (*schedule*)

—**sed** to be thirsty

—**suerte** to be in luck, to be lucky

tenis (*m.*) tennis

tercer(o)(a) third

terminar to finish, to end

terraza (*f.*) terrace

testigo (*m. & f.*) witness

tétano (*m.*) tetanus

tiempo (*m.*) time

tienda (*f.*) store

—**de campaña** (*f.*) tent

timbre (*m.*) stamp (*Mex.*)

tintorería (*f.*) dry cleaners

tirar basura to throw (*out*) the garbage, to litter

título (*m.*) title

toalla (*f.*) towel

tobillo (*m.*) ankle

tocadiscos (*m.*) record player

tocino (*m.*) bacon

todavía still, yet

todo everything

todos(as) everyone, everybody; all, everything

—**los días** every day

tomar to drink, to take (*a bus, train, etc.*)

tomate (*m.*) tomato

Tome asiento. Have a seat.

torcer (o:ue) to twist

toronja (*f.*) grapefruit

torta (*f.*) cake

tortilla (*f.*) omelet

—**a la española** (*f.*) omelet with potatoes

—**a la francesa** (*f.*) plain omelet

tos (*f.*) cough

tostada (*f.*) piece of toast

tostadora (*f.*) toaster

total (*m.*) total

totalmente completely, totally

trabajar to work

trabajo (*m.*) work, job

traer to bring

tráfico (*m.*) traffic

traje (*m.*) suit

transformador (*m.*) transformer

tránsito (*m.*) transit, traffic

transmisión (*f.*) transmission

trasbordar to change (*trains, buses, etc.*)

trece thirteen

treinta thirty

trescientos three hundred

tren (*m.*) train

trimestre (*m.*) quarter (*in school*)

trozo (*m.*) piece

trucha (*f.*) trout

tu your (*familiar form*)

tú you (*familiar*)

turbulencia (*f.*) turbulence

turista (*m. & f.*) tourist

turno (*m.*) appointment

U

Ud. you (*formal*)

Uds. you (*plural*)

último(a) last (*in a series*)

un caso perdido a lost cause

un momento just a moment

un poco a little

una vía one way

único(a) the only one

—**hijo(a)** (*m. & f.*) only child

unidad (*f.*) unit, credit (*college*)

universidad (*f.*) university

universitario(a) university

unos(as) some, several (*with nouns*)

unos(as)... about, approximately (*with quantity*)

usar to use, to wear

usted you (*formal*)

ustedes you (*plural*)

uvas (*f.*) grapes

V

vacaciones (*f.*) vacation

vacío(a) empty

vainilla (*f.*) vanilla

valer to be worth, to be valid

válido(a) valid

varios(as) several

vaso (*m.*) glass

vecino(a) (*m. & f.*) neighbor

veinte twenty
velocidad (*f.*) speed
 —máxima (*f.*) speed limit
vencer to defeat
vender to sell
venir to come
venta (*f.*) sale
ventanilla (*f.*) window (*at a bank, on a plane, etc.*)
ver to see
verano (*m.*) summer
¿Verdad? True?, Right?
verde green
verdura (*f.*) vegetable
verdulería (*f.*) green grocery
vereda (*f.*) sidewalk
vermut (*m.*) vermouth
vestíbulo (*m.*) lobby
vestido (*m.*) dress
vestir(se) (e:i) to dress, to get dressed
vez (*f.*) time
viajar to travel
viaje (*m.*) travel, trip
vibración (*f.*) vibration
vida (*f.*) life
vidriera (*f.*) store window
viejo(a) old
viernes (*m.*) Friday
vino (*m.*) wine
 —blanco white wine
 —tinto red wine
violación (*f.*) rape
violado(a) raped
visa (*f.*) visa

visitar to visit
vista (*f.*) view
 —a la calle exterior (*street*) view
 —interior interior view
vitamina (*f.*) vitamin
vivir to live
volante (*m.*) steering wheel
volar (o:ue) to fly
volumen (*m.*) volume
volver (o:ue) to come (*go*) back, to return
vomitar to vomit
voz (*f.*) voice
vuelo (*m.*) flight
vuelto (*m.*) change

Y

y and
ya already
¡Ya lo creo! I'll say!, I believe it!
Ya lo sé. I (*already*) know it.
ya no no longer
ya voy I'm coming
yo I
yogur (*m.*) yogurt

Z

zanahoria (*f.*) carrot
zapatería (*f.*) shoe store
zapato (*m.*) shoe
zona de estacionamiento (*f.*) parking lot

English-Spanish Vocabulary

A

a day (*per day*)   por día
a little   un poco
a lot   mucho(a)
a night (*per night*)   por noche
a thousand   mil
a while later   al rato
about   acerca de, alrededor de,
  de unos(as)
above all   sobre todo
absurd   absurdo(a)
accept   aceptar
accident   accidente (*m.*)
account   cuenta (*f.*)
accounting   contabilidad (*f.*)
ache   doler (o:ue)
ad   anuncio (*m.*), aviso (*m.*)
additional   adicional
address   dirección (*f.*), domicilio (*m.*)
admit   admitir
advise   aconsejar
adviser   consejero(a) (*m. & f.*)
aerobic dance   danza aeróbica
  (*f.*)
affectionately   cariñosamente
after   después de
afternoon   tarde (*f.*)
afterwards   después de
again   otra vez
against   contra
age   edad (*f.*)
agency   agencia (*f.*)
agent   agente (*m. & f.*)
agree   estar de acuerdo
air   aire (*m.*)
air conditioning   aire acondicionado (*m.*)
airline   aerolínea (*f.*)
airport   aeropuerto (*m.*)
airsick   mareado(a)
airsickness   mareo (*m.*)
aisle   pasillo (*m.*)
  —seat   asiento de pasillo (*m.*)
all   todos(as)
allergic   alérgico(a)
allow   dejar
almost   casi
  —raw   casi crudo(a)

alone   solo(a)
already   ya
also   también
altitude   altura (*f.*)
always   siempre
ambulance   ambulancia (*f.*)
amusing   divertido(a)
and   y
anesthesia   anestesia (*f.*)
angry   enfadado(a), enojado(a)
animal   animal (*m.*)
ankle   tobillo (*m.*)
anniversary   aniversario (*m.*)
another   otro(a)
antibiotic   antibiótico (*m.*)
any   algun(a)
anything   cualquier cosa
  —else   algo más
apartment   apartamento (*m.*),
  piso (*m.*) (*Spain*)
  —building   edificio de
    apartamentos (*m.*)
appear   paracer
appetizer   entremesa (*m.*)
apple   manzana (*f.*)
application   solicitación (*f.*)
apply for   solicitar
appointment   turno (*m.*), cita (*f.*)
approximately   más o menos,
  unos(as)
April   abril
Arab, arabic   árabe
Argentinian   argentino(a)
arm   brazo (*m.*)
armchair   butaca (*f.*)
around here   por aquí
around the corner   a la vuelta de
  la esquina
arrive   llegar
arson   incendio premeditado
  (*m.*)
art   arte (*m.*)
article   artículo (*m.*)
as   cómo
  —. . . as   tan... como
  —a child   de niño(a)
  —always   como siempre
  —soon as   tan pronto como, en
    cuanto
  —usual   como siempre

ashtray cenicero (*m.*)
ask (*a question*) preguntar
  —**for** pedir (e:i)
aspirin aspirina
at en
  —(*with time*) por
  —**home** en casa
  —**last** por fin
  —**least** por lo menos
  —**the end** al final
  —**what time?** ¿A que hora?
  —**your service** a sus ordenes
athletic atlético(a)
  —**meet** competencia (*f.*)
attempt atentado (*m.*)
attend asistir
attention atención (*f.*)
August agosto
auto club club automovilístico
  (*m.*)
auto race carrera de
  automóviles (*f.*)
automatic automático(a)
available libre
avenue avenida (*f.*)
average mediano(a)
avoid evitar

B

back espalda (*f.*)
backpack mochila (*f.*)
bacon tocino (*m.*)
bad malo(a)
bad-looking feo(a)
bag bolsa (*f.*)
baked potato papa al horno (*f.*)
bakery panadería (*f.*)
balanced balanceado(a)
banana plátano (*m.*)
bank banco
barber barbero(a)
barber shop barbería (*f.*)
bargain ganga (*f.*)
basketball basquetból (*m.*)
bathe bañar(se)
bathroom baño (*m.*), cuarto de
  baño (*m.*)
bathtub bañadera (*f.*)
battery acumulador (*m.*), batería
  (*f.*)
be ser, estar
  —(*time quantity*) **behind**
    (*schedule*) tener... de
    atraso, tener retraso
  —**able (*to*)** poder (o:ue)
  —**acquainted** conocer
  —**advisable** convenir (e:ie)

  —**at fault** tener la culpa
  —**born** nacer
  —**cold** tener frío
  —**glad** alegrarse (*de*)
  —**going to (*with infinitive*)** ir a
  —**guilty** tener la culpa
  —**hot** tener calor
  —**hungry** tener hambre
  —**in luck, be lucky** tener
    suerte
  —**in style** estar de moda
  —**late (*early*)** llegar tarde
    (*temprano*)
  —**located** quedar
  —**on vacation** estar de vaca-
    ciones
  —**patient** tener paciencia
  —**pleasing (*to*)** gustar
  —**raised** criarse
  —**right** tener razón
  —**sure** estar seguro(a)
  —**thirsty** tener sed
  —**too big** quedarle grande
    (*a uno*)
  —**too small** quedarle chico
    (*a uno*)
  —**too tight** apretar (e:ie)
  —**unconscious** perder el
    conocimiento
  —**valid** valer
  —**worth** valer
beach playa (*f.*)
beard barba (*f.*)
beautiful guapo(a), hermoso(a)
beauty parlor peluquería (*f.*),
  salón de belleza (*m.*)
because porque, pues
become llegar, convertir(se) (*en*)
  (e:ie)
bed cama (*f.*)
bedroom dormitorio (*m.*)
  —**set** juego de cuarto
    (*dormitorio*) (*m.*)
beef res (*m.*)
beer cerveza (*f.*)
beet remolacha (*f.*)
before antes (*de*)
begin comenzar (e:ie), empezar
  (e:ie)
behind detrás de
being that cómo
believe creer
bell pepper ají (*m.*)
bellboy botones (*m.*)
belt cinturón (*m.*)
berth litera (*f.*)
besides además (*de*)

best mejor
better mejor
bicycle bicicleta (*f.*)
big grande
bill cuenta (*f.*)
birthday cumpleaños (*m.*)
  —party fiesta de cumpleaños
    (*f.*)
black negro(a)
black-and-white film película
  en blanco y negro (*f.*)
blame culpa (*f.*)
blanket cobija (*f.*), frazada (*f.*),
  manta (*f.*)
bleach lejía (*f.*)
bleed sangrar
blocks (*from*) a... cuadras (de)
blond(e) rubio(a)
blood pressure presión (*f.*)
blouse blusa (*f.*)
blue azul
board (*a plane*) subir
boarding gate puerta de salida
  (*f.*)
boarding house pensión (*f.*)
body cuerpo (*m.*)
boil hervir
bonbons bombones (*m.*)
book libro (*m.*)
boot bota (*f.*)
boss jefe(a) (*m. & f.*)
both ambos(as)
bottle botella (*f.*)
box caja (*f.*)
boy muchacho (*m.*), niño (*m.*)
  (*child*)
boyfriend novio (*m.*)
bracelet pulsera (*f.*)
brake freno (*m.*)
brand marca (*f.*)
bread pan (*m.*)
  —crumbs pan rallado (*m.*)
breaded empanizado(a)
  —veal cutlet milanesa (*f.*)
break romper
  —down (*car*) descomponerse
breakfast desayuno (*m.*)
breathe respirar
bridge puente (*m.*)
bring traer
broccoli bróculi (*m.*)
broken (*down*) descom-
  puesto(a), roto(a)
broom escoba (*f.*)
broth caldo (*m.*)
brown café (adj.), marrón
brush (*oneself*) cepillar(se)

  —one's teeth cepillarse los
    dientes
building edificio (*m.*)
burn quemadura (n.) (*f.*),
  quemar (v.)
bus autobús (*m.*), camión (*m.*)
  (*Mex.*), ómnibus (*m.*)
business negocio (*m.*)
  —administration administración
    de empresas (*f.*)
busy ocupado(a)
but pero
butcher shop carnicería (*f.*)
butter mantequilla (*f.*)
buy comprar
  —(*get*) a ticket sacar pasaje
by por
Bye. Chau.

C

cabbage repollo (*m.*)
cafe café (*m.*)
cafeteria cafetería (*f.*)
cake torta (*f.*)
call llamada (*f.*), llamar
  —on the phone llamar por
    teléfono
calm (*down*) calmar(se)
calorie caloría (*f.*)
camera cámara fotográfica (*f.*)
camp acampar
cancel cancelar
candy bombones (*m.*)
car auto (*m.*), carro (*m.*), coche
  (*m.*)
carbohydrate carbohidrato (*m.*)
carburetor carburador (*m.*)
card tarjeta (*f.*)
care cuidado
career carrera (*f.*)
carrot zanahoria (*f.*)
carry llevar
carry-on bag (*luggage*) bolso de
  mano (*m.*)
case caso (*m.*)
cash a check cambiar un
  cheque, cobrar un cheque
cash register caja (*f.*)
cashier cajero(a) (*m. & f.*)
cat gato(a)
cathedral catedral (*f.*)
cause caso (*m.*)
caution cuidado
celebrate celebrar
celery apio (*m.*)
cent centavo
center city centro (*m.*)

cereal cereal (*m.*)
certain seguro(a)
chair silla (*f.*)
champagne champaña (*f.*)
champion campeón(ona) (*m. &
f.*)
change cambiar, cambio (*m.*),
vuelto (*m.*)
—one's mind cambiar de idea
change (*trains, buses, etc.*) trasbordar
charge cobrar
charming simpático(a)
chat charlar, platicar
cheap barato(a)
check cheque (*m.*), cuenta (*f.*),
revisar
—out desocupar
checkbook talonario de cheques
(*m.*)
checking account cuenta
corriente (*f.*)
Cheers! ¡Salud!
cheese queso (*m.*)
chemistry química (*f.*)
chest pecho (*m.*)
—of drawers cómoda (*f.*)
chicken pollo (*m.*)
—and rice arroz con pollo
(*m.*)
chief jefe(a) (*m. & f.*)
Chilean chileno(a)
chocolate chocolate (*m.*)
choose escoger, elegir (e:i)
chop chuleta (*f.*)
Christmas Navidad (*f.*)
cigarette cigarrillo (*m.*)
citizen ciudadano(a)
city ciudad (*f.*)
claim check (claim ticket) comprobante (*m.*)
class clase (*f.*)
classmate compañero(a) (*m. &
f.*), compañero de clase (*m. & f.*)
clean limpiar
cleaning limpieza (*f.*)
clear claro(a)
clerk empleado(a) (*m. & f.*)
client cliente (*m. & f.*)
climb escalar, subir
clock reloj (*m.*)
close cerrar (e:ie)
clothes ropa (*f.*)
—dryer secadora (*f.*)
cloudy nublado
coat abrigo (*m.*)
cocktail cóctel (*m.*)

coconut coco (*m.*)
cod bacalao (*m.*)
coffee café (*m.*)
—table mesa de centro (*f.*)
cold frío(a)
collect cobrar
collide (*with*) chocar (*con*)
cologne colonia (*f.*)
color color (*m.*)
—film película en colores (*f.*)
comb peine (*m.*)
—(*oneself*) peinar(se)
come venir
—(*go*) back volver (o:ue)
comfort comodidad (*f.*)
comfortable cómodo(a)
coming month el mes que viene
(*m.*)
compact compacto(a)
company compañía (*f.*)
competition competencia (*f.*)
complain quejarse
completely totalmente
computer science cibernética
(*f.*), informática (*f.*)
concert concierto (*m.*)
condition condición (*f.*)
confirm confirmar
congratulations felicidades (*f.*)
consume consumir
contain contener
continue continuar, seguir (e:i)
—(*to go*) straight ahead seguir
derecho
contract contrato (*m.*)
convenience comodidad (*f.*)
converse conversar
cook cocinar
cooperation cooperación (*f.*)
cordially cordialmente
corner esquina (*f.*)
cost costar (o:ue)
cough tos (*f.*)
—syrup jarabe para la tos (*m.*)
counter mostrador (*m.*)
country país (*m.*)
course curso (*m.*)
cousin primo(a)
cover cubrir
crab cangrejo (*m.*)
crackers galletas (*f.*)
crazy loco(a)
cream crema (*f.*)
credit crédito (*m.*)
—(*college*) unidad (*f.*)
—card tarjeta de crédito (*f.*)
crime delito (*m.*)

cross cruzar
crutches muletas (*f.*)
cucumber pepino (*m.*)
culture cultura (*f.*)
cup taza (*f.*)
currency moneda (*f.*)
  **—of Chile, Columbia, Cuba,
    Dominican Republic,
    Mexico, and Uruguay**
    peso (*m.*)
  —of Spain peseta (*f.*)
current corriente
curtain cortina (*f.*)
curve curva (*f.*)
custard flan (*m.*)
customs aduana (*f.*)
cut cortar
cylinder cilindro (*m.*)

D

dad papá (*m.*)
daily diariamente, diario (*m.*)
dairy store lechería (*f.*)
dance baile (n.), bailar (v.)
danger peligro (*m.*)
dangerous peligroso(a)
dark-skinned moreno(a)
date fecha (*f.*)
daughter hija (*f.*)
day día (*m.*)
  —after tomorrow pasado
    mañana
  —before yesterday anteayer
dead muerto(a)
dear querido(a)
debt deuda (*f.*)
December diciembre
decide decidir
declare declarar
deep hondo(a)
defeat derrota (n.) (*f.*), vencer (v.)
delicious delicioso(a), rico(a),
  sabroso(a)
delight in deleitarse
deliver entregar
deodorant desodorante (*m.*)
department departamento (*m.*)
depend (on) depender (*de*)
deposit depositar
descend bajar
describe describir
dessert postre (*m.*)
detergent detergente (*m.*)
detour desvío (*m.*)
develop (*film*) revelar
diabetes diabetes (*m.*)
diabetic diabético(a)

diamond brillante (*m.*),
  diamante (*m.*)
diarrhea diarrea (*f.*)
die morir (o:ue)
diet dieta (*f.*)
dietician dietista (*f.*)
difficult difícil
dining car coche comedor (*m.*)
dining room comedor (*m.*)
dinner cena (*f.*)
direct directo(a)
dirty sucio(a)
disappear desaparecer
disaster desastre (*m.*)
discotheque discoteca (*f.*)
discount descuento (*m.*)
disease enfermedad (*f.*)
dish plato (*m.*)
disinfect desinfectar
dizziness mareo (*m.*)
dizzy mareado(a)
do hacer
  —(*some*) shopping hacer
    (*unas*) compras
  —one (*some*) good hacerle
    bien a uno
  —well irle bien a uno
doctor doctor(a)
doctor's office consultorio (*m.*)
document documento (*m.*)
dog perro(a) (*m. & f.*)
dollar dólar (*m.*)
door puerta (*f.*)
dormitory residencia universitaria (*f.*)
double bed cama doble (*f.*),
  cama matrimonial (*f.*)
doubt dudar
dozen docena (*f.*)
dream sueño (*m.*)
dress vestido (n.) (*m.*), vestir(se)
  (v.) (i:e)
dresser cómoda (*f.*)
dressmaker modista (*m. & f.*)
dressy de vestir
drink beber, tomar
drive conducir, manejar
  —carefully manejar con
    cuidado
driver conductor(a) (*m. & f.*)
driver's license licencia para
  conducir (*manejar*) (*f.*)
dry seco(a)
  —cleaners tintorería (*f.*)
dry-clean lavar en seco, limpiar
  en seco
duck pato (*m.*)

during durante
dust the furniture sacudir los muebles
dustpan recogedor (*m.*)

E

each cada
ear oído (*m.*), oreja (*f.*)
early temprano
earring arete (*m.*)
east este (*m.*)
easy fácil
eat comer
economic económico(a)
economics ciencias económicas (*f.*)
efficient eficiente
egg blanquillo (*m.*) (*Mex.*), huevo (*m.*)
eight ocho
eighty ochenta
either o, tampoco
elbow codo (*m.*)
electric eléctrico(a)
elegant elegante
elevator ascensor (*m.*), elevador (*m.*)
eleven once
eliminate eliminar
embrace abrazo (*m.*)
emergency room sala de emergencia (*f.*)
employ emplear
empty vacío(a)
en route en ruta
end fin (*m.*), terminar
engine motor (*m.*)
English inglés (n.) (*m.*)
enough bastante, suficiente
enter entrar
envelope sobre (*m.*)
escalator escalera mecánica (*f.*)
especially sobre todo
estimate estimado (*m.*)
even though aunque
every cada
  —day todos los días
everybody todos(as)
everyone todos(as)
everything todo, todos(as)
exaggerate exagerar
exam examen (*m.*)
examination examen (*m.*)
excess exceso (*m.*)
  —baggage exceso de equipaje (*m.*)

exchange cambiar (v.), cambio (n.) (*m.*)
exclusive exclusivo(a)
excursion excursión (*f.*)
Excuse me. Perdón.
exercise ejercicio (*m.*), hacer ejercicio
exit salida (*f.*)
expel expulsar
expense gasto (*m.*)
expensive caro(a)
express expreso(a)
  —(train) expreso (*m.*). rápido (*m.*)
exquisite exquisito(a)
exterior exterior
  —(street) view vista a la calle (*f.*)
extra extra
extract extraer
eye ojo (*m.*)
eyeglasses anteojos (*m.*), espejuelos (*f.*), gafas (*f.*), lentes (*m.*)

F

face cara (*f.*)
fall down caerse
familiar with conocer
family familia (*f.*)
  —room salón de estar (*m.*)
fantastic estupendo(a), fantástico(a)
far (away) from here lejos de aquí
fast rápido(a)
fasten your seatbelts abrocharse el cinturón
fat gordo(a), grasa (*f.*)
father padre (*m.*), papá (*m.*)
father-in-law suegro (*m.*)
fear temer
February febrero
feel sentir (e:ie)
female flight attendant azafata (*f.*)
fever fiebre (*m.*)
few pocos(as)
fifty cincuenta
fight pelea (*f.*)
fill llenar
film película (*f.*)
finally por fin
find encontrar (o:ue)
fine bien
fine (traffic) multa (*f.*)

finger dedo (*m.*)
finish acabar, terminar
fire incendio (*m.*), fuego (*m.*)
—**extinguisher** extinguidor de incendios (*m.*)
fireman bombero (*m.*)
first primero(a)
—**class** primera clase (*f.*)
—**day of classes** primer día de clases
—**floor** primer piso (*m.*)
fish pescado (n.) (*m.*), pescar (v.)
—**store** pescadería (*f.*)
fishing pole caña de pescar (*f.*)
fit quedar
fitting room probador (*m.*)
five cinco
—**hundred** quinientos(as)
fix arreglar
flat desinflado(a)
flight vuelo (*m.*)
—**attendant** auxiliar de vuelo (*m. & f.*)
floor piso (*m.*), suelo (*m.*)
flour harina (*f.*)
fly volar (o:ue)
fold doblar
follow seguir (e:i)
food comida (*f.*)
foot pie (*m.*)
football fútbol (*m.*)
for para, por, pues
—**a specified time** a plazo fijo
—**business reasons** por cuestiones de negocios
—**rent** se alquila
—**sale** se vende
forecast prognóstico (*m.*)
forehead frente (*m.*)
foreigner extranjero(a)
forget olvidar(se) de
fork tenedor (*m.*)
form planilla (*f.*)
fortunately afortunadamente
forty cuarenta
fracture fractura (n.), (*f.*), fracturar(se) (v.)
free gratis, libre
freeway autopista (*f.*)
French francés(a)
French fries papas fritas (*f.*)
Friday viernes
fried frito(a)
friend amigo(a) (*m. & f.*)
from de, desde
frozen congelado(a)

fruit fruta (*f.*)
—**store** frutería (*f.*)
fry freír
frying pan sartén (*m.*)
fun divertido(a)
—**to be with** simpático(a)
function funcionar
furnished amueblado(a)
furniture muebles (*m.*)

G

gain weight aumentar de peso, engordar
game partido (*m.*)
garage garaje (*m.*)
garden jardín (*m.*)
garlic ajo (*m.*)
gasoline gasolina (*f.*)
gate (*at an airport*) puerta (*f.*)
gelatine gelatina (*f.*)
general general
gentleman caballero (*m.*), señor (*m.*)
get conseguir (e:i)
—**better** mejorarse
—**a grade** sacar una nota
—**a haircut** cortarse el pelo
—**bored** aburrirse
—**dressed** vestir(se) (e:i)
—**hurt** lastimar(se)
—**married** casar(se) (con)
—**on or in** subir
—**rid of** botar
—**up** levantar(se)
—**used to** acostumbrar(se)
gift regalo (*m.*)
gift-wrap envolver para regalo
girl chica (n.) (*f.*), muchacha (*f.*), niña (*child*) (*f.*)
girlfriend novia (*f.*)
give dar
—**a gift** regalar
—**a shot** poner(se) una inyección
—**a ticket** poner una multa
—**back** devolver (o:ue)
—**someone a ride** llevar a alguien
glass vaso (*m.*)
glove compartment portaguantes (*m.*)
go ir
—**by** pasar (*por*)
—**down** bajar
—**in** entrar
—**on a diet** poner(se) a dieta

—out salir
—to bed acostar(se) (o:ue)
—through pasar (*por*)
—up subir
—hunting ir de caza
—shopping ir de compras
—on a tour ir de excursión
—fishing ir de pesca
—on a picnic ir de picnic
gold oro (*m.*)
good bien (*m.*), bueno(a) (*adv.*)
Good afternoon. Buenas tardes.
Good appetite! ¡Buen provecho!
Good evening. Buenas noches.
Good morning. Buenos días.
Goodbye. Adiós.
Gosh! ¡Caramba!
gown bata (*f.*)
grade nota (*f.*)
grade-point average promedio
  (*m.*)
graduate graduarse
graduation graduación (*f.*)
grandmother abuela (*f.*)
grandfather abuelo (*m.*)
grapefruit toronja (*f.*)
grapes uvas (*f.*)
great estupendo(a), mag-
  nífico(a)
green grocery verdulería (*f.*)
grey gris
green verde
grind moler (o:ue)
ground suelo (*m.*)
  —floor planta baja (*f.*)
  —meat carne picada (*f.*),
    picadillo (*m.*)
guarantee garantía (*f.*)
guest huésped (*m. & f.*),
  invitado(a) (*m. & f.*)
guest room cuarto de huéspedes
  (*m.*)
guilt culpa (*f.*)
gymnasium gimnasio (*m.*)

H

(*Have a*) nice trip! ¡Buen viaje!
Ha! ¡Ja!
habit hábito (*m.*)
hair pelo (*m.*)
  —dryer secador (*m.*)
hairdresser peluquero(a) (*m. &
  f.*)
half medio(a), mitad (*f.*)
  —an hour media hora
hall pasillo (*m.*)
hallway pasillo (*m.*)

ham jamón (*m.*)
hamburger hamburguesa (*f.*)
hand mano (*f.*)
handbag bolso de mano (*m.*)
handkerchief pañuelo (*m.*)
handsome guapo(a)
happen ocurrir, pasar, suceder
happy feliz
hard-boiled egg huevo duro (*m.*)
hardly apenas
haste prisa (*f.*)
have tener
  —something to declare tener
    algo que declarar
  —to tener que
  —a good time divertirse (e:ie)
  —a seat. Tome asiento.
  —breakfast desayunar
  —fun divertirse (e:ie)
  —lunch almorzar
  —supper (*dinner*) cenar
he él
head cabeza (*f.*)
health salud (*f.*)
hearing oído (*m.*)
heart corazón
heating calefacción (*f.*)
height altura (*f.*)
Hello. Hola.
help ayudar
Help! ¡Auxilio!, ¡Socorro!
here aquí
hers suya
Hi. Hola.
high alto(a)
highway carretera (*f.*)
hip cadera (*f.*)
hire emplear
his suyo
hit (*oneself*) golpear(se)
hold tener
home casa (*f.*), hogar (*m.*)
homemade casero(a)
honeymoon luna de miel (*f.*)
hood capo (*m.*)
horoscope horóscopo (*m.*)
horse caballo (*m.*)
hospital hospital (*m.*)
hotel hotel (*m.*)
hour hora (*f.*)
house casa (*f.*)
How are you? ¿Cómo está
  usted?
How do you do? ¿Mucho gusto?
How far in advance? ¿Con
  cuánta anticipación?
How is it going? ¿Qué tal?

336

How long? ¿Cuánto tiempo?
How much? ¿Cuánto(a)?
How much is it? ¿Cuánto es?
How tall are you? ¿Cuánto
  mide Ud.?
hug abrazo (*m.*)
human humano(a)
hunger hambre (*f.*)
hurry darse prisa
  —up apurarse
hurt doler (o:ue)
husband esposo (*m.*)
hygienic higiénico(a)

I

I yo
  —(*already*) know it. Ya lo se.
  —believe it! ¡Ya lo creo!
  —hope so. Ojalá que sí.
I'll say! ¡Ya lo creo!
I'll see you later. Hasta luego.
I'm coming. Yo voy.
I'm sorry. Lo siento.
ice cream helado (*m.*)
ice pack bolsa de hielo (*f.*)
idea idea (*f.*)
identification identificación (*f.*)
if si
immigration inmigración (*f.*)
important importante
  —thing(s) lo importante
improve mejorar
  —(*health*) mejorar(se)
in dentro de, en
  —advance por adelantado
  —all en total
  —cash en efectivo
  —love enamorado(a)
  —order en regla
  —order to para, para que
  —spite of the fact that a pesar
    de que
  —that case entonces
  —the meantime mientras
    tanto
inch pulgada (*f.*)
include incluir
increase aumentar
inexpensive barato(a)
infection infección (*f.*)
influence influencia (*f.*)
information información (*f.*)
initial inicial (*f.*)
inside adentro
instrument instrumento (*m.*)
insurance seguro (*m.*)
insured asegurado(a)

intelligent inteligente
intend (*with infinitive*) pensar
  (e:ie)
intention propósito
interested interesado(a)
interior interior
  —view vista interior (*f.*)
international internacional
intersection intersección (*f.*)
interview entrevista (*f.*)
invitation invitación (*f.*)
invite invitar
invited invitado(a)
iron plancha (n.) (*f.*), planchar
  (v.)
It doesn't matter. No importa.
  —doesn't work. No functiona.
  —is necessary to hay que
itinerary itinerario (*m.*)
It's no good. No sirve.
  —nothing. De nada.
  —out of order. No funciona.
  —true. Es verdad.
  —useless. No sirve.

J

jack gato (*m.*)
jacket chaqueta (*f.*)
jam jalea (*f.*)
January enero
job trabajo (*m.*)
joke broma (*f.*), decir algo en
  broma
judge juez (*m.*)
juice jugo (*m.*)
July julio
June junio
just a moment un momento
just finished acabar de
just in case por si acaso

K

keep mantener
key llave (*f.*)
kid decir algo en broma
kilo kilo (*m.*)
kilogram kilogramo (*m.*)
kilometer kilómetro (*m.*)
kind amable, bueno(a) (adj.)
kiosk kiosco (*m.*), quiosco (*m.*)
kitchen sink fregadero (*m.*)
knapsack mochila (*f.*)
knee rodilla (*f.*)
knockout (*boxing*) nocaut (*m.*)
know (*a fact*) saber

L

label etiqueta (*f.*)
lack hacer falta
ladder escalera de mano (*f.*)
ladies clothing ropa para damas (*f.*)
lady dama (*f.*), señora (*f.*), señorita (*f.*)
lake lago (*m.*)
lamp lámpara (*f.*)
land a plane aterrizar
landscape paisaje (*m.*)
language lengua (*f.*)
  —laboratory laboratorio de lenguas (*m.*)
lap table mesita (*f.*)
last durar
  —(*in a series*) último(a)
  —name apellido (*m.*)
  —night anoche
late tarde
later al rato, después de, luego, más tarde
Latin America Latinoamérica, latinoamericano(a)
law ley (*f.*)
lawyer abogado(a) (*m. & f.*)
learn aprender
least menos
leave salir
  —(*behind*) dejar
left izquierda (*f.*)
leg pierna (*f.*)
lemon limón (*m.*)
lemonade limonada (*f.*)
lend prestar
less menos
let dejar
let's see . . . a ver...
lettuce lechuga (*f.*)
library biblioteca (*f.*)
license licencia (*f.*)
  —plate chapa (*f.*), placa (*f.*)
life vida (*f.*)
lift weights levantar pesas
lightweights (*boxing*) pesos ligeros (*m.*)
like gustar
  —this/that así
limit límite (*m.*)
line línea (*f.*)
liquid líquido (*m.*)
list lista (*f.*)
listen (to) escuchar
Listen! ¡Oye!
literature literatura (*f.*)
litter tirar basura
little chico(a) (*adj.*), pequeño(a), poco(a) (*quantity*)
live vivir
loan préstamo (*m.*)
lobby vestíbulo (*m.*)
lobster langosta (*f.*)
long largo(a)
look at (*oneself*) mirar(se)
look for buscar
lose perder (e:ie)
  —consciousness perder el conocimiento
  —weight adelgazar
lost cause un caso perdido
love amor, encantarle a uno, querer (e:ie)
low bajo(a)
luck suerte (*f.*)
luckily afortunadamente, por suerte
luggage equipaje (*m.*)
lunch almuerzo (*m.*)

M

M.D. doctor(a)
madam señora (*f.*)
magazine revista (*f.*)
  —stand kiosco (*m.*), puesto de revistas (*m.*), quiosco (*m.*)
magnificent magnífico(a)
mail echar al correo
maintain mantener
majority (*of*) mayoría (*de*) (*f.*)
make hacer
  —a stopover hacer escala
  —an appointment pedir turno
  —plans hacer planes
  —reservations hacer reservaciones
  —the bed hacer la cama
makeup maquillaje (*m.*)
man hombre (*m.*)
manager encargado(a), gerente (*m. & f.*)
map mapa (*m.*)
March marzo
margarine margarina (*f.*)
marital status estado civil (*m.*)
market mercado (*m.*)
marmalade mermelada (*f.*)
married couple matrimonio (*m.*)
marvelous maravilloso(a)
mashed potatoes puré de papas (*m.*)
match partido (*m.*)
mathematics matemáticas (*f.*)

maximum máximo(a)
May mayo
maybe a lo mejor, quizás
mayonnaise mayonesa (f.)
measure medir (e:i)
meatball albóndiga (f.)
mechanic mecánico(a)
medical doctor doctor(a) (m. &
  f.)
medicine medicina (f.)
  —insurance seguro médico
    (m.)
medium mediano(a)
  —height de estatura mediana
meeting junta (f.), reunión (f.)
member miembro (m.)
menu menú (m.)
Mexican mexicano(a)
midnight medianoche (f.)
midterm exam examen parcial
  (m.)
mile milla (f.)
mileage millaje (m.)
milk leche (f.)
mineral mineral (m.)
  —water agua mineral (m.)
minute minuto (m.)
miracle milagro (m.)
mirror espejo (m.)
Miss señorita (f.)
mixed mixto(a)
modern moderno(a)
mom mamá (f.)
moment momento (m.)
Monday lunes (m.)
money dinero (m.), moneda (f.)
  —exchange office oficina de
    cambio (f.)
month mes (m.)
monument monumento (m.)
more más
  —or less más o menos
morning mañana (f.)
mother-in-law suegra (f.)
motor motor (m.)
motorcycle motocicleta (moto)
  (f.)
mountain montaña (f.)
moustache bigote (m.)
mother madre (f.), mamá (f.)
mouth boca (f.)
move (i.e., from one house to
  another) mudarse
movie película (f.)
Mr. señor (m.)
Mrs. señora (f.)
much mucho(a)

museum museo (m.)
musical musical
musician músico
must deber
mustard mostaza (f.)
my mi

N

name nombre (m.)
nap siesta (f.)
napkin servilleta (f.)
narrow angosto(a)
national nacional
nationality nacionalidad (f.)
native nativo(a)
nausea nausea (f.)
necessary necesario(a)
  —things lo necesario
need hacer falta, necesitar
neighbor vecino(a) (m. & f.)
neighborhood barrio (m.)
neither tampoco
never nunca
new nuevo(a)
news noticia(s) (f.)
newspaper diario (m.),
  periódico (m.)
next próximo(a), que viene
  —month el mes que viene
next to al lado de
nice simpático(a)
nice bueno(a) (adj.)
night noche (f.)
  —stand/table mesa de noche
    (f.), mesita de noche (f.)
nine nueve
nineteen diecinueve
ninety noventa
no no
  —smoking no fumar
  —longer ya no
  —one nadie
nobody nadie
noodles fideos (m.)
noon mediodía (m.)
normal normal
north norte (m.)
North American norteameri-
  cano(a)
northeast noreste (m.)
northwest noroeste (m.)
nose nariz (f.)
not no
nothing nada
  —else nada más
novel novela (f.)
November noviembre

now ahora
number número (*m.*)
nurse enfermero(a)
nut neúz (*m.*)

O

object objeto (*m.*)
occupation ocupación (*f.*)
occur ocurrir
October octubre
of de
offense délito (*m.*)
office oficina (*f.*)
officer on duty oficial de
　guardia (*m.*)
oil aceite (*m.*), patróleo (*m.*)
okay bueno (*adv.*)
old viejo(a)
older mayor
olive aceituna (*f.*)
olive-skinned moreno(a)
omelet tortilla (*f.*)
　—with potatoes tortilla a la
　　española (*f.*)
on en, sobre
　—(*electricity*) encendido(a)
　—foot a pie
　—time a tiempo
　—the dot (*time*) en punto
　—the way here para acá
　—top of sobre
one must hay que
one way de ida, una vía
one's suyo(a)
only solamente, sólo
　—child único(a) hijo(a) (*m. &
　　f.*)
　—one único(a)
open abierto, abrir
operate operar
operator operador(a) (*m. & f.*)
optimist optimista (*m. & f.*)
or o
orange naranja (*f.*)
　—juice jugo de naranja (*m.*)
orchestra orquesta (*f.*)
order orden (*m.*), pedir (*e:i*),
　pedido (*m.*)
other otro(a)
Ouch! ¡Ay!
our nuestro(a)
out afuera
　—of order descompuesto(a)
outside afuera
oven horno (*m.*)
over there allá
owe deber

owner dueño(a) (*m. & f.*)
oyster ostra (*f.*)

P

package paquete (*m.*)
pain dolor (*m.*)
paint pintar (v.), pintura (n.) (*f.*)
painter pintor(a) (*m. & f.*)
pair par (*m.*)
pajama pijama (*m.*)
pants pantalones (*m.*)
pantyhose pantimedia(s) (*f.*)
paper papel (*m.*)
Pardon me. Perdón.
parents padres (*m.*)
park aparcar, parque (*m.*)
　—(*a car*) estacionar
parking lot zona de estaciona-
　meinto (*f.*)
part parte (*m.*)
party fiesta (*f.*)
　—pooper aguafiestas (*m. & f.*)
pass the time pasar el tiempo
passenger pasajero(a) (*m. & f.*)
passport pasaporte (*m.*)
patience paciencia (*f.*)
pavement pavimento (*m.*)
pay pagar
　—in advance pagar por ade-
　　lantado
　—attention prestar atención
peach durazno (*m.*), melecotón
　(*m.*)
peanut cacahuate (*m.*) (*Mex.*),
　maní (*m.*)
pear pera (*f.*)
peas arvejas (*f.*), chicharos (*m.*),
　guisantes (*m.*)
pedestrian peatón (*m.*)
peel pelar
pen pluma (*f.*)
penicillin penicilina (*f.*)
people gente (*f.*)
pepper pimienta (*f.*)
per por
percent por ciento
perfume and toiletry shop
　perfumería (*f.*)
perhaps a lo mejor, quizás
permanent (*hair*) permanente
　(*m.*)
permit permiso (*m.*)
person persona (*f.*)
　—in charge (*of*) encargar(*se*)
pet animalito (*m.*)
pharmacy farmacia
photo foto (*m.*)

photograph fotografía (*f.*)
photography fotografía (*f.*)
physics física (*f.*)
pick up recoger
picnic picnic (*m.*)
pie pastel (*m.*)
piece pedazo (*m.*), trozo (*m.*)
  —of toast tostada (*f.*)
pill pastilla (*f.*)
pillow almohada (*f.*)
pillowcase funda (*f.*)
pilot piloto (*m. & f.*)
pineapple piña (*f.*)
pink rosado(a)
pitcher jarra (*f.*)
pity lástima (*f.*)
place lugar (*m.*), poner
  —of birth lugar de naci-
    miento (*m.*)
places of interest lugares de
  interés (*m.*)
plain omelet tortilla a la
  francesa (*f.*)
plan pensar (e:ie), plan (*m.*),
  planear
plane avión (*m.*)
plantain plátano (*m.*)
plate plato (*m.*)
platform (*railway*) anden (*m.*)
play jugar
  —a sport jugar un deporte
plaza plaza (*f.*)
please favor de, por favor
plug in enchufar
police news noticias policiales
  (*f.*)
police officer policía (*m. & f.*)
poor thing pobrecito(a) (*m. & f.*)
popular popular
post office oficina de correos
  (*f.*)
postcard tarjeta postal (*f.*)
pot olla (*f.*)
potato papa (*f.*), patata (*f.*)
pound libra (*f.*)
powder polvo (*m.*)
practice practicar
prefer preferir (e:ie)
pregnant embarazada
premeditated premeditado(a)
prepare preparar
prescribe recetar
president presidente (*m. & f.*)
pretty bonito(a), lindo(a)
previous anterior
price precio (*m.*)
pride orgullo (*m.*)

private privado(a)
problem problema (*m.*)
professor profesor(a) (*m. & f.*)
program programa (*m.*)
prohibited prohibido(a)
prosperous próspero(a)
protein proteína (*f.*)
public público(a)
pudding budín (*m.*)
pull over (*a car*) arrimar el carro
purple morado(a)
purse bolsa (*f.*)
put (*on*) poner(*se*)
put in a cast enyesar
put out (*a fire*) apagar
put to bed acostar(se) (o:ue)

Q

quite bastante
quarter trimestre (*m.*)

R

race raza (*f.*)
radiator radiador (*m.*)
railroad ferrocarril (*m.*)
  —station estación de trenes
    (*f.*)
rain llover (o:ue), lluvia (*f.*)
rainshower aguacero (*m.*)
raise levantar(se)
rape violación (*f.*)
raped violado(a)
rate tarifa (*f.*)
razor máquina de afeitar (*f.*)
  —blade navajita (*f.*)
read leer
ready listo(a)
reasonable razonable
receive recibir
receptionist recepcionista (*m. &
  f.*)
record disco (*m.*)
  —player tocadiscos (*m.*)
red rojo(a)
  —wine vino tinto (*f.*)
redheaded pelirrojo(a)
reduced rebajado(a)
reference referencia (*f.*)
refrigerator refrigirador (*m.*)
refuse rehusar
register registro (*m.*)
  —(*for school*) matricularse
remain quedarse
remember acordar(se) (de)
  (o:ue), recordar (o:ue)
remove quitar(se)
rent alguilar

repair shop taller de mecánica
  (*m.*)
report (*a crime*) denunciar
request pedir (e:i)
requirement requisito (*m.*)
reservation reservación (*f.*)
reserve reservar
residential residencial
rest descansar
restaurant restaurante (*m.*)
return devolver (o:ue), volver
  (o:ue)
rice arroz (*m.*)
  —pudding arroz con leche
    (*m.*)
ride a bicycle montar a bicicleta
ride a horse montar a caballo
ridiculous ridículo(a)
right (*direction*) derecha (*f.*)
right away en seguida
right now ahora mismo
Right? ¿Verdad?
ring anillo (*m.*), sortija (*f.*)
ripe maduro(a)
river río (*m.*)
roasted asado(a)
rob robar
robber ladrón(ona) (*m. & f.*)
robbery robo (*m.*)
robe bata (*f.*)
roll of film rollo de película (*m.*)
room habitación (*f.*), sala (*f.*)
  —service servicio de
    habitación (*m.*)
round (*boxing*) asalto (*m.*)
round trip de ida y vuelta
row fila (*f.*)
rum ron (*m.*)
run over atropellar

S

sacrifice (*oneself*) sacrificar(*se*)
saint's day día del santo (*m.*)
salad ensalada (*f.*)
salary sueldo (*m.*)
sale liquidación (*f.*), venta (*f.*)
salmon salmón (*m.*)
salt sal (*f.*)
same mismo(a)
sandal sandalia (*f.*)
sandwich sandwich (*m.*)
Saturday sábado
sauce salsa (*f.*)
saucer platillo (*m.*)
sausage salchicha (*f.*)
save ahorrar
say decir (e:i)

  —no decir no
  —yes decir sí
scales balanza (*f.*)
schedule horario (*m.*), itinerario
  (*m.*)
scholarship beca (*f.*)
school escuela (*f.*)
scrambled revuelto(a)
scream gritar
scrub fregar (e:ie)
seasick mareado(a)
seasickness mareo (*m.*)
seat asiento (*m.*), sentar (e:ie)
second segundo(a)
section sección (*f.*)
see ver
seem parecer
select elegir (e:i), escoger
sell vender
semester semestre (*m.*)
send enviar, mandar
September septiembre
servant sirviente(a) (*m. & f.*)
serve servir
service servicio (*m.*)
  —station estación de servicio
    (*f.*), gasolinera (*f.*)
set fire to prender fuego a
set the table poner la mesa
seven siete
several (*with nouns*) unos(as),
  varios(as)
shampoo champú (*m.*)
shampoo lavado (*m.*)
shave afeitar(se)
shaver máquina de afeitar (*f.*)
sheet sábana (*f.*)
shellfish (*pl. seafood*) marisco
  (*m.*)
shoe zapato (*m.*)
  —store zapatería (*f.*)
short (*height*) bajo(a)
shot inyección (*f.*)
should deber
shoulder hombro (*m.*)
shout gritar
show enseñar, mostrar (o:ue)
  —a film pasar una película
shower ducha (n.) (*f.*), ducharse
  (v.)
sick enfermo(a)
sickness enfermedad (*f.*)
sidewalk acera (*f.*), banqueta
  (*Mex.*), vereda (*f.*)
sign firmar, señal (*f.*)
signal señal (*f.*)
silver plata (*f.*)

since desde
single soltero(a)
sir señor (*m.*)
sit down sentar(se) (e:ie)
six seis
—**hundred** seiscientos
size medida (*f.*), talla (*f.*)
skate patinar
ski esquiar
skirt falda (*f.*)
sleep dormir (o:ue)
sleeping bag bolsa de dormir (*f.*)
slim delgado(a)
slow despacio
slowly despacio
small chico(a) (adj.), pequeño(a)
smoke fumar, humo (*m.*)
smoker fumador(a) (*m. & f.*)
smoking (*no smoking*) **section** sección de fumar (*no fumar*) (*f.*)
so así que, tan
—(*that*) de modo que, para que
soap jabón (*m.*)
soccer fútbol (*m.*)
social social
socks calcetines (*m.*)
soda pop gaseosa (*f.*), refresco (*m.*)
sofa sofá (*f.*)
soft drink gaseosa (*f.*), refresco (*m.*)
soft-boiled pasado por agua
some algun(a)
—(*with nouns*) unos(as)
somebody alguien
someone alguien
something algo
sometimes a veces
son hijo (*m.*)
soon pronto
sore throat dolor de garganta (*m.*)
south sur (*m.*)
—**east** sureste (*m.*)
—**west** suroeste (*m.*)
Spain España
Spaniard español(a) (*m. & f.*) (adj.)
Spanish español (*m.*)
—(*language*) español(a) (*m. & f.*) (adj.)
spare part pieza de respuesto (*f.*)
speak hablar
special especial

specialization especialización (*f.*)
specialty especialidad
speed velocidad
—**limit** velocidad máxima (*f.*)
spend gastar
spinach espinaca (*f.*)
sport deporte (*m.*)
squeeze apretar (e:ie)
stair escalera (*f.*)
stamp estampilla (*f.*), sello (*m.*), timbre (*m.*) (*Mex.*)
stand in line hacer cola
standard shift (*car*) de cambios mecánicos
start empezar (e:ie)
start (*a motor*) arrancar
starve morirse (o:ue) de hambre
station estación (*f.*)
statistics estadística (*f.*)
stay quedarse
—**home** quedarse en casa
steak biftéc (*m.*), bisté (*m.*)
steal robar
steering wheel volante (*m.*)
stew guisado (*m.*), guiso (*m.*)
stewardess azafata (*f.*)
stick out one's tongue sacar la lengua
still todavía
stocking media (*f.*)
stomach estómago (*m.*)
stop alto, parar
—(*a motor*) apagar
—(*doing something*) dejar de + infinitive
—**sign** señal de parada (*f.*)
—**over** escala (*f.*)
store tienda (*f.*)
—**window** vidriera (*f.*)
story piso (*m.*)
stranger desconocido(a) (*m. & f.*)
strawberries fresas (*f.*)
student estudiante (*m. & f.*)
study estudiar
stuffed relleno(a)
subject (*in school*) asignatura (*f.*), materia (*f.*)
subway subterráneo (*m.*)
such a tan
suckling pig lechón (*m.*)
sufficient suficiente
sugar azúcar (*m.*)
suggest sugerir (e:ie)
suit traje (*m.*)
suitcase maleta (*f.*)

summer   verano (*m.*)

sunglasses   anteojos de sol (*m.*), gafas de sol (*f.*)

sunny   soleado(a)

suntan lotion   bronceador (*m.*)

supermarket   supermercado (*m.*)

superstitious   supersticioso(a)

suppose   suponer

sure   bueno (*adv.*), seguro(a)

surname   appellido (*m.*)

suspect   sospechar

sweater   suéter (*m.*)

sweep   barrer

swim   nadar

swimming   natación (*f.*)

—pool   alberca (*f.*) (*Mex.*), piscina (*f.*)

symptom   síntoma (*m.*)

syrup   jarabe (*m.*)

T

TV set   televisor (*m.*)

table   mesa (*f.*)

tablecloth   mantel (*m.*)

tailor   sastre (*m.*)

take   llevar

—away   llevarse

—(*a bus, train, etc.*)   tomar

—a deep breath   respirar hondo

—an X-ray   hacer una radiografía

—away   quitar

—charge (*of*)   encargarse (*de*)

—off   quitar(se)

—off (*a plane*)   despegar

—out   sacar

  —insurance   sacar seguro

  —the trash   sacar la basura

—place   tener lugar

talk   charlar, hablar, platicar

tall   alto(a)

tank   tanque (*m.*)

tape recorder   grabadora (*f.*)

tasty   rico(a), sabroso(a)

tattoo   tatuaje (*m.*)

taxi   taxi (*m.*)

tea   té (*m.*)

teach   enseñar

team   equipo (*m.*)

technician   técnico(a) (*m. & f.*)

telephone   teléfono (*m.*)

tell   decir (e:i)

temperature   temperatura (*f.*)

ten   diez

tennis   tenis (*m.*)

tent   tienda de campaña (*f.*)

terrace   terraza (*f.*)

test   análisis, exámen (*m.*)

tetanus   tétano (*m.*)

—shot   inyección antitetánica (*f.*)

Thank you very much.   Muchas gracias.

Thank you.   Gracias.

that   eso, lo que, que

That includes . . .   Eso incluye...

That's all.   Eso es todo.

That's good!   ¡Qué bueno!

that's why   por eso

theater   teatro(*m.*)

then   entonces, luego

there   allí

—is (*are*)   hay

There's no hurry.   No hay apuro (*prisa*).

therefore   por eso

they   ellos(as) (*m. & f.*)

thief   ladrón(ona) (*m. & f.*)

thin   delgado(a)

think   pensar (e:ie)

third   tercer(o)(a)

thirst   sed (*f.*)

thirteen   trece

thirty   treinta

this time   esta vez

this very day   hoy mismo

this way   por aquí

threaten   amenazar

three hundred   trescientos

throat   garganta (*f.*)

throw (*out*) the garbage   tirar basura

throw away   botar

Thursday   jueves

ticket   billete (*m.*), boleto (*m.*), multa (*f.*)

—office   despacho de boletos (*m.*)

tie (*the score*)   empatar

time   época (*f.*), tiempo (*m.*), vez (*f.*)

—certificate   a plazo fijo

—table   horario (*m.*), itinerario (*m.*)

tip   propina (*f.*)

tire   goma, llanta (*f.*), neumatico (*m.*)

title   título (*m.*)

to   a, para

—the al
—the left a la izquirda
—the right a la derecha
toast brindís
toaster tostadora (*f.*)
today hoy
toe dedo (del pie)
together juntos(as)
toilet paper papel higiénico (*m.*)
tomato tomate (*m.*)
  —juice jugo de tomate (*m.*)
  —sauce salsa de tomate (*f.*)
tomorrow mañana
tongue lengua (*f.*)
tonight esta noche
too demasiado(a), también
  —much demasiado(a)
  —bad (*as a one-word*
    remark) paciencia
tooth diente
  —paste pasta dentrífica (*f.*)
torn roto(a)
total total (*m.*)
totally totalmente
tour escursión (*f.*)
tourist turista (*m. & f.*)
  —guide guía para turistas (*f.*)
  —office oficina de turismo
    (*m.*)
tow remolcar
  —truck grúa (*f.*), remolcador
    (*m.*)
toward hacia
toward here para acá
towel toalla (*f.*)
town square plaza (*f.*)
traffic tráfico (*m.*), tránsito (*m.*)
  —law ley de tránsito (*tráfico*)
    (*m.*)
  —light semáforo (*m.*)
  —officer policía de tránsito
    (*tráfico*) (*f.*)
  —sign seña de tráfico (*f.*)
transformer transformador (*m.*)
transit tránsito (*m.*)
transmission transmisión (*f.*)
trash basura (*f.*)
  —can lata de la basura (*f.*)
travel viajar, viaje (*m.*)
  —agency agencia de viajes
    (*f.*)
traveler's check cheque de
  viajero (*m.*)
tray bandija (*f.*)
tree árbol (*m.*)
trip viaje (*m.*)

trousers pantalones (*m.*)
trout trucha (*f.*)
True? ¿Verdad?
trunk (*of a car*) maletero (*m.*)
try probar (o:ue)
  —on probar(se)
Tuesday martes (*m.*)
tuition matrícula (*f.*)
tuna fish atún (*m.*)
turbulence turbulencia (*f.*)
turkey guajalote (*m.*) (*Mex.*),
  pavo (*m.*)
turn doblar
  —off apagar
  —up the volume subir el
    volumen
twelve doce
twenty veinte
twist torcer (o:ue)
two dos
typist mecanógrafo(a) (*m. & f.*)

U

ugly feo(a)
uncomfortable incómodo(a)
under debajo de
underdeveloped subdesarrollado(a)
understand entender (*e:ie*)
underwear ropa interior (*f.*)
unfortunately desgraciadamente
unit unidad (*f.*)
United States Estados Unidos
university universidad (*f.*),
  universitario(a)
unless a menos que
until hasta (que)
upper berth litera alta (*f.*)
upstairs arriba
use usar

V

vacant desocupado(a), libre
vacate desocupar
vacation vacaciones
vacuum pasar la aspiradora
  —cleaner aspiradora (*f.*)
valid válido(a)
vanilla vainilla (*f.*)
vegetable verdura (*f.*)
very muy
vibration vibración (*f.*)
view vista (*f.*)
village square plaza (*f.*)
visa visa (*f.*)
visit visitar
vitamin vitamina (*f.*)

voice   voz (*f.*)
volume   volumen (*m.*)
vomit   vomitar

W

wait   esperar
—on   atender (e:ie)
waiter   mesero (*m.*), mozo (*m.*)
waitress   mesera (*f.*)
wake up   despertar(se) (e:ie)
wallet   billetera (*f.*)
want   desear, querer (e:ie).
wash   fregar (e:ie)
—(*oneself*)   lavar(se)
washer   lavadora (*f.*)
watch   reloj (*m.*)
water   agua (*m.*)
watermelon   melón de agua (*m.*),
sandía (*f.*)
weak   débil
wear   llevar puesto(a), usar
weave (*car*)   ir zigzagueando
wedding   boda (*f.*)
week   semana (*f.*)
weekend   fin de semana
weigh (*oneself*)   pesar(se)
weight   pesas (*f.*), peso (*m.*)
welcome   bienvenido(a)
well   bien, bueno (adv.), pues
—done   bien cocido(a)
west   oeste (*m.*)
wet   mojado(a)
what   lo que
—a coincidence!   ¡Qué
casualidad!
—a mes!   ¡Qué lío!
—a pity!   ¡Qué lástima!
—is new?   ¿Qué hay de
nuevo?
—size shoe do you wear?
¿Qué número calza?
—time is it?   ¿Qué hora es?
What for?   ¿Para qué?
What?   ¿Qué?
What's the rate of exchange?   ¿A
cómo está el cambio?
Where?   ¿Dónde?
whether   si
while   mientras
white   blanco(a)

—wine   vino blanco (*m.*)
Why?   ¿Por qué?
wife   esposa (*f.*)
window (*at a bank, on a plane,
etc.*)   ventanilla (*f.*)
—seat   asiento de ventanilla
(*m.*)
windshield   parabrisas (*m.*)
—wiper   limpiaparabrisas (*m.*)
wine   vino (*m.*)
winner   ganador(a) (*m. & f.*)
winter   invierno (*m.*)
wish   desear, querer (e:ie)
within   dentro de
without   sin
witness   testigo (*m. & f.*)
woman   mujer (*f.*)
work   funcionar, trabajar, trabajo
(*m.*)
worldwide   mundial
worried   preocupado(a)
worry   preocuparse
wound   herida (*f.*)
wrap   envolver (o:ue)
wrist   muñeca (*f.*)
wristwatch   reloj de pulsera (*m.*)
write down   anotar
writing paper   papel de carta
(*m.*)

X

X-ray   radiografía (*f.*)

Y

year   año (*m.*)
yellow   amarillo(a)
yes   sí
yesterday   ayer
yogurt   yogur (*m.*)
you   (*familiar*) tú; (*formal*) Ud.,
usted; (*plural*) Uds., ustedes
You're welcome.   De nada.
young   joven
—man   chico, joven (*m.*),
muchacho (*m.*)
—woman   chica, joven (*f.*),
muchacha (*f.*)
—lady   señorita (*f.*)
younger   menor
your   (*formal*) su, (*familiar*) tu